法|学|研|究|文|丛
——诉讼法学——

民事执行权与审判权分离改革路径研究

谭秋桂　李　哲　曹凤国　等●著

知识产权出版社
全国百佳图书出版单位
—北京—

图书在版编目（CIP）数据

民事执行权与审判权分离改革路径研究／谭秋桂等著 . —北京：
知识产权出版社，2022. 8

ISBN 978 - 7 - 5130 - 8242 - 6

Ⅰ . ①民…　Ⅱ . ①谭…　Ⅲ . ①司法制度—研究—中国　Ⅳ . ①D926

中国版本图书馆 CIP 数据核字（2022）第 121538 号

责任编辑：李芸杰　　　　　　　　　　责任校对：王　岩

封面设计：智兴设计室　　　　　　　　责任印制：刘译文

民事执行权与审判权分离改革路径研究

谭秋桂　李　哲　曹凤国　等著

出版发行：知识产权出版社有限责任公司		网　　址：http://www. ipph. cn	
社　　址：北京市海淀区气象路 50 号院		邮　　编：100081	
责编电话：010 - 82000860 转 8739		责编邮箱：liyunjie2015@ 126. com	
发行电话：010 - 82000860 转 8101/8102		发行传真：010 - 82000893/82005070/82000270	
印　　刷：天津嘉恒印务有限公司		经　　销：新华书店、各大网上书店及相关专业书店	
开　　本：880mm×1230mm　1/32		印　　张：11	
版　　次：2022 年 8 月第 1 版		印　　次：2022 年 8 月第 1 次印刷	
字　　数：275 千字		定　　价：68. 00 元	

ISBN 978 - 7 - 5130 - 8242 - 6

最高人民法院 2018 年度执行课题"执行内分改革路径研究"（课题编号：ZGFYZXKT201802A）最终成果

民事执行权与审判权分离改革路径研究

课题组成员：

谭秋桂（中国政法大学诉讼法学研究院，课题主持人）

曹凤国（中国法学会银行法学研究会副秘书长，中国行为法学会
　　　　执行行为专业委员会常务理事）

李　哲（江西省高级人民法院，现任江西省婺源县人民法院院长）

程　立（北京市大兴区人民法院）

姚富国（北京市高级人民法院）

赵　奇（北京市高级人民法院）

卫东亮（广东省高级人民法院）

张海亮（河北省唐山市中级人民法院）

邹　晠（中国人民银行深圳市中心支行）

朱俊宣（天津市人民检察院）

赵晨旭（广西壮族自治区百色市人民检察院）

目录 CONTENTS

第一章
民事审执分离体制改革的
背景、现状与理论基础

　　党的十八届四中全会通过的《中共中央关于全面推进依法治国若干重大问题的决定》（以下简称党的十八届四中全会《决定》）中提出："完善司法体制，推动实行审判权和执行权相分离的体制改革试点。"从此，"审执分离"作为司法体制改革的重大议题引起了全社会的广泛关注，理论界和实践部门就"审执分离"的具体模式问题展开了热烈的讨论。然而，时至今日，关于审执分离的具体方案尚未达成一致意见，许多问题仍待讨论和研究。我们认为，研究"审执分离"体制改革，首先应解决为什么要进行"审执分离"体制改革，"审执分离"体制改革的实质和目标是什么等基本理论问题，并以此为基础提出我国的"审执分离"最佳方案。依执行依据和执行内容不同,执行可分为民事执行、行政执行和刑事执行。相应地,审执分离也可分为民事审执分离、行政审执分离和刑事审执分离。本书仅研究民事审执分离体制改革问题,这一问题不仅有其独特的政策、实践与立法、理论背景,更有其复杂的理论基础。

第一节　民事审执分离体制改革的背景与现状

一、政策背景与现状

党的十八届四中全会《决定》提出推动实行审判权和执行权相分离的体制改革试点,是党中央历来强调解决民事执行难问题的政策的延续与发展。

执行难的问题长期困扰我国民事执行实践和当事人,党中央历来重视这一问题的解决。1999 年 7 月 7 日,中共中央发出《中共中央关于转发〈中共最高人民法院党组关于人民法院解决"执行难"问题的报告〉的通知》(中发〔1999〕11 号)(以下简称中发〔1999〕11 号文件)。中发〔1999〕11 号文件指出:"人民法院依法作出的裁判,体现了国家的意志,具有国家法律的权威,当事人应当自动履行,必须接受人民法院的强制执行,具有法定协助执行义务的自然人、法人和其他组织必须协助人民法院执行。任何地方、任何组织、任何个人都不得抗拒、阻碍、干预人民法院的执行工作。""确保人民法院依法执行生效的法律文书,是贯彻落实党的十五大提出的依法治国、建设社会主义法治国家基本方略的重要内容,是保障社会信用关系和商品交易安全,保证社会主义市场经济正常运行,维护社会稳定不可缺少的重要条件。各级党委、人民政府要切实加强对人民法院执行工作的领导和支持，要站在推进社会主义民主和法制建设进程的战略高度，充分认识解决人民法院'执行难'问题的重要意义，积极支持人民法院依法独立地行使审判权、执行权，排除人民法院在执行工作中遇到的阻力，积极协调处理人民法院在执行工作中遇到的复杂疑难问题，保证执行工作顺利进行。各级纪检监察机关要把反对地方和部门保护主义，维护国家法制的统一和尊严作为一项政治纪律，列为纪检监察工作的重要内容。"《中共最高人民法院党组关于人民法院解决"执行难"问题的报告》提出了解决执行难问题的七条建议，其中包括"各级党委、政府要加强对人民法院执行工作的领导和支持，排除人民法院在执行工作中遇到的阻力，支持人民法院依法执行公务，协调处理人民法院在执行工作中遇到的复杂疑难问题，及时处理抗拒、阻碍、干预执行的事件，维护执行秩序，保证执行工作的顺利进行。各级党委政法委要充分发挥职能作用，对政法部门在执行工作中发生的争议或复杂疑难问题加强协调，督促有关部门依法办案。各级人民法院要主动接受同级人大及其常委会的监督。加快执行立法。最高人民法院要抓紧起草强制执行法，尽早提请全国人大常委会审议。在各级党委、政府的领导、支持和人大的监督下，人民法院要采取切实有效的措施，会同公安、检察、司法行政机关及有关部门，共同努力营造一个良好的执法环境，确保执行工作的顺利进行"的内容。中发〔1999〕11号文件标志着执行难问题受到党中央的关注和重视，解决执行难问题上升到国家层面，成为"一项紧迫的政治任务"。

2002 年，党的十六大报告提出："社会主义司法制度必须保障在全社会实现公平和正义。按照公正司法和严格执法的要求，完善司法机关的机构设置、职权划分和管理制度，进一步健全权责明确、相互配合、相互制约、高效运行的司法体制。从制度上保证审判机关和检察机关依法独立公正地行使审判权和检察权。完善诉讼程序，保障公民和法人的合法权益。切实解决执行难问题。"党的政治报告再次明确提出解决执行难问题，一方面说明党中央对这一问题高度重视，另一方面说明执行难问题尚未从根本上得到解决。

2005 年，中央政法委发出《中央政法委关于切实解决人民法院执行难问题的通知》（政法〔2005〕52 号），要求"各级党委要进一步提高认识，加大对人民法院执行工作的领导力度，支持人民法院解决执行难问题。各级党委要从维护社会主义法制统一和尊严，维护改革、发展、稳定大局，维护人民群众利益，维护司法权威和构建社会主义和谐社会地方战略高度出发，充分重视人民法院执行工作"。2008 年至 2009 年，中央政法委领导全国进行集中清理执行积案活动，并于 2009 年 3 月发布《中央政法委、最高人民法院关于规范集中清理执行积案结案标准的通知》（法发〔2009〕15 号）。

党的十八大以来，中共中央更加重视解决执行难问题，并且将解决执行难问题作为全面依法治国的重要内容。党的十八届四中全会《决定》提出："健全公安机关、检察机关、审判机关、司法行政机关各司其职、侦查权、检察权、审判权、执行权相互配合、相互制约的体制机制。完善司法体制，推动实行审判权和执行权相分离的体制改革试点。""切实解决执行难，制定强制执行法，规范查封、扣押、冻结、处理涉案财物的司法程序。加快建立失信被执行人信用监督、威慑和惩戒法律制度。依法保障胜诉当事人及时实现权益。"

2019 年 7 月 14 日，中央全面依法治国委员会印发《关于加强综合治理从源头切实解决执行难问题的意见》（中法委发〔2019〕1 号），要求各地区各有关部门充分认识加强执行工作、切实解决执行难的重大意义，加大工作力度，强化责任落实，形成强大工作合力，确保完成党中央提出的切实解决执行难的目标任务，健全完善民事法律制度，加快推进制定民事强制执行法，为民事执行提供有力法律保障。

尽管解决执行难问题并非我国民事执行体制和机制建设的最终目标，但是 20 多年来的民事执行体制和机制建设与改革都是围绕解决执行难问题进行的。党中央的政策在这个过程中起了重要的指导作用。审执分离体制改革也不例外。

二、立法与实践的背景和现状

（一）从"审执不分"到"审执分立"再到"审执分离"

在司法实践中，我国历来都认为民事执行权是司法权而不是行政权，但对于民事执行权与审判权的关系，尤其是在民事执行权是否具有不同于审判权的独立个性问题上，则极少给出明确意见，甚至经常将执行权与审判权等同起来。例如，1951 年 3 月 3 日《最高人民法院关于区乡政府有无强制执行权问题的复函》（法编字第 2490 号复示华东分院）指出，因"执行"和"督促履行"是有区别的，前者有着强制的意义，而后者只是赋予说服督促履行的责任，这样区别区乡政府的调解和法院的审判职权，既不削弱乡政府在调解工作中的应有的作用，同时又能防止其可能发生的滥扣滥押等侵权行为。该文件明确行政机关没有民事执行权，行政机关强制执行就是"滥扣滥押的侵权行为"，但同时认为执行权属于"法院的审判职权"。1964 年 5 月 19 日《最高人民法院关于强制执行民事财产案件的判决不需另下裁定的批复》（〔64〕法研字第 48 号）指出："民事财产案件判决后，当事人在上诉期内没有声明上诉，也没有提出申诉，即应付诸执行。当事人拒绝执行时，应首先审查原判是否正确。如果原判正确，当事人无理拒绝执行，经过耐心地说服教育仍然无效，就应当直接采取强制措施。一般的不必另下强制执行的裁定。"从该文件的内容可以看出，最高人民法院认为执行权与审判权并无实质差异，其行使具有一体性。此外，最高人民法院 1956 年印发的《最高人民法院关于各级人民法院民事案件审判程序总结》和1979 年印发的《人民法院审判民事案件程序制度的规定（试行）》均有"执行"的专节规定，执行程序完全被纳入审判程序之中。

从立法上看，我国历来贯彻审执分立的原则。1956 年 10 月印发的《最高人民法院关于各级人民法院民事案件审判程序总结》第七部分指出："遇有判决书或者裁定书内容含糊笼统无法执行或者数字错误不应当执行时，执行员应当提出书面意见送交原审判庭或者报告上诉审人民法院审查纠正。""如果债务人死亡又无财产可供执行，可以由执行员提出书面意见，经审判庭裁定终止执行，并将裁定书送达申请人。"从上述规定可以看出，案件审判和执行的人员是分开的，审判人员和执行员在身份上是分开的。1982 年《中华人民共和国民事诉讼法（试行）》明确规定："执行工作由执行员、书记员进行。"1991 年《中华人民共和国民事诉讼法》（以下简称《民事诉讼法》）同样规定"执行工作由执行员进行"，并规定"基层人民法院、中级人民法院根据需要，可以设立执行机构。执行机构的职责由最高人民法院规定"。2007 年修改的《民事诉讼法》将"基层人民法院、中级人民法院根据需要可以设立执行机构"修改为"人民法院根据需要可以设立执行机构"。可以说，审执分立是我国民事诉讼与执行立法的基本传统。

随着理论和实践的不断发展，最高人民法院对民事执行权与民事审判权的差异的认识日益清晰。2011 年发布的《最高人民法院关于执行权合理配置和科学运行的若干意见》（〔2011〕15 号）明确指出："执行权是人民法院依法采取各类执行措施以及对执行异议、复议、申诉等事项进行审查的权力，包括执行实施权和执行审查权。"

党的十八届四中全会《决定》提出推动审执分离体制改革试点后，最高人民法院先后批准了广西高院、广东高院、深圳中院、浙江高院、唐山中院、上海高院、江苏高院等提出的审执分离改革试点方案，上述法院根据方案开展了试点工作。

2016 年 3 月，最高人民法院提出"用两到三年时间基本解决执行难问题"，审执分离改革在更为全面的范围内开展。2019 年最高人民法院发布《最高人民法院关于深化执行改革健全解决执行难长效机制的意见——人民法院执行工作纲要（2019—2023）》（法发〔2019〕16 号）（以下简称《人民法院执行工作纲要（2019—2023）》），在"深入推进执行体制改革"部分再一次提出加快推进审执分离体制改革的要求："加快推进审执分离体制改革。将执行权区分为执行实施权和执行裁判权，案件量大及具备一定条件的人民法院在执行局内或单独设立执行裁判庭，由执行裁判庭负责办理执行异议、复议以及执行异议之诉案件。不具备条件的法院的执行实施工作与执行异议、复议等裁判事项由执行机构不同法官团队负责，执行异议之诉案件由相关审判庭负责办理。"

（二）五个法院审执分离改革试点方案的主要内容

根据各种报道，我们整理了五个法院的"审执分离体制改革试点方案"，现摘录如下。

1. 广西高院审执分离体制改革方案

（1）改革思路：在法院内部深化内分，探索将执行裁判权从执行权中分离出来，实行执行裁判权和执行实施权分别由不同的部门实施，探索新的执行机构管理体制，对执行案件集中管辖，执行人员统一调度，实现执行机构与诉讼法院适度分离。

（2）改革目标：深化执行体制改革，推动实行机构分离、职责分离、人员分离、制度分离、监管分离。

（3）改革措施：

① 机构分离——从执行局分出执行一庭。将现有的执行局内设机构执行一庭改为执行裁判庭并分离出执行局，专门负责行使执行裁判权，与同级人民法院的民事审判庭、刑事审判庭等审判机构具有同等性质和地位，按照民诉法规定的程序处理执行程序中需要裁决的争议。执行裁判庭与下级法院执行裁判庭为业务指导关系。执行指挥中心将作为相对独立的二级法人机构（广西执行总局）归口法院管理，人、财、物相对独立，垂直管理。广西高院设立广西执行总局，各中级法院设立执行分局，各基层法院设立执行支局。执行指挥中心内设执行实施处、协调处、申诉处、执行督查处、综合处等部门。法警总队划归执行指挥中心，共同行使执行权、实施权，统一调配管理，下设执行支队、直属支队、保卫处、警务警政处等。

② 职责分离——执行裁判庭主要负责执行异议、复议的审查以及执行异议之诉、许可执行之诉、分配方案异议之诉等的审理，还行使非诉行政执行裁判权、公证债权文书执行裁判权、变更追加执行主体审查权等；执行指挥中心负责发布执行命令和进行执行程序性审查，如处理执行请示、协调、申诉、执行程序中止、终结和决定执行管辖权的转移等审查事项；由同级法院立案部门对执行案件进行统一登记立案，根据执行实施和执行裁判事项的划分，将案件分别分配给执行指挥中心和执行裁判庭。

③ 人员分离——执行裁判庭人员构成为法官、法官助理、书记员等；执行指挥中心保留少数法官发布执行命令，如作出查封、扣押、冻结、拍卖、变卖等裁定或者决定，并配备相应法官助理、书记员等；执行指挥中心建立警务化的执行实施队伍，将现有的执行

人员、书记员等按照法警的待遇警务化，建立司法警察序列的执行实施队伍。

④ 制度分离——按照执行裁判权和执行实施权分离运行机制，进一步健全和完善相应的规章制度，分别规范执行裁判和执行实施程序，制定相应的工作规范，明确各部门的工作职能与范围，细化不同类别的工作人员的工作职责。

⑤ 监管分离——对执行裁判和执行实施部门不同的职责和人员构成，分别进行监督和管理，改造升级现有的执行案件信息管理系统，使之适应审执分离工作机制的需求，增强监督、管理的针对性和有效性。

2. 广东高院审执分离体制改革方案

（1）改革目标：① 在原来人民法院内部审判权与执行权分离的基础上，继续探索将执行裁判权从执行权中分离出来，执行裁判权和执行权分别由法院内部不同的部门实施。② 探索新的执行机构管理体制，对执行案件集中管辖，执行人员统一调度，实现执行机构与诉讼法院适度分离，在法院和法院之间强化两权分离。③ 推行执行立案由审查制改为登记制、探索建立单独执行员序列、落实法官员额制等改革措施。

（2）基本原则：① 坚持执行裁判权与执行权在法院内部分离原则。建立明晰的执行裁判权和执行权清单，在法院内部实现更加彻底的执行裁判权与执行权分离。② 坚持有利于促进执行公正、提高执行效率的原则。通过理顺体制机制，实现对执行行为的外部监督和制约，促进执行公正，减少地方干预，切实提高执行效率。③ 坚持问题导向、有利于破解执行难的原则。找准束缚执行工作科学发展的症结，以是否解决执行难问题作为检验改革成效的标准。④ 坚持"撤一建一"，不增加机构、编制原则。通过合理调配现有编制资源，在审判权和执行权相分离的改革中，严格落实中央有关不增加机构编制的相关规定。

（3）改革措施：

① 设立执行裁判庭（裁判团队），实行执行裁判权与执行权分离——设立执行裁判庭（裁判团队），负责对执行争议、涉执行诉讼案件的裁判。执行裁判庭（裁判团队）与法院内的其他审判庭（审判团队）规格相同；执行裁判庭（裁判团队）的权力清单为：办理执行异议之诉、许可执行之诉、分配方案异议之诉等执行诉讼案件，以及执行复议、执行监督等案件；执行裁判庭（裁判团队）的裁判权运行遵照《广东省健全审判权运行机制完善审判责任制改革试点方案》实施；上下级法院的执行裁判庭（裁判团队）之间为业务监督关系。

② 实现执行工作的统筹管理——在司法体制改革调整优化试点法院内设机构的总体框架内，按照执行裁判权和执行权相分离原则调整执行机构设置，探索在中级法院辖区设立统一的市法院执行局，并根据案件情况在部分基层法院设立跨行政区划的执行分局。具体模式由试点中院在省法院指导下根据自身实际情况提出方案，报机构编制部门按规定程序办理。执行局负责发布执行命令和组织执行实施工作：执行命令包括采取控制性措施、处分性措施、制裁性措施的裁定以及裁定终结执行、终结本次执行、中止执行、不予执行等程序性事项。根据《民事诉讼法》的规定，上述裁定应由法官作出，为此，执行局应在过渡期内保留少量法官；执行实施包括采取控制性措施、处分性措施、制裁性措施以及出具决定书、通知书等或者不需要出具法律文书、由执行员直接为之的事项。执行实施工作由执行员负责。上级法院执行局对辖区法院的执行工作实行统一管理、统一指挥和统一调度。在试点法院同

时推行执行立案由审查制转变为登记制，由实体审查转向形式审查。

③ 探索建立执行员单独序列，落实法官员额制——执行裁判庭（裁判团队）按照规定配置法官、法官助理和书记员。法官、法官助理和书记员主要从执行局转任；探索建立执行员序列。探索确定执行员的任职条件、职务晋升、职责权限和薪酬待遇。执行局主要配置执行员、法警、书记员和其他执行辅助人员。

（4）试点范围和时间安排：综合参考经济状况、案件数量、人员配置等因素，选取深圳、汕头、佛山、茂名四市法院作为改革试点法院。2015 年 3 月，试点法院根据本方案的规定，结合本市情况，制定具体的改革方案，并报省法院审批后施行；2015 年 4 月至 12月，试点法院开展改革试点工作；2016 年 1 月，总结试点经验，完善改革方案，在全省法院扩大试点或全面实行改革。

3. 深圳中院审执分离体制改革方案

（1）总体目标：界定执行案件办理中的实施权与审查权，确定由不同的机构和主体行使，进一步实现审判权与执行权相分离的改革目标；形成更加符合执行工作规律、科学合理的执行权运行机制，最终实现基本解决执行难问题的总目标。

（2）改革原则：① 法院内部分离原则；② 依法原则；③ 符合司法改革精神原则；④ 三统一原则：深化执行实施工作统一管理体制，深圳中院对全市执行事务性工作统一管理、统一协调、统一指挥，条件成熟时设立全市统一的执行实施机构。

（3）改革思路：① 明确界定执行权中的实施权和审查权。执行实施权涉及的事项包括：审查执行依据，即确定执行依据是否具有可执行的内容；制作各类财产查控法律文书；制作各类财产处分法律文书；制作各类制裁性法律文书；制作各类结案文书；查找执行财产、被执行人的下落；法律文书的送达；为财产拍卖而需要事前完成的财产现场勘查、产权异议公告张贴、强制清场、机器搬迁等；财产及票证的交付；边控、布控、发布悬赏公告、限制高消费、纳入失信被执行人名单库工作的手续办理；拘传、拘留、移送公安机关追究拒执罪的手续办理；执行案卷的整理、归档及报结。执行审查权涉及的事项包括：审查案外人异议；审查执行行为异议、复议；审查执行申诉、请示、协调；对执行管辖权的移转作出决定。② 明确界定执行实施权和执行审查权的行使主体。执行审查权由法官行使；执行实施权由不同主体行使，有两种意见：一种意见认为，涉及执行实施权中的命令、决定类事项，应当由法官行使，涉及执行实施权中的事务办理类事项，应当委由执行员行使；另一种意见认为，执行实施权（制作制裁性法律文书除外）可委由执行员行使。③ 执行员单独序列管理。

（4）实施方案：将深圳中院执行局现负责办理执行审查类案件的"执行监督处"更名为"执行裁判庭（执行裁决庭）"并剥离出执行局；由深圳中院统筹深圳两级法院的强制执行事务，包括执行联动、执行管理、归口执行、送达以及全市的送达和诉讼保全工作。关于执行局的名称和职能，有两种思路：一是将深圳中院执行局现在办理执行实施权中的命令、决定类事项的"执行裁决处"更名为"执行裁决庭"并剥离出执行局，将深圳中院执行局的职能转变为专司全市执行实施事务并更名为"深圳中院强制执行局"，其人员组成为执行员；二是保留深圳中院执行局，取消现有的执行裁决处和执行监督处，执行局改设两个机构，分别为执行实施处和执行管理处（加挂执行指挥中心牌子），执行实施处的人员组成为执行员，行使执行实施权。在执行局外设执行裁决庭，行使执行审查权。

4. 浙江高院审执分离体制改革试点方案

（1）改变执行局既行使执行实施权又行使执行裁决权的现状，实行执行实施权与裁决权相分离。执行局仅负责执行实施，非诉行政执行审查权、仲裁裁决执行审查权、公证债权文书执行审查权、变更追加执行主体审查权及其他执行异议、复议审查权均由另行组建的执行裁决庭行使。

（2）允许执行局内具有审判职称的人员提出选择意向。执行局内具有助理审判员以上职称的人员，可以选择去包括执行裁决庭在内的审判庭，也可以选择留在执行局，根据工作需要并经组织审核确定。

（3）留在执行局专司执行实施的人员纳入司法警察序列。法院政法编制内行使执行实施权的人员成建制转为法警，此后新进执行员行人员按招录司法警察的规定录用。

5. 唐山中院审执分离体制改革试点方案

（1）改革目标：① 实现执行裁判权与执行实施权在唐山中院内部相分离，执行实施机构、职能和人员与基层法院彻底分离；② 实现唐山中院执行局对全市执行工作人、财、物、案统一管理，探索执行工作警务化模式；③ 撤销基层人民法院执行局，打造跨行政区域的执行格局，着力破解案件执行难。

（2）改革原则：① 统分适度原则。实行审判权与执行权在唐山中院深化"内分"，在基层人民法院彻底"外分"，优化机构配置，建立明晰的执行裁判权和执行实施权清单，强化集中统管，确保统分适度。② 公正与效率原则。通过进一步理顺体制机制实现对执行行为的外部监督和制约，促进执行公正，减少地方干预，提高执行效率。③ 坚持机构编制不增加原则。在保持现有执行机构规格（唐山中院执行局规格副处级，局长高配正处级，执行分局规格正科级，分局长高配副处级)、保留适当数量的法官员额基础上，合理调整机构和职能，确保机构编制不增，机构规格和人员职能不变。

（3）机构设置：① 中、基层人民法院设立执行裁决庭。唐山中院执行局原执行一庭脱离执行局，设立唐山中院执行裁决庭，纳入审判机构序列。撤销基层人民法院执行局，设立执行裁决庭，纳入审判机构序列。唐山中院执行裁决庭的职能：负责审理由本院管辖的涉执诉讼一审和二审案件；负责审查处理执行异议、复议案件；审查处理涉及执行裁决的申诉案件，承办领导交办的其他工作任务。基层人民法院执行裁决庭的职责：负责依法审理由本院管辖的涉执诉讼一审案件；负责审查处理执行异议案件；审查处理涉及执行裁决的申诉案件；承办领导交办的其他工作任务。② 唐山中院执行局机构设置。唐山中院执行局与市执行指挥中心一套人马两块牌子，实行合署办公，负责全市法院执行工作，对执行人、财、物、案实施统一管理。唐山中院执行局内设办公室、政治处、执行督导处和执行实施处，下设五个执行分局。五个执行分局分别内设办公室，下设三个县（市）区执行大队。

（4）案件办理机制：① 执行案件管辖。唐山中院制定实施规范性文件，采取统一提级、概括授权方式，将现行法律规定由基层人民法院执行的案件，统一提交由各执行分局管辖；将各执行分局办理执行实施案件过程中发生的裁决事项，统一指定交由作出执行依据的基层人民法院管辖。② 执行实施案件办理。现行法律规定由基层人民法院执行的法律文书，统一移送执行分局登记立案；执行分局统一使用唐山中院案号、公章和文书办理执行实施案件。③ 执行裁决案件办理。执行分局办理执行实施案件过程中发生的执行裁决事项，由执行大队移送驻地基层人民法院执行裁决庭审理；当事人不服裁决的，向唐山中院执行裁决庭提起复议和上诉。

（三）现有审执分离体制改革试点方案存在的问题

2015 年 2 月至 10 月，最高人民法院先后批准深圳市中级人民法院等七个人民法院提交的"审执分离体制改革试点方案"。除此之外，成都中院、北京高院、河北高院等都在开展民事审执分离体制改革试点工作。这些试点的方案均为"法院内分模式"，只是"审执分离"的具体结果有所不同而已。经过对相关试点方案的解读和分析，笔者认为，试点的民事执行权法院内分改革从总体上看符合民事执行的基本规律，应当代表我国民事执行权配置的未来方向。但是，在具体细节上，仍存在一些值得研究的问题。

1. "审执分离"扩大成为"裁执分离"

目前各个试点方案所谓的"审执分离"，已经扩大成为"裁执分离"——民事执行权中的裁判权能与实施权能的分离。但是，从实践操作来看，民事执行中的裁判性事项和实施性事项是很难截然分开的，两者之间存在着十分明显的交叉与重叠现象。例如，涉及执行当事人提出的执行申请、抗辩、异议及其实施的和解、以物抵债等自治行为的合法性问题，案件执行标的的确定问题，执行财产的权属关系以及应当执行的范围问题等，主要是裁判性事项；而查封、扣押、冻结、拍卖、变卖等事项则主要是实施性事项。与此同时，在查封、扣押、冻结、拍卖、变卖等事项的实施过程中，又交叉着是否超标的查封、扣押与冻结，拍卖是否合法与有效，无法拍卖的财产如何处理等一系列需要判断的事项。显然，在民事执行中，要实现完全的"裁执分离"其实是不现实的，强行分开可能并不利于民事执行权的运行。

2. 执行裁判和执行实施割裂的问题比较突出

在将"审执分离"扩大理解为"裁执分离"的基础上，现有的各方案均有将执行裁判权能和执行实施权能割裂开来的趋势——执行局只行使民事执行实施权能，对执行异议和复议申请、执行当事人变更追加以及执行异议之诉等事项的裁判权能由执行局之外的执行裁判庭或者民事审判庭行使。行使执行裁判权能和执行实施权能的机构过于独立，其结果必然是执行裁判权能和执行实施权能难以有效沟通，造成执行裁判和执行实施的割裂，既损害民事执行效率，又对民事执行公正带来不利影响。

3. 与民事执行的效益优先价值目标的冲突比较严重

由于执行实施权能与执行裁判权能相割裂，现行审执分离体制改革试点方案都存在比较严重的损害民事执行的效益优先价值目标的问题。首先，执行实施机构和执行裁判机构完全分离，与民事执行权的整体性相冲突，结果是案件和执行当事人在执行实施机构和执行裁判机构之间来回穿梭，执行效率明显降低。其次，执行实施机构和执行裁判机构完全分离，与民事执行权的权能协调性相冲突，结果是执行实施机构与执行裁判机构之间冲突不断而加大执行成本、产生执行错误，严重破坏民事执行的效益优先价值目标。再次，执行实施机构与执行裁判机构完全分离，降低了两者相互制约的效果，难以防止执行错误的产生，必然降低民事执行的效益。

三、理论研究背景与现状

任何实践都离不开一定的理论背景。20世纪90年代中后期，我国民事执行理论研究兴起，但是在很多理论问题上至今尚未形成一致意见。其中关于民事执行权与审判权关系的认识更是不统一。从根源来看，在于人们对民事执行权的性质认识不全面和不准确。

我国关于民事执行权性质的理论研究，直到20世纪90年代末才开始并在此后逐渐形成司法权说[1]、行政权说[2]、司法行政权说[3]、双重属性说[4]、二重权力说[5]等几种不同的观点。其中，双重属性说得到了理论界较为普遍的认可，人民法院近20年来开展的各种民事执行体制和机制改革试点工作，几乎都以民事执行权的双重属性为理论基础。

正是由于对民事执行权的性质认识不统一，我国究竟应当如何推进审执分离体制改革问题，在这一点上，目前形成了两种基本对立的观点，即法院外分和法院内分。

持民事执行权的行政权说的学者，认为应当将民事执行权配置给法院之外的行政机关。也就是要把当前由法院行使的民事执行权全部或者部分分到法院之外的行政机关，实现民事执行与审判的"脱钩"。由于以"审执分离"为基本方向，且主张将民事执行权配置在人民法院之外，这种民事执行权的配置方式被称为"法院外分模式"。

主张民事执行权法院外分的学者，在民事执行权的具体行使主体问题上，又有不同的意见。第一种意见主张将民事执行权配置给公安机关，"合理的制度安排应当是，法院只管判决，而把执行判决

---

[1]　肖建国主编：《民事执行法》，中国人民大学出版社2014年版，第22—25页；童兆洪著：《民事执行权研究》，法律出版社2004年版，第76页。

[2]　孙小虹：《克服执行难问题是社会系统工程》，载《人民日报》1999年3月10日，第10版；石时态著：《民事执行权配置研究》，法律出版社2011年版，第38—41页；徐卉：《论审判权和执行权的分离》，载《中国社会科学报》2016年12月14日。

[3]　常怡，崔婕：《完善民事强制执行立法若干问题研究》，载《中国法学》2000年第1期。从三权分立的国家学说来看，司法行政权并不是一种独立的国家权力；从我国国家机关的设置来看，司法行政权其实是一种行政权。因此，严格说来，这种观点仍属于行政权说。

[4]　高执办：《论执行局设置的理论基础》，载《人民司法》2001年第2期。

[5]　严仁群著：《民事执行权论》，法律出版社2007年版，第32、34、35页。

的工作交由作为行政机关的公安局去完成。"[1]第二种意见认为应当将民事执行权配置给司法行政机关，由司法行政机关统一行使民事执行权和刑事执行权。[2]第三种意见认为应当将民事执行、刑事执行和行政执行统一起来，仿造铁路、中央银行系统，参考海关、反贪局等机构，设中央一级的执行总署和跨地区的执行厅和执行分厅。[3]第四种意见主张将民事执行权配置给行政部门，但没有指明具体由哪个行政部门行使民事执行权，"基于执行权的行政权性质，将执行权归位于行政部门，才符合宪法原则，才符合现代国家治理原理，且与政府作为行政权主体拥有的资源相匹配。政府远超司法资源，执行责任归于政府行政部门后，政府可以动用一切资源保证判决执行。"[4]

以民事执行权配置的法院外分模式为基础，在我国民事执行机构的设置问题上，有人主张将民事执行权全部配置给司法行政机关或者公安机关，也就是将执行实施机构和执行裁判机构全部从法院系统分离出去。[5]这种观点可称为"彻底外分模式"。有人则主张将执行实施权配置给司法行政机关或者公安机关，也就是仅将执行实施机构从法院系统分离出去。[6]这种观点可称为"部分外分模式"。如果将民事执

---

〔1〕 贺卫方著：《司法的理念与制度》，中国政法大学出版社 1998 年版，第 264 页。

〔2〕 孙宏艳：《审判权与执行权分离的模式选择》，载《法制日报》2014 年 12 月 10 日，第 10 版。

〔3〕 汤维建：《论执行体制的改革》，载中国民商法律网，http：//www. civillaw. com. cn/Article，2015 年 7 月 19 日访问。

〔4〕 徐卉：《论审判权和执行权的分离》，载《中国社会科学报》2016 年 12 月 14 日。

〔5〕 王小刚：《审执分离不应"小步慢跑"》，载《人民法治》2015 年第 7 期。

〔6〕 王娅：《司法改革背景下的审执分离研究——以深圳前海合作区人民法院试点为切入》，载《福建法学》2015 年第 4 期。

行权完整地配置给行政机关，即执行实施权和执行裁判权均由行政机关行使，必然形成行政机关行使司法性判断权不符合法理和我国宪法规定的尴尬。因此，将执行实施机构和执行裁判机构均"分离"到人民法院之外的"彻底外分模式"并没有得到太多人的支持，大多数法院外分模式的支持者主张的是，将执行实施机构分离出人民法院，执行裁判机构仍保留在人民法院的"部分外分模式"。

持民事执行权的司法权说或者双重属性说的学者，主张将民事执行权配置给人民法院，但对人民法院行使民事执行权的具体权能的机构进行严格区分。也就是在人民法院已经实行"审执分立"的基础上，实现民事执行权中的裁判权能和实施权能的分离。由于同样以"审执分离"为基本方向，且主张将民事执行权配置在人民法院，这种民事执行权的配置方式被称为"法院内分模式"或者"深化内分模式"。有学者明确指出，"由行政机关行使民事执行权会严重损害执行效率"，将民事执行交给行政机关"会带来巨大的制度变革的成本，结果必然是得不偿失"。[1]"民事执行权属于司法权，应由法院来行使；民事执行权和审判权的分离，应当在人民法院内进行分离。"[2]我们也认为，民事执行权不能配置给法院之外的其他机关，"执行机构脱离法院违反民事执行的基本规律"[3]。经最高人民法院批准，目前正在广西、广东、深圳、浙江、唐山、江苏、上海等地进行的审执分离体制改革试点，采取的均为法院内分模式，但是具体的"分离方式"各有特点。

---

[1]　肖建国主编：《民事执行法》，中国人民大学出版社2014年版，第25页。

[2]　肖建国：《民事执行权和审判权应在法院内实行分离》，载《人民法院报》2014年11月26日，第5版。

[3]　谭秋桂：《执行机构脱离法院违反民事执行基本规律》，载《人民法院报》2014年12月3日，第5版。

第二节　民事审执分离体制改革与民事执行权的性质

民事审执分离的实质是科学配置民事执行权，确保其与民事审判权具有清晰的界线，防止形成以执乱审和以执代审等问题，提高民事执行的效益，维护当事人合法权益。科学配置民事执行权，必须首先正确认识民事执行权，尤其是要准确把握民事执行权在国家权力体系中的定位。

一、关于民事执行权性质的不同观点

民事执行权是指强制债务人履行义务、实现债权人权利，并解决因此形成的争议的国家公权力。在具体形态上，民事执行权表现为民事执行机关采取强制性的、迫使债务人履行义务的执行措施并解决执行过程中形成的各种争议的职权。讨论民事执行权的性质，主要为了解决三个方面的问题：一是民事执行权的来源；二是民事执行权的主体；三是民事执行权在国家权力体系中的具体位置。准确认识民事执行权的性质，是民事执行权配置的前提和基础，也是构建科学的民事执行权运行体制和机制的关键。因此，有关民事执行权性质的分析，一直是我国民事执行理论研究的重要内容。

关于民事执行权的性质，目前争议最大的是民事执行权在国家权力体系中的具体位置，即民事执行权定位的问题。关于这个问题，理论界主要有以下五种不同的观点。

（一）司法权说

有人认为，执行机关与被执行人之间关系的特殊性，并没有改变民事执行法律关系的"多面关系"的性质，与一面关系（或线性关系）的行政法律关系有天壤之别；司法权不等于审判权，而是一

个复合性的权力体系，民事执行权包含在这一权力体系之中。因此，民事执行权在本质上是司法权，是司法权下的独立于审判权的一项法院强制权。[1]另有人通过宏观和微观两个维度的分析得出了同样的结论：从宏观上看，民事执行权在国家基本权力体系中应当定位为司法权；从微观上看，从民事执行权与民事审判权的差异及关系分析，民事执行权在司法权力体系中应定位为独立于民事审判权的民事司法权的下位权力。[2]我国大多数的民事诉讼法学教材将"民事执行"定义为"诉讼活动"，[3]其实就是将民事执行权定位为司法权。

（二）行政权说

有人认为，"民事执行权既不是司法权，也不是具有司法性和行政性双重属性的复合型权力。从属性和内容看，民事执行作为一种实现民事权利的手段，与以诉辩、裁判为核心的民事诉讼有着本质的区别已经成为人们的共识。执行权作为一种实现权，具有确定性、主动性、命令性、强制性等特征，完全不同于中立性、被动性、终局性的司法权。纯粹的执行权只可能是一种行政性权力，应当从行使司法权的法院中分离出来"。[4]"执行和审判是两种不同性质的工作，执行工作从性质上讲是行政活动，具有确定性、主动性、命令性、强制性的特点"。[5]这种观点强调民事执行不同于民事审判，认为执行活动是行政活动，民事执行权是国家行政权。另有人通过分

---

〔1〕肖建国主编：《民事执行法》，中国人民大学出版社2014年版，第22—25页。

〔2〕童兆洪著：《民事执行权研究》，法律出版社2004年版，第76页。

〔3〕张卫平著：《民事诉讼法（第三版）》，法律出版社2013年版，第453页。

〔4〕徐卉：《论审判权和执行权的分离》，载《中国社会科学报》2016年12月14日，第5版。

〔5〕孙小虹：《克服执行难问题是社会系统工程》，载《人民日报》1999年3月10日，第10版。

析民事执行权的内在本质特征，同样得出了"民事执行权从本质上属行政性权力"的结论，并认为"民事执行权是国家的强制实施权，性质上属行政性权力，内容包括单纯执行实施权和对执行中程序事项的裁决权"。[1]

（三）司法行政权说

有人认为，民事执行行为既有不同于审判工作的行政性，又有不同于一般意义上的行政行为的司法性，"民事强制执行是一种具有行政性和司法性双重特征、以保证人民法院完成审判职能为基本任务的司法行政行为"，是一种"国家执行机关基于其司法行政执行权迫使债务人履行义务以实现债权人债权的活动"[2]。

（四）双重属性说

有人指出："民事执行权具有司法权和行政权双重属性，在执行工作中，司法权和行政权的有机结合构成了复合的、相对独立的、完整的民事执行权。"[3]目前理论上普遍认为，双重属性说比较准确地揭示了民事执行权的本质。各地人民法院在近十几年开展的各种民事执行体制和机制改革试点工作，几乎都是以民事执行权的双重属性为理论基础的。

（五）二重权力说

这种观点认为："民事执行权是一种综合性（二重性）权力，其中部分是行政性，部分是司法性的。但这两部分权力并没有融合成

---

[1] 石时态著：《民事执行权配置研究》，法律出版社 2011 年版，第 38—41 页。

[2] 常怡，崔婕：《完善民事强制执行立法若干问题研究》，载《中国法学》2000 年第 1 期。从三权分立的国家学说来看，司法行政权并不是一种独立的国家权力；从我国国家机关的设置来看，司法行政权其实是一种行政权，因此，严格说来，这种观点仍属于行政权说。

[3] 高执办：《论执行局设置的理论基础》，载《人民司法》2001 年第 2 期。

为一个不可分的有机体，并没有成为一种在传统三权之外的第四种国家权力。只是因为有一部分行政性权力和一部分司法性权力，为了它们所共同为之服务的目标——执行程序，而走到了一起，这才有了'（广义）民事执行权'这样的一个称谓。行政性执行权和司法性执行权虽然有了这样一个共同的名称，但我们在对具体问题进行分析时，务必不要将它们作单一化处理；而应当在了解它们的关联性的同时，予以区别对待，个别处理。""执行权只是两种权力在同一执行程序中的聚合而已，它们之间并没有因为这种聚合而改变各自的性质，也没有相互吸收之情况发生。"也就是说，"'民事执行权'只是一个集合名词而已"。[1]

二、民事执行权性质现有研究存在的问题

从方法上看，目前关于民事执行权性质的研究主要存在以下几个方面的问题。

（一）分析的对象不统一，民事执行权的判断权能被低估甚至被忽视

在通过权能分析去认识民事执行权的性质时，人们更多地看到了民事执行权的实施权能，而对其判断权能重视不足，甚至认为民事执行权只有实施权能、没有判断权能，导致对民事执行权的性质的认识发生偏差。有的甚至是将内涵和外延都并不十分明确的所谓"纯粹的执行权"代替"民事执行权"的概念，这样得出的结论难免以偏概全。

（二）分析的前提不统一，在民事执行权整体性问题上的认识不足

关于民事执行权是否为一项完整的国家权力，理论上仍有争议。

---

〔1〕　严仁群著：《民事执行权论》，法律出版社2007年版，第32、34、35页。

有人根本否认作为一种完整权力的民事执行权的存在，认为"民事执行权"只是一个集合名词而已，它只是行政性执行权与司法性执行权在同一执行程序中的聚合，这两种权力并没有因为这种聚合而改变各自的性质，也没有相互吸收的情况发生。[1]也许是受前一种观点的影响，有人认为，"民事执行权"与"民事执行程序中的权力"是两个完全不同的概念。"'民事执行权'指的是一种单一性权力，而'民事执行程序中的权力'则是民事执行程序中各种权力的总称"。[2]从这种观点看，民事执行权就是执行实施权，执行程序中的裁判权不是执行权而是审判权。

（三）对基础理论的理解存在偏差，将"分权理论"中的"立法权""司法权""行政权"之间的界线绝对化

目前关于民事执行权性质的分析，几乎都是以分权理论为理论基础的。但是，学界对分权理论的实质和内容的理解仍存在一些误区，以至于影响了对民事执行权性质的正确判断。突出的体现是过于机械地理解国家分权的过程和结果，认为国家分权存在绝对的、十分严格的标准，分权的结果只能是国家权力分为立法权、司法权和行政权三种，任何国家权力都能够且必须归入上述三种权力之中，立法权、司法权和行政权之间存在绝对的、不可逾越的鸿沟或者界线。以这种机械的分权论为基础，民事执行权要么属于司法权，要么属于行政权。有学者就曾指出："要解决民事执行权的定位问题，必须就该权力在现代国家的立法权、行政权和司法权三大基本权力中确定其归属，给出一个明确的定位。复合权说之意是在国家的三大基本权力之外，主张一种新独立的国家权力。从目前的情况看，

---

〔1〕 严仁群著：《民事执行权论》，法律出版社2007年版，第34—35页。
〔2〕 石时态著：《民事执行权配置研究》，法律出版社2011年版，第26页。

民事执行权不可能成为与立法权、司法权和行政权并列的独立一项国家权力。这种主张既没有理论依据，也没有现实背景。"[1]这种观点显然已将分权绝对化，与分权理论的原意不符。事实上，国家分权并没有绝对的、十分严格的标准，并不能确切地说国家的权力只能是立法权、司法权、行政权三种，更不能否定三权之间存在交叉的"中间地带"的可能性。以机械的分权论为理论基础，严重影响了学界对民事执行权性质的正确分析。

三、关于民事执行权属性的基本判断

认识民事执行权的性质，必须分析民事执行权的特殊性。笔者认为，在与民事审判权、行政权或者行政执行权、刑事执行权的比较中，民事执行权的独特之处主要体现为相对独立性、复杂性和整体性等属性。

首先，民事执行权具有相对独立性。强制债务人履行生效法律文书确定的金钱、物或者行为给付的义务，是维护国家法律权威性和公信力的重要工作，是一项独立的国家职能，与审判职能、行政职能、刑事职能及其他职能之间均存在明显的区别，民事执行权并不依附于其他某种权力而存在。其一，民事执行权不依附于民事审判权。民事审判权的基本职能是判断，民事执行权的基本职能是实现。基本职能的差异决定了民事执行权不可能依附于民事审判权而存在。其二，民事执行权不依附于行政权或者行政执行权。民事执行权发生作用的结果具有终局性，不可能再进行司法审查；行政权或者行政执行权发生作用的结果具有中间性，相对人有权请求进行司法审查。这种差异也就决定了民事执行权不可能依附于行政权或者行政执行权而存在。其三，民事执行权不依附于刑事执行权。刑

---

〔1〕　童兆洪著：《民事执行权研究》，法律出版社 2004 年版，第 56 页。

事执行权运行的基本目的是剥夺罪犯的自由或者生命，民事执行权运行的基本目的则是强制债务人履行财产或者行为给付义务。基本目的的差异决定了民事执行权不可能依附于刑事执行权。正是由于既不依附于民事审判权，也不依附于行政权或者行政执行权、刑事执行权，所以民事执行权在国家权力体系中具有相对独立的地位。

其次，民事执行权具有复杂性。民事执行职能是一项复杂的职能，既要处理判断事项又要处理非判断事项，而且处理非判断事项并非绝对不需要判断。其中，执行行为异议、执行标的异议、分配方案异议等执行异议事项的处理就是民事执行权的判断职能的典型体现，查封、扣押、冻结、拍卖、变卖、分配、交付等执行实施事项的处理则是民事执行权的非判断职能的体现。这些事项是民事执行实践的固有内容，也就是民事执行权不可或缺的职能。同时，即使是查封等典型的执行实施事项，其实也离不开判断。例如，在查封财产时，拟查封的财产是否为债务人的责任财产、登记是否有瑕疵、是否属于执行豁免财产等，查封人员都需要作出判断，否则无法实施查封。总之，在实现民事执行职能的过程中，判断与实施其实很难截然分开，这与民事审判、行政或者刑事执行等存在重大差异。因此，民事执行权具有复杂性。

最后，民事执行权具有整体性。为了实现强制债务人履行义务、实现生效法律文书确定内容并解决因此而形成的纠纷，民事执行权中的判断性权能和实施性权能是一个完整的整体，它们不可分割，更不是某几种权能的"临时聚合"，而是由不同权能构成的完整系统。作为该系统的构成要素的民事执行具体权能之间形成了有机的、不可分割的联系，它们缺一不可地分别发生作用，进而产生"整体大于部分之和"的系统效应，最终全面实现民事执行职能。缺乏其中任何一项权能，民事执行系统就无法正常运行，民事执行的国家职能就无法实现。因此，民事执行权具有整体性。

相对独立性、复杂性和整体性是民事执行权固有的基本属性。只有在尊重这些属性的基础上再去分析民事执行权的定位，才可能得出比较科学的结论。这些基本属性决定了民事执行权既不是纯粹的司法权，也不是纯粹的行政权，而是一种具有司法权和行政权双重属性的复合性权力。从国家权力的体系构造来看，民事执行权应当是处于司法权与行政权交叉部位的一种交叉型权力。[1]

四、关于民事执行权性质与民事执行权配置关系的不同观点

有人认为，民事执行权的性质与民事执行权的配置、民事执行机构设置无关，审执分离体制改革也就与民事执行权的性质无关。例如，有人认为："执行权本身并没有一个应然或必然的属性问题，执行权本质上并没有应当是什么样的性质的问题。目前理论研究中，一些学者仅凭逻辑上的演绎，以及对于执行权抽象的理论分析，就断言执行权的性质，并据此认定我国执行机构的设置，这种研究问题的方式不仅本身很不全面，缺少省慎，也是欠科学的。"[2]有人甚至明确提出，民事执行权性质理论不是"审执分离"的理论支撑，审判权与执行权的关系是保障与被保障的关系，不是相互配合、相互制约的平等关系，检视民事执行权性质的目的，不仅是选择审执分离的具体模式，更多的是解决国家权力介入民事流转的边界问题，即在当事人主义或者职权主义中选择一个合理的模式。[3]

我们认为，上述观点是值得商榷的。首先，作为一种国家公权

---

〔1〕　谭秋桂：《民事执行权定位问题探析》，载《政法论坛》2003 年第 4 期。

〔2〕　廖中洪：《关于强制执行立法几个理论误区的探讨》，载《现代法学》2006 年第 3 期。

〔3〕　朴顺善：试论司法权控制下的审执分离模式选择，载《中国政法大学学报》2019 年第 3 期。

力，民事执行权必然有其固有属性。民事执行权的属性是由其作为一种国家职能的基本属性决定的。民事执行权是否具有特定属性，人们对其属性的认识是否准确，这是两个完全不同的问题。其次，域外民事执行权的配置模式既有共性又各个性，其共性部分正是民事执行权固有属性的体现。换个角度看，正是民事执行权的基本固有属性决定了民事执行权的配置方式。最后，审判权与执行权相分离的基础，正是由于审判权与执行权具有差异性，这种差异性其实就是审判权与执行权性质的差异性。如果审判权与执行权在性质上没有差异，也就不需要实行审判权与执行权相分离的体制。由此可见，审执分离的模式选择，必须以民事执行权的性质为基础。因此，我们坚持认为，审执分离的实质是民事执行权的重新配置，民事执行权的配置必须以民事执行权性质为基础。

第三节　民事审执分离体制的构建与民事执行权的运行规律

配置民事执行权，实行审判权与执行权相分离，必须遵循民事执行权运行的基本规律。民事执行权的运行规律，主要涉及民事执行权的权能构成、运行功能、运行价值取向和运行模式等问题。

一、民事执行权的权能构成

民事执行权是国家为了强制债务人履行义务而配置的。债务人拒绝履行生效法律文书确定的义务，可能引起多种不同性质的问题，如执行依据的执行力的确定，执行争议的处理，执行措施的确定与实施，等等。为了"一揽子"解决这些不同性质的问题，就需要多种权能的共同作用。这些权能的有机结合，便构成了"复合的、相对独立的、完整的"民事执行权。[1]

目前，以其职能划分为依据，关于民事执行权的权能构成，理论界形成了二分论、三分论、四分论几种不同的观点。二分论认为，民事执行权是由执行裁判权和执行实施权有机组成的整体。[2]执行裁判权就是民事执行机关对有关事项依法作出裁断或决定的权力；执行实施权是指民事执行机关采取执行措施、进行执行活动的权力。[3]三分论有三种观点。一种观点认为，民事执行权的构成要素除了执行裁判权[4]和执行实施权之外，还包括执行命令权，即指示启动执行程序、责令义务人履行义务的权力；[5]另一种观点认为，民事执行权是由执行命令（决定）权、执行实施权和执行异议审查权三种权力构成；[6]还有一种观点是将民事执行权分为执行实施权、执行裁判权和执行监督权。[7]四分论认为，民事执行权应划分为执行命令权、执行调查权、执行裁判权和执行实施权。[8]

通过对上述不同观点的梳理，我们不难发现，理论界和实践中对于民事执行权的复合性几乎不存异议，且均认可执行裁判权能

---

〔1〕 高执办：《论执行局设置的理论基础》，载《人民司法》2001 年第 2 期。

〔2〕 高执办：《论执行机构内部的分权与制约》，载《人民司法》2001 年第 6 期。

〔3〕 童兆洪著：《民事执行权研究》，法律出版社 2004 年版，第 129、134 页。

〔4〕 也有人将执行裁判权称为执行异议审查权。例如，唐林：《对民事执行"三权分立"若干问题的探析》，载《人民司法》2002 年第 2 期。

〔5〕 孙加瑞著：《中国强制执行制度概论》，中国民主法制出版社 1999 年版，第 110 页。

〔6〕 孙秀芳，杨桐：《对民事诉讼中执行权分立的思考》，载《法律适用》2000 年第 6 期。

〔7〕 《黑龙江省高级人民法院关于执行权运行机制改革若干问题的规定（试行）》，载最高人民法院执行工作办公室编：《强制执行指导与参考》，2002 年第 3 辑，法律出版社 2002 年版，第 331 页。

〔8〕 满宏伟：《执行权的分割与制衡》，载青岛市中级人民法院编：《司法理论与实务》，法律出版社 2001 年版，第 146 页。

（尽管可能有不同的称谓和内容）和执行实施权能是民事执行权的基本构成要素。有争议的主要是：执行命令权能、执行监督权能、执行调查权能、执行异议审查权能是否为独立的、民事执行权的权能构成要素。同时，上述权能多被分别直接称为执行命令权、执行裁判权、执行实施权、执行监督权、执行异议审查权等。

关于执行命令权。有人认为，"从权力性质上讲，执行命令权系执行措施和调查措施的启动程序，与具体的措施的采取紧密相联，具有确定性、主动性、命令性、强制性等特征，奉行效率优先的价值取向，这与民事执行权的强制权性质相符，由此宜将执行命令权作为执行实施权的下位权力"。[1]也有人认为，"执行命令权与执行裁判权和执行实施权不是同一划分标准。上述划分（执行裁判权与执行实施权的划分——引者注）是以强制执行权具有的司法权和行政权的双重属性为标准的，而执行命令权在性质上不能简单地并列于司法权和行政权……它既可能具有司法权的特点，又可能具有行政权的特点……尽管执行程序中存在着命令权这样一种权力，但是，它并不是与裁判权、实施权相同级别的权力或者说以同一标准划分的权力"。[2]

笔者认为，目前理论界对于执行命令权能的理解存在一些偏差，甚至可以说对执行命令权能存在误解。从国外民事执行权配置的经验来看，执行命令权能主要是指：（1）向执行机构或者人员发出开始执行的命令的权力；（2）命令有关机关或者人员协助执行的权力；（3）决定在夜间或者节假日实施执行的权力。执行命令权能行使的

---

〔1〕 童兆洪：《论民事执行权的构造》，载《法律适用》2003 年第 11 期。

〔2〕 高执办：《论执行机构内部的分权与制约》，载《人民司法》2001 年第 6 期。

最为典型的形式是签发执行令状或者加盖执行令印、签署执行文。[1]由此可见，执行命令既不是对争议事项的裁判，也不是执行措施的实施。执行命令无须经过对席审理，甚至不需听取当事人的意见就可形成结论，故不同于执行裁判；执行命令与具体的执行措施无关，故不同于执行实施。因此，将执行命令权能等同于执行裁判权能或者执行实施权能，或者将其定位于执行裁判权能或者执行实施权能的下位权都是不妥的。执行命令权能应当是与执行裁判权能、执行实施权能并列的民事执行权的基本权能构成要素。它是使法院裁判等生效法律文书演变成执行名义，从而启动执行程序必不可少的权能。在理论界一致呼吁我国也应当构建执行文制度的当前，认识执行命令权能的独立性具有更为现实的意义。

关于执行监督权。执行机关内部的执行监督是纠正执行错误的一种方式。[2]执行监督权能是纠正错误执行行为的权力。在民事执行程序中，纠错必须以对执行行为的判断为基础。只有执行行为确实存在错误且有必要纠正的，才有纠正的必要和可能。判断执行行为是否存在错误，则是执行裁判权能的作用范围。因此，执行监督权能属于执行裁判权能的范畴，而不是与执行裁判权能并列的、独立的民事执行权的权能构成要素。

----

〔1〕　例如，在法国，法院的裁判作出后，必须加盖执行令印才能申请执行。执行令的内容是："法兰西共和国，以法国人民之名义，兹通告并命令任何法院执行人员依此令将本判决付诸执行，命令所有的一审法院检察长与共和国检察官给予协助，命令所有的公共力量指挥人员与官员在受到合法请求时给予有力支持。本判决由……签署，此令。"参见罗结珍译：《法国民事执行程序法》，中国法制出版社 2002 年版，第 2 页注释①。

〔2〕　这里所谓的执行监督仅是指执行机关的内部监督，不包括其他机关的监督，尤其是不包括检察监督。因此，这里所谓的执行监督权能仅指强制执行权的内部权能，而不包括来自其他机关的监督权能，尤其不包括检察监督权能。检察监督权能是国家法律监督权的权能，属于国家检察权的范畴。

关于执行调查权。调查权能是民事执行权的重要权能，是顺利开展执行工作的基础。其作用范围主要包括查询债务人的财产状况，调取执行标的的证明材料，查找已经被债务人藏匿的财产，传唤当事人到特定场所进行询问，等等。这些权能只是执行实施权能的具体体现，而不是与执行实施权能、执行裁判权能等并列的民事执行权的权能构成要素。

关于执行异议审查权。对于当事人、第三人（包括现行法律规定的利害关系人和案外人，下同）提出的执行异议，执行机关必须进行审查并作出裁判。无论是当事人、第三人认为执行行为违反法律规定而提出的异议（也称当事人、利害关系人异议），还是第三人因对执行标的主张实体权利而提出的异议（也称案外人异议），执行机关都必须进行审查并作出裁判。这种审查和裁判，正是执行裁判权能的体现，而不是与执行裁判权能并列的一项独立的权能。因此，执行异议审查权能是执行裁判权能的构成部分，而不是与执行实施权能、执行裁判权能并列的民事执行权的权能构成要素。

因此，我们认为，民事执行权应当是由三种基本权能构成的，即执行命令权能、执行裁判权能和执行实施权能（为表达简便，以下分别简称执行命令权、执行裁判权和执行实施权）。其中，执行命令权是对生效法律文书的执行力进行审查和确认、决定执行程序启动与否的权力，主要包括下列权力：（1）向执行实施机构或者人员发出开始执行的命令的权力。（2）向有关机关发出协助执行命令的权力。（3）决定在夜间或者节假日执行的权力。其中，发出开始执行命令，应当以对作为执行根据的生效法律文书的执行力的单方、形式审查为基础；发出协助执行命令，应当以对协助执行的必要性以及被命令人的法定职责的判断为基础；决定在夜间或者节假日实施执行，应当以对实施执行的紧迫性以及义务人是否存在逃避执行嫌疑的判断为基础。

执行裁判权是指对与执行程序相关的实体和程序性事项进行审理和裁断的权力，主要包括下列权力：（1）审查权。即对执行行为的合法性与适当性进行审核、确认的权力。（2）裁判权。即对于在执行程序中发生争议的事项（包括提起的执行异议和异议之诉）、变更或追加执行当事人的事项以及影响执行程序进行的其他重大事项作出裁断、评判的权力。（3）监督权。即责令执行实施人员或者下级执行机关纠正错误执行行为的权力，如对执行实施人员采取执行措施和强制措施的行为进行审查和监督。

执行实施权是采取执行措施、进行执行活动的权力，主要包括下列权力：（1）调查权。即查询义务人的财产状况、调取执行标的的证明材料、查找已经被债务人藏匿的财产、传唤当事人到特定场所进行询问等的权力。（2）查封权。即对债务人的责任财产采取控制性执行措施、使之不得转移或者处分的权力。（3）变价权。即对作为执行标的财产实施拍卖、变卖、以物抵债的权力。（4）交付权。即将执行所得财产或者标的物交付债权人的权力。（5）其他执行措施实施权。即委托他人替代履行、强制债务人迁出房屋或者退出土地、探视权执行时的监督等的权力。（6）强制措施实施权。即对妨害执行的当事人或者第三人实施搜查、训诫、拘留等制裁措施的权力。

二、民事执行权运行的功能

民事执行权的运行是指民事执行权在社会实践中实现其功能的过程，其外观表现是民事执行的过程，结果是民事执行权国家职能的实现。因此，民事执行权运行功能的实质是民事执行权的职能定位。

功能是指事物固有的性能与功用，它是由事物属性、内部要素及结构特点所形成的、直接指向事物本身目的的潜在能力。作为一种国家固有权力，民事执行权具有其独特的职能定位，民事执行权运行就是要实现其被定位的国家职能。由于民事执行权运行的外观表现是民事执行程序，因此民事执行权运行的功能其实就是民事执行程序的功能。

民事执行权运行的功能可以分为程序功能和实质功能两个方面。前者是指民事执行程序自身固有的性能与功用，它与民事执行的结果无关；后者则是指民事执行程序对于产生民事执行结果所固有的性能与功能，即民事执行程序直接指向民事执行目的、产生民事执行结果的潜在能力。笔者认为，民事执行权运行的程序功能包括目标导向、平衡整合、"作茧自缚"和效力宣示四个方面。[1]关于民事执行运行的实质功能，目前理论上普遍认可的观点是实现生效法律文书确定的内容，或者强制债务人履行义务、实现债权人的债权。但是，关于"实现"的具体含义，理论上并没有形成一致意见。一般认为，民事执行的"实现"是指采取强制性的手段或者措施迫使拒绝履行义务的债务人履行义务，即通常所谓的"执行实施"。至于"执行裁判"是否包含在"实现"的范畴之中，即在强制债务人履行义务过程中形成的争议的解决是否也属于民事执行权运行的实质功能的问题，理论上争议颇大。

在理论上，一部分人认为"裁判"是审判权运行的功能而不是民事执行权运行的功能。"在司法体制改革中，宜考虑将执行裁决权从民事执行权中剥离出去，成为民事审判权的组成部分"。[2]2011年最高人民法院发布的《最高人民法院关于执行权合理配置和科学

---

[1] 谭秋桂著：《民事执行原理研究》，中国法制出版社 2001 年版，第 84—86 页。

[2] 肖建国：《民事审判权与执行权的分离研究》，载《法制与社会发展》2016 年第 2 期。

运行的若干意见》（法发〔2011〕15 号）指出："执行权是人民法院依法采取各类执行措施以及对执行异议、复议、申诉等事项进行审查的权力，包括执行实施权和执行审查权。"2019 年最高人民法院发布的《最高人民法院关于深化执行改革健全解决执行难长效机制的意见——人民法院执行工作纲要（2019—2023）》（法发〔2019〕16 号）指出："将执行权区分为执行实施权和执行裁判权，案件量大及具备一定条件的人民法院在执行局内或单独设立执行裁判庭，由执行裁判庭负责办理执行异议、复议以及执行异议之诉案件。"由此可见，最高人民法院规范性文件对民事执行权的执行裁判职能是认可的，也就是认可民事执行权运行的裁判功能。

笔者认为，作为民事执行权运行实质功能的"实现"，应当包括"执行裁判"。判断事项的产生是民事执行中不可避免的现象，而且执行实施与执行判断之间存在着交叉与重叠。执行依据的可执行性、执行标的的确定、执行措施的采取等，都需要判断，当事人提出异议的就需要裁判。如果不能就这些事项或者争议作出裁判，民事执行几乎无法进行，民事执行权无法实现其"实现功能"。而且，民事执行程序中形成的需要裁判的事项，如关于执行标的的确定、采取何种执行措施的争议，并非都是民事纠纷而属于民事审判权的职能范围，无法适用民事审判程序进行审理和裁判。因此，通过民事审判程序处理民事执行争议事项缺乏足够的法理依据，而且必将严重损害民事执行的效率价值，甚至造成执行难问题。

当然，肯定民事执行权运行的裁判功能，并不是要无限扩大民事执行权的判断属性，也不是要模糊民事执行权与民事审判权之间的界线。相反，明确民事执行权运行的裁判功能，目的是更为清晰、更为准确地理解民事执行权与民事审判权之间的界线，为正在推进的民事审执分离体制改革提供理论依据，最终实现"恺撒的归恺撒，上帝的归上帝"。只有这样，民事执行难问题的解决才有更坚实的体制和机制基础。

此外，作为民事执行权运行功能的"实现"还包括执行命令功能。执行命令是打破裁判程序封闭性、实现裁判程序与执行程序顺利衔接必不可少的职能。[1]执行命令的基本职能是启动民事执行程序并责令有关机构和人员协助执行。首先，对法律文书的可执行性作出判断，法律文书符合启动执行程序的条件的，向民事执行机关或者执行人员发出开始执行的命令，如签署执行文、发出执行令等。其次，对启动民事执行程序有关的特殊事项作出判断，向符合条件的民事执行机关或者其他机构的人员发出命令，责令其完成特定的行为，如命令有关机构或者人员协助执行、命令在特殊时间开始执行程序，等等。具体来说，执行命令功能主要体现为：启动执行程序，命令协助执行，[2]决定夜间、节假日实施执行等非争议事项，决定采取强制措施，决定迟延履行责任，等等。再次，执行命令的对象并非执行当事人，而是民事执行机关或者执行人员、协助执行人员。我国司法实践中向债务人发出执行通知书、责令债务人申报财产等权能，因其作用对象是债务人而不是民事执行机关，所以均不属执行命令功能的体现。实际上，向债务人发出执行通知书、责令债务人申报财产等，只是执行实施的一个程序或者步骤，其体现

---

〔1〕 谭秋桂著：《民事执行权配置、制约与监督的法律制度研究》，中国人民公安大学出版社 2012 年版，第 96 页。

〔2〕 例如，在法国，执行令印中就包括命令检察官、公共力量指挥人员与官员受到合法请求时给予协助的内容。法国执行令的内容是："法兰西共和国，以法国人民之名义，兹通告并命令任何法院执行人员依此令将本判决付诸执行，命令所有的一审法院检察长与共和国检察官给予协助，命令所有的公共力量指挥人员与官员在受到合法请求时给予有力支持。本判决由……签署，此令。"该命令前一段内容体现的是启动执行程序的命令权能，后一段体现的则是协助执行的命令权能。参见罗结珍译：《法国民事执行程序法》，中国法制出版社 2002 年版，第 2 页注释①。

的功能是执行实施而不是执行命令。

同时，除了"实现"功能，民事执行权运行还具有维护法律权威的功能。能够成为执行依据的生效法律文书，是按照法定程序、适用法律就争议的法律关系或者没有争议的法律事实作出的权威性判断，当事人应当按照该生效法律文书行使权利和履行义务。债务人拒绝履行该生效法律文书确定的义务，不但损害债权人的权利，而且损害法律权威。通过国家公权力强制债务人履行义务、实现债权人权利，其实是维护法律权威必不可少的手段。没有这一手段，裁判就会沦为一纸空文，法律也就没有权威可言。因此，维护法律权威是民事执行权运行的重要功能之一。

三、民事执行权运行的价值取向

探讨民事执行权运行的规律，必须明确民事执行权运行的价值取向，主要体现为公正与效率关系的取舍。由于权力的基本属性不同，民事执行权与民事审判权运行的价值取向应当有所不同。民事执行权的职能作用是迫使债务人履行义务、实现生效法律文书确定的内容，维护法律的权威。为了确保和实现民事审判的公正性，防止出现"迟来的正义"，民事执行权运行的基本价值取向应当是效益，即"效率优先、兼顾公正"。说到底，民事执行强调以最小的执行成本取得最大的执行收益。[1]为了实现这一价值目标，民事执行权配置和运行过程中，就要优先确保实现民事执行权运行的经济直接成本、经济错误成本、伦理错误成本总额最小，并确保实现民事执行权运行的经济收益和伦理收益的最大。

降低民事执行权运行的经济直接成本，最重要的是降低时间成

---

[1] 谭秋桂著：《民事执行权配置、制约与监督的法律制度研究》，中国人民公安大学出版社 2012 年版，第 118—122 页。

本，尽量用最短的时间、以最高的效率实现生效法律文书确定的内容。降低经济错误成本，要求在采取民事执行措施时必须审慎，防止发生执行错误，摒弃简单粗暴的执行方式。

四、民事执行权运行的基本模式

根据民事执行权运行的功能，民事执行权应当包括三项基本权能：执行命令权能、执行实施权能和执行裁判权能。[1]不同的执行权能具有不同的运行模式。

（一）执行命令权能运行的基本模式

执行命令权能运行的基本功能是对是否可以启动民事执行程序、执行官是否可以在特殊情况下实施执行的问题作出判断并发布许可命令。对于是否可以启动民事执行程序，必须在对生效法律文书是否具有执行力、执行的内容是否明确、启动执行程序的条件是否具备等内容进行审查的基础上作出裁断。对于特殊情况下的执行，主要是在休息时间是否可以进入住宅实施执行，同样需要在对必要性进行评估的基础上作出判断。因此，执行命令权能的运行必须以公正为基本价值取向，但是又不必听取各方当事人的意见，以提高效率。可以说，执行命令权能运行应当是公正与效率并重，其基本模式是书面审查和形式审查。

（二）执行实施权能运行的基本模式

执行实施权能运行的基本功能是采取强制性的执行措施迫使债务人履行义务，包括查询、查封、扣押、冻结、拍卖、变卖、交付等。由于几乎不涉及判断，最多只有形式审查，所以执行实施权能运行以效率优先作为价值取向，基本模式是单向、强制、根据表面

---

〔1〕 谭秋桂著：《民事执行权配置、制约与监督的法律制度研究》，中国人民公安大学出版社 2012 年版，第 96—106 页。

证据作出即时判断、未经执行法官作出裁定不停止执行。

（三）执行裁判权能运行的基本模式

执行裁判权能运行的基本功能是对执行过程中形成的争议进行审理并作出裁断。执行裁判权能在性质上与民事审判权能较为接近，其运行的基本价值取向是公正优先、兼顾效率。因此，执行裁判权能运行的基本模式是执行法官居中，公平听取各方当事人的意见，然后认定事实、适用法律作出裁判。

五、我国现行民事执行权运行体制的不足

由于多种原因，我国现行的民事执行权运行体制仍不完全符合民事执行权的运行规律，存在诸多不足。从宏观上看，这些不足主要体现在以下几个方面。

（一）民事执行力量配备不足，案多人少的矛盾相当突出

根据我国民事诉讼法的规定，人民法院代表国家行使民事执行权，人民法院根据需要可以设立执行机构。我国民事执行权运行过程中存在的突出问题是民事执行力量配备不足，案多人少的矛盾相当突出。根据最高人民法院统计，人民法院受理的60%的民事案件的判决、调解书最终会进入民事执行程序。2021年，全国各级法院审理的第一审民商事、行政、刑事案件1730万件，受理执行案件949.3万件，执结864.2万件，执行到位金额1.94万亿元。[1]受理执行案件与审理第一审民商事、行政、刑事案件的数量比为54.87%，而执行人员与民商事、行政、刑事审判人员的数量比不足15%，执行案件案多人少矛盾突出由此可见一斑。

---

〔1〕周强：《最高人民法院工作报告——2022年3月8日在第十三届全国人民代表大会第五次会议上》。

（二）民事执行权刚性不足，突破执行阻力比较困难

在民事执行中遭遇阻力是常见的现象。但是，在我国民事执行中，民事执行权的刚性不足，突破阻力比较困难，已经成为我国民事执行难的重要原因和表现形式之一。这些执行阻力一是暴力抗执现象严重——被执行人采取各种暴力手段抗拒执行，人民法院难有足够的应对办法。我国每年都会发生执行人员因暴力抗执而受伤的情况，而现行法律规定的应对暴力抗执行为的措施，无论从数量还是从制裁的力度来看，都不足以对潜在的暴力抗执人员产生威慑作用。二是体现为要求协助执行难——掌握民事执行所需人员、财产信息的机关，拒绝向人民法院提供相关信息；有义务协助人民法院采取执行措施的机关，拒绝协助采取执行措施。例如，人民法院在民事执行中需要调取被执行人的住房、户籍信息，往往难以得到公安机关的协助；人民法院决定对被执行人采取拘留措施时，个别地方的拘留所拒绝接受看管。三是体现为对公权机关执行难——当党政机关成为案件的被执行人时，人民法院的执行工作十分困难，积案不断增多。四是体现为异地执行难——地方保护主义的干扰十分严重。当被执行人的财产在执行法院的辖区之外而执行工作人员赴异地执行时，总是困难重重，甚至执行人员自身的人身安全都没有保障。

（三）民事执行权运行效率低，结案率低、结案周期长

由于多种原因，我国目前民事执行不但结案率低，而且结案周期过长，以至于当事人普遍产生执行难的感受。尽管最高人民法院相关司法解释规定执行期限为6个月，且民事诉讼法规定人民法院自收到申请执行书之日起6个月未执行的，当事人可以向上一级人民法院申请执行，但是实践中6个月内结案的执行案件仍是少数，尤其是通过人民法院采取强制性的执行措施并在6个月内结案的案

件数量少。

（四）执行裁判权能与执行实施权能的相互制约功能尚未充分发挥

从理论上看，民事执行权中的裁判权能与实施权能应当存在相互制约的关系，从而确保该两种权能的正常运行，预防执行乱的问题。但是，在实践中，该两种权能的相互制约作用并没有正常发挥。一方面，执行裁判权能和执行实施权能的划分不科学，体现为该两种权能有的掌握在同一人之手，有的尽管分别由不同的人行使，但因边界不清而不能发挥有效的制衡作用。另一方面，受各种因素的影响，执行裁判权能在某些地方受到压制，无法正常发挥作用。最为明显的有些人民法院对执行当事人、利害关系人、案外人提起的执行异议采取不予受理、不予审查的办法，执行裁判权能与执行实施权能的相互制衡作用当然无法发挥。

（五）民事执行权滥用造成消极执行、选择性执行的问题比较严重

由于权力配置不合理，我国民事执行权滥用的情况还是比较严重。主要体现为消极执行、选择性执行，以及执行腐败的问题比较严重。人民法院消极执行、选择性执行已经成为人民群众形成"执行难"感受的重要原因。

（六）民事执行外部监督机制尚未发挥其应用的功能

作为一种公权力，对于民事执行权的监督必不可少。《民事诉讼法》第242条规定："人民检察院有权对民事执行活动实行法律监督。"但是，从人民检察院颁行的规范性文件来看，人民检察院还存在不愿进行民事执行检察监督的心态；从民事执行监督检察的实践来看，还存在人民检察院对民事执行活动监督不力、监督不能的问题。同时，现行民事执行检察监督机制存在严重不科学之处，一些

规则仍处于"打架"状态。例如，尽管最高人民检察院 2021 年修改的《人民检察院民事诉讼监督规则》完善了民事执行监督规范，改革了民事执行检察监督的管辖制度，增加"当事人不服上级人民法院作出的复议裁定、决定等，提出监督申请的，由上级人民法院所在地同级人民检察院受理。人民检察院受理后，可以根据需要依照本规则有关规定将案件交由原审理、执行案件的人民法院所在地同级人民检察院办理""人民检察院依照本规则第 30 条第 2 款规定受理后交办的案件，下级人民检察院经审查认为人民法院作出的执行复议裁定、决定等存在违法、错误情形的，应当提请上级人民检察院监督；认为人民法院作出的执行复议裁定、决定等正确的，应当作出不支持监督申请的决定"的规定，克服了《人民检察院民事诉讼监督规则（试行）》存在的严重不足，从而确保民事执行检察监督更具有可行性。但是，最高人民法院和最高人民检察院于 2016 年 12 月 19 日联合发布的《关于民事执行活动法律监督若干问题的规定》第 4 条"对民事执行活动的监督案件，由执行法院所在地同级人民检察院管辖。上级人民检察院认为确有必要的，可以办理下级人民检察院管辖的民事执行监督案件。下级人民检察院对有管辖权的民事执行监督案件，认为需要上级人民检察院办理的，可以报请上级人民检察院办理"并没有修改，以至于与 2021 年修改后的《人民检察院民事诉讼监督规则》形成冲突。这种冲突必然影响民事执行检察监督的实施，甚至引起检法两家的矛盾，严重影响民事执行检察监督的效果。正是由于这些原因，人民检察院对人民法院民事执行活动的法律监督功能并没有得到充分发挥。

第二章
域外民事执行权配置的经验借鉴

第一节　域外民事执行权
配置制度概况

一、法国

民事执行程序本是《法国民事诉讼法典》的一个组成部分，1806 年《法国民事诉讼法典》在第五卷对"判决的执行"作出了详细规范。随着时代的变迁与实践的检验，对民事执行程序的改革势在必行。1975 年修改后的《法国民事诉讼法典》没有包含执行程序。1991 年，法国颁布了关于改革民事执行程序的法律，对各种动产扣押程序作了全面规定。2006 年颁布了关于不动产扣押程序改革的相关法令。经过上述两个方面的改革，法国民事执行程序的主体框架已经建立起来，民事执行程序完全脱离了民事诉讼法典的范畴。2011 年，法国颁布了《法国民事执行程序法典》，至此，一部具有划时代意义的独立民事执行法典诞生了。

在法国，民事执行途径（程序）是指强制执行判决或某种义务为目的的各种程序，目的在于使债权人持有的执行依据（判决、证书、凭据）得以实现，法律在必要的情况下必须为它们开放各种法律途径，使债权人能够战胜债务人的"顽固不化"。[1]法国的执行主体独具特色，主要由司法执达员与执行法官组成。此外，检察机关和社会公共力量亦可应请求而作出支持执行的行为。法国的执行法官不仅负责重要的具体执行事务（如开庭拍卖不动产），更具有广泛的司法权力，其对执行程序中出现的所有争议（包括程序性争议与实体性的争议）都有权处理。法国的司法执达员更具有鲜明特点，其在性质上属于司法助理人员和公务助理人员的一种，但在身份上是接受债权人委托履行一定职责的自由职业人员。在任命程序上，其要在通过全国的资格考试后，向所在辖区上诉法院之检察院检察长提出任命申请，检察长听取省司法执达员协会的意见后，送由司法部长作出任命决定。司法执达员有终身任职资格，并有权推荐继任人。

（一）司法执达员

1. 司法执达员的身份性质

执达员（Huissier）在法国由来已久，曾经在一些重要的法庭里成为很有权威的官员。历史上，巴黎高等法院的首席执达员甚至红袍加身，具有贵族尊号，被恭称为"长官"。[2]1955 年开始使用现

---

〔1〕 李浩主编：《强制执行法》，厦门大学出版社 2004 年版，第 474 页。

〔2〕 江必新主编：《比较强制执行法》，中国法制出版社 2014 年版，第 16 页。

在的"司法执达员"（Huissier Dejustice）名称。司法执达员不是公务员，他属于法定的司法助理人员（officier ministériel）和公务助理人员（officier public）的一种，是受到特别规则约束、接受债权人委托履行一定职责的自由职业人员。司法执达员在民事执行活动中通常被看作业务活动的"私承揽人"，是顾客或当事人的委托代理人。债权人将执行依据交付司法执达员，即推定为委托其执行。但司法执达员与债权人之间并非单纯的委托合同关系，为债权人提供协助或帮助被视为司法执达员的一项法定义务，其实施的执行行为亦有可能引起国家责任。[1]

担任司法执达员有严格的条件要求。除国籍、道德、纪律方面的条件外，最低学历要求是法律硕士或者有从事司法执达员职业的同等学历，并在司法执达员事务所实习 2 年，实习过程中有法律规定的事由或者实习成绩不合格，可能中途被除名。实习期满后必须通过职业资格考试，这个考试每年举行 2 次，通过率约为 25%。任何人前后 4 次未能通过资质考试的，不能担任司法执达员。符合上述条件的，其可以向现有的司法执达员事务所所在辖区的上诉法院检察长提出任命申请，检察长听取省司法执达员协会的意见后，将案卷呈送司法部长，由司法部长作出任命决定。司法执达员应在受任命的当月在大审法院宣誓就职。司法执达员只能在法令规定的地域范围内从业，从业的地域通常是其居所所在地的大审法院的辖区。每一个辖区内，司法执达员事务所的设置与执达员的人数均有一定的限制。司法执达员事务所的资质为其持有人的终身资格，持有人

---

〔1〕 按照 2001 年 1 月 11 日欧洲人权法院在"帕拉塔古诉希腊案"的判决中阐述的观点：不论司法执达员的身份如何，是公务员还是司法助理人员，都是"作为国家的公共机关"开展活动，这一判决确认了司法执达员职责的基本性质，扩张了国家义务。

可以推荐继任人，继任人应当给予原持有人补偿金。司法执达员只有出现空缺或新设职位时才可能得到任命，这使得司法执达员身份保有一定的含金量。[1]

2. 司法执达员的职权范围

司法执达员在执行方面具有垄断地位，是法律确认的唯一可以实施强制执行和保全扣押的人员。司法执达员受委托后应当依法履行职责，不得任意拒绝，收费也有严格的标准。只要持有执行依据，司法执达员有权采取法律规定的强制措施，包括扣押债务人的银行账户、动产、不动产，扣押债务人对他人的金钱债权，从雇主手中扣押债务人可得的劳动报酬等。即使债权人尚未取得执行依据，只要当事人之间对债权不存在严重争议，司法执达员也可以经法官批准采取保全措施。司法执达员对其实施的执行行动承担责任，有权评判执行措施的适当性及其实施方式，仅在有正当理由的情况下，才能推迟或者中断执行行动。但是，司法执达员不能取代债权人作出是否进行追偿或者是否给予宽限期的决定。

在执行过程中，司法执达员可能遭遇的最大困难是不掌握债务人的财产情况。按照原有的规定，司法执达的权力有限，只能申请检察官查找债务人开户银行的地址或债务人本人或其雇主的地址，这种做法的实际效果并不理想。经过2004年、2010年两次法律修改，情况有所改观，持有执行依据的司法执达员可以直接向国家税务部门建立与掌管的银行账户联网登记系统（称"FICOBA"系统）查找债务人的账户和开户地点。在该系统不掌握债务人信息的情况下，司法执达员则可以向共和国检察官提出请求。

---

〔1〕 据法国司法部主管司法法律职业的狄梭先生介绍，司法执达员可以将自己的职位像转让商业资产一样转让给符合条件的继任人。

除了具体实施执行行为之外，司法执达员还担负着制作文书、送达判决和其他司法文书、进行单纯的事实认定、提供咨询服务、组织公开拍卖等其他司法助理任务。

3. 对司法执达员的保障和监督

法律在赋予司法执达员实施民事执行行为垄断权的同时，也为其顺利完成任务规定了必要的保障与保护。司法执达员在执行行动中遇到困难，甚至在发生抗拒执行的情况时，可以请求公共力量给予协助。国家有义务对判决和其他执行依据的执行给予协助，如果行政当局拒绝协助，应承担赔偿责任。司法助理人员实施暴力行为也可能构成刑事犯罪，《法国刑法典》对履行职务的司法执达员的特定犯罪规定了相应制裁。

司法执达员虽然是自由职业者，但受到多部门、多层面的严格监管。比如，在任命环节，司法部要对申请人的资格进行严格审查；每名司法执达员的履职情况在司法部有专门档案；在整个执业过程中，司法执达员是否遵守行业规范、是否构成犯罪等，受到司法执达员协会及上诉法院检察长、各级检察官的监管；每年各大区司法执达员协会要对执达员事务所的账目进行年检。

（二）执行法官

执行法官制度是法国民事执行程序的一大特色，法国学界将这一制度称为执行改革的“轴心”。执行法官制度于 1972 年设立，“设置执行法官的原因在于执行方面的特殊性以及将所有有关负债以及债权人提出追诉的问题都集中到唯一裁判机构之手”[1]。在执行法官制度创设之初，法律界也曾担心会影响执行效率。但多年来的实

---

[1] ［法］让·文森、雅克·普雷沃著，罗结珍译：《法国民事执行程序法要义》，中国法制出版社 2002 年版，第 10 页。

践证明，这一制度既有利于提高争议处理的效率，也有利于全面保护各方当事人的合法利益，得到了法律界的肯定。

执行法官由大审法院院长担任，大审法院院长可以授权本法院一名或数名法官行使执行法官的职权。如巴黎大审法院有 7 名执行法官，专门负责处理执行中的各种争议。据了解，当初在设置执行法官时，曾考虑设置一个有独立人员编制的新法庭，但由于缺乏必要的物质条件，此意见未被采纳。

执行法官对执行中各种争议的处理拥有广泛的权力。总体来看，除法律特别规定外，执行中的所有争议均由执行法官处理。这些事项可概括为两大类。第一类是在执行过程中出现的争议，既包括程序性的争议，也包括涉及实体权利的争议，如执行法官有权命令撤销不必要的执行措施，可以就财产扣押、债务消灭、利息计算、特定物交付转化为金钱赔偿以及可能出现的损害赔偿等作出裁判。第二类是与执行有关的困难和问题，如可以判断执行依据的执行力，可以对执行依据作出解释，可以命令进行债的抵销，可以就法定利息问题作出宣告，可以命令采取能够保障法院判决得到执行的措施等。

鉴于不动产执行中一般涉及较大利益，因此法国明确将不动产扣押定位为执行法官管辖。不动产的强制拍卖在大审法院法庭上以公开竞价的方式进行，以便更有效地保护当事人的利益。传统上，主持不动产强制拍卖的法庭都采取合议制，例外情况下可以由独任法官主持开庭。不动产拍卖实行强制律师代理，整个程序主要由申请扣押债权人的律师实施，法官只是扮演一种消极角色。

（三）检察院和行政机关在执行程序中的职权和作用

1. 检察院

法国各级检察院与法院实行"审检合署"体制，一般称"驻某某法院之检察院"。维护公共秩序是法国检察院担负的一项重要职能。在民事执行过程中，检察院作为公共秩序的维护者和公共利益的保护人，其职责主要是"关注并保障"生效法律文书的执行。此外，在司法执达员拒绝债权人提出的执行请求时，检察官如果认为该拒绝没有正当理由，有权命令司法执达员为债权人提供帮助，及时履行执行职责，特别是在涉及公共秩序的事由时更是如此。但总体上看，法国法律没有规定检察机关在民事执行程序中的监督职权，司法执达员对检察官的服从主要是职业道德与纪律层面上的服从。因此，从法律规定层面看，并不存在检察官对司法执达员具体执行行为的监督。对此，法国有学者认为，检察官在执行中的作用可以理解为一种对债权人的"协助性公共服务"。法国法律明确规定了检察院协助司法执达员查找债务人信息的职责。1991 年法国民事执行程序法特别强调了检察院在这方面的主导地位，规定应司法执达员的请求，检察院应协助查找债务人的地址。此后，尽管司法执达员在查找债务人信息方面的权力不断扩大，法律仍然规定，在司法执达员无法查找到债务人有关信息的情况下，可以请求检察官提供帮助。

2. 行政机关

司法执达员在具体实施执行行动中遭遇实际困难时，可以请求掌握公共力量的行政机关提供帮助。例如，在执行场所的占有人不在场，或者债务人或者场所占用人不同意让司法执达员进入的情况下，司法执达员必须通过行政机关才能用强力打开债务人的门，因为只有行政机关才有权要求开锁人员强制打开应当执行的场所的大门。在此情况下，一般是由司法执达员请求市镇的市长、市长助理或警察局长动用公共力量，派出警察或宪兵到场给予有力支持。[1]如果行政机关没有正当理由拒绝给予协助并因此造成损害，应负赔偿责任。

二、德国

德国没有制定单独的民事执行法，其关于执行程序的内容主要规定在《德国民事诉讼法》的第八编和《德国强制拍卖与强制管理法》中。此外，德国有关强制执行方面的立法还有：代宣誓的保证制度规定在《德国债务人名录规则》中；法院执行员的职务、管辖、委托与履行职务的程序规定在《德国法院执行员法》中，但有关法院执行员强制执行的更加详细的规定则由《德国法院执行员业务指导》加以规定；《德国地籍规则》的内容虽然大部分与强制执行无关，但却是相关强制执行得以顺利进行的基本前提。[2]

在执行机关设置上，德国体现出很强的多元化色彩，民事执行在不同的情况下分别由法院执行员（Grichtsvollzieher）（也译为执达官）、执行法院（Vollstreckungsgericht）、受诉法院（Prozessgericht）和土地登记所（Grundbuchamt）等不同的机关行使。各执行主体管辖不同的案件。具体而言：法院执行员对除依法分配给法院管辖之外的所有的强制执行行为都具有管辖权，包括因金钱债权对动产的执行、对物的交付请求的执行等；执行法院负责的主要事项包括：因金钱债权而对债权和其他财产权利执行、对不动产的执行、在债权人为多数情况下的分配程序等；受诉法院负责作为与不作为的执行，并受理债务人和第三人的异议之诉；土地登记所对不动产物权

---

[1] 据法国执达员协会副主席帕特里克·萨法尔（Patrick SAFAR）在 2019 年上海召开的世界执行大会上介绍，虽然司法执达员有权进入债务人家中查封财产，但这种做法实际上已经很少了，因为在法国的社会环境下，入户查封财产的方式不被民众所接受。

[2] 江必新主编：《比较强制执行法》，中国法制出版社 2014 年版，第 126 页。

的变更事项具有管辖权。从各执行机关的性质来看，执行法院与受诉法院隶属于法院系统；土地登记所设立在初等法院，也属于法院系统；法院执行员是负责送达和执行的司法行政管理官员，属于独立的司法服务机构，但要接受法院的事务监督和职务监督。由此可见，德国法院与执行员各自行使执行权限，共同构成了德国的民事执行机关。各执行机关之间按照职能分工，彼此独立运转。

（一）法院执行员

1. 法院执行员的身份性质

1879 年《德国民事诉讼法》参照法国的执达员（Huissier）制度规定了法院执行员的有关内容。法院执行员名称中虽有"法院"二字，但却不是法院的下属机构，而是负责送达和执行的司法行政管理官员（Justizverwaltung Beamte），[1]其雇佣关系和业务关系在联邦最高法院的由联邦司法部长决定，在州法院的由司法行政管理部门决定。[2]法院执行员的管辖区域即为州初级法院辖区，每一个法院执行员对应一个固定的职位。法院执行员在执行过程中是独立的、自行对当事人负责，并且不需要直接接受法院指挥。[3]但是，法院执行员需要接受法院的事务监督以及作为司法行政管理官员接受初等法院的职务监督。因此可以说，在德国，法院执行员的地位是相对独立的，但这种独立不能和法官的独立地位相比。[4]法院执行员属于公务员法上的公务员，是中层司法服务公务员，其薪酬级别为A8，月薪约 1800 欧元至 2500 欧元，其法律地位低于司法辅助官，

---

〔1〕 Baur/Stuerner, *Zwangsvollstreckungs – Konkurs – und Vergleichsrecht*, *Bd. I*, 12. Aufl. , 1995, Rn 8. 1, S. 98.

〔2〕 《德国法院组织法》第 154 条。

〔3〕 《德国法院执行员业务指导》第 58 条第 1 款。

〔4〕 Gaul, ZZP 87, S. 256.

高于法院文案处的文书官，需经过两年司法职业培训和法院执行员专业培训才能担任。[1]

2. 法院执行员的管辖范围

法院执行员对除依法分配给法院管辖之外的所有的强制执行行为都具有管辖权。[2]具体而言，包括下列情况：因金钱债权对动产[3]（包括狭义的有价证券[4]）的执行，对可背书转让的证券的扣押[5]以及为执行假处分而对有体动产扣押[6]；对物的交付的强制执行[7]；根据法律或者根据执行法院的命令而实施多方面的辅助行为，如依法送达执行名义[8]，等等；但是，不动产或者船舶上的从物不属于法院执行员对动产执行的管辖范围，其专属于不动产执行；接受代宣誓的保证[9]。简言之，对因金钱债权而对动产的执行以及动产和不动产的交付请求权的执行均由法院执行员负责。这些执行行为主要是较为单纯的事实行为，一般不包含复杂的法律判断问题。就地域管辖而言，法院执行员的地域管辖范围取决于为他指定的区域。[10]如果只有一名执行员，则该区域与初级法院的辖区一

---

〔1〕 郑冲：《德国法院执行员制度改革之争》，载《比较法研究》2007年第6期。

〔2〕《德国民事诉讼法》第753条第1款。本部分《德国民事诉讼法》条文均参见丁启明译：《德国民事诉讼法》，厦门大学出版社2016年版，后文不再注释。

〔3〕《德国民事诉讼法》第808条。

〔4〕《德国民事诉讼法》第821条。

〔5〕《德国民事诉讼法》第831条。

〔6〕《德国民事诉讼法》第930条。

〔7〕《德国民事诉讼法》第883—885条，第897条。

〔8〕《德国民事诉讼法》第750条。

〔9〕《德国民事诉讼法》第899条。以前代宣誓的保证由初级法院（司法辅助官）管辖，通过1997年12月17日的关于强制执行的第二次修订，从1999年1月1日开始，由法院执行员负责接受代宣誓的保证。改革的目的是使强制执行更加有效率。参见 *Hans - Joachim Musielak*，Grundkurs ZPO, 6. Aufl.，§8，Ⅵ，Rn. 744.

〔10〕《德国基本法》第154条，《德国法院执行员法》第20条第1项。

致，如果存在多名执行员，则负责监督的法官为每个执行员指定一个区域。[1]在同一个地区有不同的法院执行员进行竞争，在一定程度上促进了执行效率的提升。

3. 法院执行员的职务程序

法院执行员基于债权人的申请而实施执行行为，该申请可以是书面的，也可以是口头的，但需同时提交有证明力的正本。接到债权人申请后，法院执行员应尽快作出处理，以债权人能够获得较前的扣押质权顺序。根据《德国民事诉讼法》第758条的规定，法院执行员在强制执行时有权进行搜查或使用武力，强制债务人履行债务。只要为执行程序所需要，法院执行员有权搜查债务人的住所及储存物件的处所；有权开启闭锁的房屋门；在遭到抵抗时，可以使用武力或者向警察机关请求支援。

4. 对法院执行员的监督

法院执行员的执行行为应受到执行法院的监督，即事务监督。根据《德国民事诉讼法》第766条的规定，对于强制执行种类和方式，或者对于法院执行员在执行时应遵守的程序提出申请、抗辩与抗议时，由执行法院裁判。执行法院有权发出第732条第2款规定的命令。法院执行员拒绝接受执行委托，或拒绝依照委托实施执行行为时，或者对于法院执行员所计算的费用提出抗议的，由执行法院裁判。在接受事务监督的同时，作为公务人员，法院执行员受初等法院负责监督的法官的职务监督，如果发现了问题，职务监督机构可以采取相应的措施，迫使法院执行员在将来实施业务活动时遵守相应的规定。在费用方面，法院执行员则要接受司法行政机关全面的、毫无限制的监督，因为直接的费用债权人是国库，而不是法

---

〔1〕《德国法院执行员法》第16条，第17条。

院执行员自己。

（二）执行法院

法院执行员并非唯一的执行机关，执行法院也是重要的执行机关。德国只有基层的初级法院（Amtsgericht）设置执行机关，因此执行法院通常都是初级法院——因假扣押裁定而扣押债权的除外。[1]

1. 执行法院的管辖范围

执行法院与法院执行员在民事执行中有具体、明确的分工，二者权限划分的主要依据是执行标的的不同。执行法院负责比较复杂而含有高难度法律问题判断的执行行为，具体包括下列情况的执行：（1）因金钱债权而对债权和其他财产权利的执行；[2]（2）对不动产的执行，[3]但强制抵押权登记除外；（3）在债权人为多数情况下的分配程序，只要上级的州法院不能依《德国民事诉讼法》第879条第1款的规定对分配异议之诉具有管辖权；（4）为强制代宣誓的保证而发布拘留命令；[4]（5）通过命令对物品进行估价而参与对动产的执行[5]等。此外，执行法院对法院执行员的事务监督以及有关的执行保护也具有管辖权。执行法院的地域管辖范围依法律规定而确定，法律没有规定的，执行法院就是进行或者已经进行执行程序的地区所属的初级法院。[6]

2. 执行法院负责执行的人员——司法辅助官与法官

《德国民事诉讼法》的出发点是由执行法院的法官来行使职权，

---

〔1〕《德国民事诉讼法》第930条第1款。

〔2〕《德国民事诉讼法》第828条第1款，第857条第1款。

〔3〕《德国强制拍卖和强制管理法》第1条，第163条，第171b条。丁启明译：《德国民事诉讼法》，法律出版社2016年版，附录三。

〔4〕《德国民事诉讼法》第901条。

〔5〕《德国民事诉讼法》第813条第1款。

〔6〕《德国民事诉讼法》第764条第2款。

但是由于法院存在大量的事务性工作，为了减轻法官的负担，德国于 1957 年颁布了《德国司法辅助官法》，将法院管辖的那些不存在法律争议的事务性工作分离出来，转由司法辅助官负责办理。司法辅助官不是法官，因此，他们不需要具备法官的任职资格，但必须在专门的培训学院接受三年的专业培训并通过相应的考试。在法院的各类辅助人员中，司法辅助官属于高级公务员，其薪酬级别为A9—A13，月薪约 2000 欧元至 3500 欧元。[1]但他们并不附属于法官，在事务上具有独立的职权，像法官一样仅受到法律的拘束。对司法辅助官所作的决定不能申请行政复议，只能向上一级法院上诉，由上诉法院的法官负责处理。

从目前情况看，司法辅助官的权力有逐渐扩大的趋势，执行法院管辖的执行事务大部分都由司法辅助官直接办理，法官仅保留对《德国民事诉讼法》第 766 条的抗议进行裁判等少数几项权力。例如，在不动产的强制拍卖中，司法辅助官负责整个拍卖程序并作出相应的决定，如确定不动产的价值、核对债权人的申请并决定其是否能参加拍卖程序、签发拍卖不动产所有权移转的裁定、分配拍卖价款等。在不动产强制管理程序中，管理人的选任和监督等事项，也由司法辅助官具体负责办理。

（三）受诉法院

德国实行严格的"审执分立"原则，在执行过程中，执行机关对任何实体权利都不作审查，执行法院的确定也不受受诉法院的影响。作为极个别的例外，对依照《德国民事诉讼法》第 887 条、第 888 条以及第 890 条规定的作为执行和不作为的执行以及相应的执行

---

〔1〕 郑冲：《德国法院执行员制度改革之争》，载《比较法研究》2007 年第 6 期。

费用的确定，则由受诉法院管辖，此时的受诉法院总是一审法院。这可以看作是"审执分立"原则的一个例外。由于《德国司法辅助官法》仅将执行法院的任务委托给了司法辅助官，而未将诉讼法院的任务委托给司法辅助官，故在受诉法院管辖的执行事务中，司法辅助官不应行使管辖权。此外，受诉法院还对执行程序中产生的债务人异议之诉、第三人异议之诉等一些诉讼具有专属管辖权。

（四）土地登记所

根据《德国民事诉讼法》的规定，强制抵押权登记[1]、登记簿中的抵押权扣押的登记[2]、对物上负担、土地债权或者定期土地债务的登记[3]等执行事务，由土地登记所负责办理。在德国，土地登记所属于初等法院的一个组成部分，但又不同于一般的法院。土地登记所只负责办理不动产登记事务，而不受理诉讼案件。土地登记所一般设立在县一级，它们对所在地的所有不动产物权的变更事项具有管辖权。因为土地登记所本质上是法院，所以其进行的不动产登记行为是司法行为。因不动产登记行为而产生的争议，应直接向上一级法院提起上诉。土地登记所在办理上述执行事务时具有双重属性，一方面为执行机关，另一方面为非讼事务管辖机关。[4]土地登记所进行执行行为和非讼行为时，应自行审查强制执行和登记的要件是否具备。

三、日本

在日本，有关民事执行的法律制度，原来规定在明治 23 年（1890 年）制定的民事诉讼法典即旧民事诉讼法典的第六编"强制

---

〔1〕《德国民事诉讼法》第 866 条，第 867 条。

〔2〕《德国民事诉讼法》第 830 条第 1 款。

〔3〕《德国民事诉讼法》第 857 条第 6 款。

〔4〕Baur/Stuerner, a. a. O., Rn8. 35, S. 115, m. w. N.

执行"和明治 31 年（1898 年）制定的拍卖法中。此后，为了实现民事执行法的现代化，日本从 1968 年开始讨论制定民事执行法，先后三次公布法案纲要，并于 1979 年正式颁布了《日本民事执行法》。从此，日本的执行程序最终以独立法典的形式从民事诉讼法典中分离。[1]《日本民事执行法》从制定后，到 2011 年，已经颁布了 19 件法律对该法进行修订。[2]《日本民事执行法》是民事执行的基本法，但从实质意义上来说，广义的民事执行法还包括：根据《日本民事执行法》第 20 条规定准用的《日本民事诉讼法》；根据《日本民事执行法》第 21 条授权由最高裁判所制定的《日本民事执行规则》；有关单项法律中调整迟延履行而作出的处分以及与强制执行程序有关的条款；等等。

根据《日本民事执行法》第 2 条的规定，民事执行机关由执行裁判所（法院）和执行官组成二元制建构。在例外情况下，执行裁判所书记官也可能成为执行机关。一般而言，执行官负责简单的、只涉及事实问题的执行行为，执行裁判所负责复杂的、涉及法律判断的执行活动。

（一）执行裁判所

根据《日本民事执行法》第 3 条的规定，所谓执行裁判所，一是指在民事执行中应作出执行处分（执行行为）的裁判所；二是指在执行官作为执行机关作出执行处分时，协助或监督其执行的裁判

---

〔1〕　霍力民主编：《民事强制执行新视野》，人民法院出版社 2002 年版，第 24 页。

〔2〕　这 19 件修改《日本民事执行法》的法律分别是：1989 年第 91 号法律，1995 年第 91 号法律，1996 年第 108、110 号法律，1998 年第 128 号法律，2000 年第 130 号法律，2002 年第 65、100 号法律，2003 年第 134、138 号法律，2004 年第 45、88、124、147、152、154 号法律，2007 年第 95 号法律，2011 年第 53、74 号法律。

所；三是处理对执行官的执行处分提出执行异议的裁判所。[1]执行裁判所作为执行机关，主要从事以权利关系判断为中心的所谓"观念性的处分"的执行活动。具体包括：在金钱执行中，对于以不动产为对象的执行；对于以债权及其他财产权为对象的强制执行；对于船舶及其他准不动产的执行；对于要求实现除交付物之外的作为或不作为请求权的强制执行，准用这些金钱执行的为实现担保权的拍卖及形式上的拍卖，代替执行、间接强制，财产公示等程序。[2]执行裁判所在执行时也需要执行官配合开展事务性执行工作，这时执行官作为执行辅助机关，根据裁判官的命令在外实施事实方面的行为。执行裁判所对其所属的执行官执行处分行为行使监督职能，其对不服执行官执行行为所提的执行异议，以及对不服执行裁判所执行行为所提的执行异议，也由执行裁判所负责处理。

执行裁判所依职权从事执行行为的权限原则上属于地方裁判所，由独任裁判官行使。作为例外，出于执行便利性的考虑，小额诉讼债权执行由简易裁判所管辖；代替执行及间接强制由地方裁判所以外的裁判所，也就是简易裁判所、家庭裁判所甚至高等裁判所作为执行裁判所；形式上的拍卖也存在由家庭裁判所进行的情况。[3]

（二）执行官

19世纪90年代，日本效仿法国的司法执达员和德国的法院执行员设立了执行官制度。执行官设置在地方裁判所中，是根据法律规

---

〔1〕 江必新主编：《比较强制执行法》，中国法制出版社2014年版，第202页。

〔2〕 竹下守夫：《日本民事执行制度概况》，白绿铉译，载《人民司法》2001年第6期。

〔3〕 江必新主编：《比较强制执行法》，中国法制出版社2014年版，第203页。

定负责执行裁判、送达裁判文书以及其他事务的单设的司法机关，实行独任制，由各地方裁判所任命并受其监督。各地方裁判所都设有执行官室，有一至数名执行官在其内工作。曾经有过一定的公务员经历或相当经历的人，可以担任执行官。[1]到了1996年，日本制定的《日本执行官法》强化了执行官的公务人员性质。作为所属地方裁判所的国家公务人员，执行官根据其履行的职务，以当事人所支付的手续费作为收入来源，不能领取与通常公务员一样的工资，但如果手续费没有达到一定的数额时，可以从国库领取补助金。可见，执行官在薪酬来源和保障方面与普通公务员有区别。

执行官主要从事亲临现场发挥强制威力的所谓"事实性的行为"类型的执行，处理的事务包括：一是可以作为独立的执行机关进行执行行为；二是作为执行裁判所的辅助机关进行执行行为。执行官进行的执行行为，不管是哪种，大部分都是以在法院馆舍外边进行的事实行为为主的执行处分。具体地说，执行官作为独立机关，在金钱执行中，对于动产的强制执行和以交付动产或不动产为标的的请求权进行强制执行；执行官作为执行裁判所的辅助机关，这时执行官的工作属于法院直接将事务作为所属事件程序中的一部分赋予执行官，主要包括对不动产进行现状调查、实施查封扣押、接受债务人付款、保管执行标的物、拍卖变价等。对执行官的执行处分不服的人，可以向执行官所属的执行裁判所申请执行异议。[2]执行官执行职务的区域，就是其所属地方裁判所的管辖区域。

执行官履职受到法律保障。日本法律曾规定执行官需要请求公权力机关支援时必须通过执行裁判所来操作。而执行官身处第一线，

---

〔1〕　竹下守夫：《日本民事执行制度概况》，白绿铉译，载《人民司法》2001年第6期。

〔2〕　同上注。

其对公权力机关的支援需要更加迫切。2004 年修订的《日本民事执行法》赋予了执行官直接向公权力机关要求援助的一般权限。故执行官在受到抵抗或妨碍的情况下，为排除抵抗或妨碍，有权使用武力，也可以请求公权力机关、警察的支援。法律也授权执行官一些特别的实体性权限，可以从债务人或者第三人处受领任意偿付。但法律没有规定执行官有权受领代物偿付、进行和解、决定延缓期限等。

（三）裁判所书记官

裁判所书记官的职责是负责制作并保管裁判所案件的笔录及其他文书，还承担其他法律确定的义务。按照《日本裁判官法》的规定，书记官根据裁判官的命令，可以辅助进行必要事项的调查。《日本民事执行法》又赋予了书记官诸如付与执行文、裁定执行费用额度、委托登记、公告等种种固有权限。[1]2004 年修订《日本民事执行法》过程中，为了使执行裁判所内部的裁判官和书记官之间职权划分更合理，执行裁判所在法律授予的权限事项范围内，在一些判断性要素较少的事项上赋予书记官一定的裁量权，扩大了书记官的权限。[2]这些增加的固有权限包括：第一，命令缴纳费用的处分；第二，确定分配要求的终期的处分；第三，做成物件明细书；第四，竞卖实施的处分；第五，制定价款缴纳期限；第六，做成分配表；第七，小额诉讼债权执行程序中，裁定金钱债权的查封以及偿付金的交付程序。

四、美国

美国在民事执行立法方面属于混合型，既没有制定出一部统一的

---

〔1〕 江必新主编：《比较强制执行法》，中国法制出版社 2014 年版，第 204 页。

〔2〕 黄文艺：《日本民事执行法的新改革》，载《人民法院报》2006 年 11 月 23 日，第 005 版。

强制执行法典，也没有将民事执行的内容并入其民事诉讼规则中，而是将民事执行程序的有关规定分别列入公司重组、破产等程序法及衡平法中。从联邦法来看，主要有《美国联邦税收留置和抵押法》（Federal Tax Lien and Levy）、《美国司法拍卖程序》（Judicial Sale Procedures）、《美国联邦收债程序法》（The Federal Collection Procedures Act）等。值得注意的是，美国实行联邦制，在执行制度方面也深深留下这种烙印。由于在执行法院判决时往往适用各州自己的法律，所以，美国各州都有自己的民事执行法律，虽然它们在整体上是一致的，但是也各具特色。这些内容大体分布于民事诉讼规则（Civil Practice & Rules）、债务人—债权人法（Debtor – Creditor Law）、债权人的权利或救济法等之中。[1]

在美国，判决的执行首先需要债权人向原判决法院书记官申请签发相应的令状。执行程序实际上是围绕法庭所发出的各种令状或命令进行的。执行令状是许可进行强制执行的总授权，是执行人员实施执行行为的前提。严格来说，美国并没有专司执行的国家机关，它的执行实施工作由联邦执法官或者县治安官完成。

（一）执行令状

执行令状是对执行人员的命令或指示，针对不同类型的判决及不同的执行方式，法庭下发不同的令状。令状中明确了应当执行的内容及款项的数额，包括利息、费用等。

美国的执行令状种类繁多。例如，与执行金钱债权判决相关的令状和程序，有财务扣押令（Writ of fieri facias）、第三债务人法律程序（Garnishee proceeding）、委任接管人（Appointment of a receiver）；关于物的交付判决的执行，有申请恢复土地占有判决的强制执行令

---

〔1〕 李浩主编：《强制执行法》，厦门大学出版社2004年版，第417页。

状（Writ of possession）、对归还财产判决的执行令（Writ of delivery）、特定履行令；针对特定行为的令状，有扣押令状（Writ of attachment）和查封令状或称强制管理令状（Writ of sequestration）等。[1]

执行令状首先要债权人发动申请，由作出判决的法院书记官进行签发。按照大多数州法，执行令状的签发有时间上的限制。在判决作成后一段相当短的时间内是不能签发执行令状的，这段时间称为恩惠期，它是特地留给债务人主动清偿债务的时间。执行人员在收到执行令状后，应当按令状所载明的情况执行，而且必须在送回令状日期（Return day）到期前完成执行，该日期会在令状上载明，通常为60天。如果届时还未完成执行，那么该执行令状失效，执行人员不得采取进一步的强制措施。若债权人想实现债权，就必须重新申请签发另一张执行令状。执行人员在执行中如果侵害了案外人的权利，案外人可以把申请执行人作为被告，把执行人员作为第三人，而向法院起诉。执行完毕后，执行人员需要制成一个回执（Return）给法院，报告执行令状实施情况。

总之，执行令状是美国执行体制的基本骨架之一，在美国的执行程序中具有至关重要的作用。

（二）联邦执法官、县治安官

1. 联邦执法官

就联邦法院的判决而言，负责具体民事强制执行事务的是美国执法官署（U. S. Marshals Service），[2]其隶属于美国司法部，由司法部长（总检察长）领导，任务是保护联邦法庭和确保司法体系的正

---

〔1〕 李浩主编：《强制执行法》，厦门大学出版社2004年版，第426页。

〔2〕 也有"美国执行官署""美国法警署"等多种译法，相应地，将其主要官员译为"联邦执行官""联邦法警"等，不管称谓如何，性质都是一致的。

常运作，在美国和波多黎各以及三个托管地（比如关岛）一共设有94个分支机构。美国执法官署是武装性质的警察机构，其职员可以佩戴轻武器，该体制可追溯到美国建国时期，其成立200多年来，除执行联邦法院书记官签发的各类执行令状以外，还在保护联邦法官、押运联邦法院的人犯、保护联邦法院的证人、追捕联邦法院的逃犯等方面发挥了重要的作用。每个联邦司法区设有一名联邦执法官（Marshal），他们每人领导一个执法官办事处，都属于美国执法官署的官员，由总统根据参议院意见任命，任期四年。执法官总署的最高领导为执法官总监。执法官总监为履行相关职责，有权任命职员协助完成相关工作，因此具体的执法人员通常是副执法官（Deputy U. S. Marshal）。除法定职权外，执法官总监依总检察长授权行使相关权力。[1]

至于联邦执法官署以及联邦法院各自所拥有的民事执行权的范围，由于美国联邦民事诉讼规则规定，联邦法院判决的执行按照所在州的执行程序进行，所以，也一并按照所在州的有关规定确定，但是，1990年的美国联邦公平收债法规定了国家作为判决债权人的金钱判决的执行程序。因此，此法生效后，这部分的执行程序就不再依照州法，联邦机构以后进行这类判决的执行时，执行权力的分配便会与州法有所差异，但总的格局还是不变的。

2. 县治安官

州法院的执行令状一般由县治安官（Sheriff）执行。县治安官由公众选举产生，需要宣誓就职，大多数是本地区威望较高的人。其主要职责由各州自行规定，虽然各州规定有所区别，但基本上都与联邦执法官的职能相似：除了执行判决、主持司法拍卖及类似活动

---

〔1〕　李浩主编：《强制执行法》，厦门大学出版社2004年版，第432页。

外，还要协助刑事法庭和民事法庭，如维持法庭秩序、送达传票、传唤陪审员，同时也是市镇以外的县辖区内的主要治安维持人员，与公路巡逻队、公园或森林管理员等执法机构配合开展工作，而且大部分州的治安官还负责地方的监狱管理。[1]此外，有的州副治安官（Deputy Sheriff）称为法警（Bailiff），他们的职责就是履行县治安官作为法庭官员的职务，其基本任务是为法庭和陪审员提供安全保障，以使司法过程公正进行，包括保护陪审员免受未经允许的通信或打扰，维持法庭秩序，看守交给治安官监护的人，执行法庭命令。[2]县治安官的办事机构称为县治安官办公室（Sheriff's Office），它是类似于一个警察机构，这个机构一般比较小（不超过50人），被称为"地方的通用型警察力量"。县治安官办公室下设民事科（Civil Division）等若干分支，履行相关职能。

就县治安官的民事执行权而言，以纽约州的民事程序的规定为例，主要包括：送达有关传票、通知等；代替债权人接受付款；实施扣押，制作扣押物品清单；实施拍卖，在拍卖程序中决定推迟拍卖期日；转移不动产所有权；执行拘传和逮捕；等等。

五、俄罗斯

苏联先后于1923年、1964年颁布了两部民事诉讼法典，这两部法典均规定有执行程序，内容包括对公民判决的执行，对国家机关、企业、集体农庄、其他合作社组织和社会团体作出的判决的执行，金钱债权的分配，执行法院判决时对追索人、债务人和其他人权利的保护等。根据1964年《苏维埃联邦民事诉讼法》的规定，法院和

---

〔1〕 李浩主编：《强制执行法》，厦门大学出版社2004年版，第433页。
〔2〕 高执办：《国外执行机构概览》，载《强制执行指导与参考》（总第1辑），法律出版社2002年版，第444—445页。

其他机关的各种裁决、决定的执行，应当由区（市）人民法院执行员办理。法院执行员隶属于区（市）人民法院。[1]苏联解体后，旧的民事诉讼和执行体制不能适应市场经济的发展，各级法院判决的执行率仅为 20% 到 30%，司法权威受到重创，[2]对民事执行机制进行改革势在必行。从 1993 年起，俄罗斯联邦司法部组织开展了专门的民事诉讼法典起草工作。1997 年，俄罗斯联邦国家杜马通过、联邦委员会赞成的两部联邦法律——《俄罗斯联邦司法警察法》和《俄罗斯联邦执行程序法》的颁布，标志着俄罗斯联邦执行程序独立立法模式的确立和俄罗斯联邦崭新的执行体制开始运行；2003 年 2 月 1 日开始实施的《俄罗斯联邦民事诉讼法典》，删除了 1964 年民事诉讼法典中关于执行程序的具体规定，只规定了涉及审判与执行衔接的重大事项，从而进一步确认了执行程序单独立法的体例，标志着强制执行法的日趋完善。

目前，俄罗斯是对民事执行实行警务化管理的典型国家。根据《俄罗斯联邦执行程序法》第 3 条的规定，俄罗斯联邦司法警察和联邦各主体司法警察负责执行法院的裁决和其他机关的裁决。[3]司法警察归入俄罗斯联邦司法部序列。这样，执行实施权便从过去的法院执行员向司法警察—执行员过渡，但是对执行过程中司法警察实施的执行行为的正当合法性产生争议的，或对执行过程中涉及的财产权益产生争议的，仍然由法院的法官裁断。根据法律规定，法院、

---

〔1〕　［苏］阿·阿·多勃罗沃里斯基等著，李衍译，常怡校：《苏维埃民事诉讼》，法律出版社 1985 年版，第 446 页。

〔2〕　刘向文，宋雅芳：《俄罗斯联邦宪政制度》，法律出版社 1998 年版，第 259 页。

〔3〕　根据 1993 年《俄罗斯联邦宪法》第 65 条第 1 款的规定，俄罗斯联邦是由 89 个平等的联邦主体组成的联邦制国家，其中共和国 21 个、边疆区 6 个、州 49 个、联邦直辖市 2 个、自治州 1 个、自治专区 10 个，简称联邦主体。

上级司法警察及检察院有权对司法警察—执行员的履职行为进行监督。

（一）司法警察—执行员

1. 组织机构

司法警察系统包括三个独立的分支力量：一是警卫系统，负责保障各级法院的审判秩序，包括警卫法院、保障法官和当事人安全、拘传证人到庭、向执行员同事提供支持；二是执行系统，负责执行各级法院的判决；三是国际债务执行系统，负责保障国际法庭和外国法院判决的执行。[1]俄罗斯联邦司法部组建了专门负责司法警察工作的机构——联邦法警局（Federal Bailiff's Service），司法部副部长兼任联邦法警局局长、主任司法警察（Chief Bailiff），[2]领导司法警察工作。俄罗斯联邦主任司法警察职务由俄罗斯联邦总统根据联邦司法部部长的提名任免。各联邦主体和区、地区的司法警察组织机构也大体相似。目前，俄罗斯司法警察系统呈现不断发展壮大的趋势。[3]

2. 资格条件

根据俄罗斯司法警察法的规定，年满 20 岁，具有中等普通教育程度或中等职业教育程度，业务和个人素质及健康状况能胜任司法警察工作的俄罗斯联邦公民可以担任司法警察。要想担任主任司法

---

〔1〕　吴玲：《俄罗斯司法体制概述》，载《中国司法》2004 年第 4 期。

〔2〕　*Litigation and Enforcement in the Russian Federation：overview*，载 https：// content. next. westlaw. com/Document/I2030a0321cb611e38578f7ccc38dcbee/View/FullText. html? contextData ＝ （sc. Default）&transitionType ＝ Default&firstPage ＝ true&bhcp ＝ 1，2019 年 5 月 1 日访问。

〔3〕　据俄罗斯联邦法警局局长、主任司法警察德米特里·阿里斯托夫（Dmitrii ARISTOV）在 2019 年上海召开的世界执行大会上介绍，随着俄罗斯司法警察系统的发展，权限逐步扩大，如今有 20 多部联邦法律涉及司法警察的工作。

警察，除上述条件外，还应具备高等法律教育程度资格。司法警察属于国家公务人员，必须宣誓就职。[1]

3. 权利义务

司法警察—执行员必须为俄罗斯联邦领土上所有机关、组织、法人和公民执行法院、其他机关的裁决。执行依据包括以法院发出的执行通知书为根据的法院裁决，法院命令，支付赡养费的公证文书，劳动争议委员会的裁决，有权审查行政违法案件的机关（或公职人员）作出的决议，司法警察—执行员作出的决定，以及其他机关根据联邦法律作出的决定。[2]执行员应当在收到执行文件之日起3日内，作出提起执行程序或退回执行文件的决议；对于决定提起执行程序的，应当在收到执行文件之日起2个月内完成执行工作。俄罗斯联邦领域内的一切机关、组织、公职人员和公民都必须遵守执行员的要求，及时、免费提供执行活动必不可缺少的信息、文件及副本等。对不遵守执行员要求或妨碍执行的行为，执行员应采取法律规定的处理措施，有犯罪嫌疑的，执行员可向相应机关报告，追究违法者的刑事责任。执行员必须依法行使权利，不得有损害公民、组织的权利和合法权益的行为，在执行法院裁决或其他机关裁决时违反司法警察法规定的，应追究其法律责任。

（二）对司法警察—执行员的监督

1. 法院的监督

（1）发出执行命令。根据2002年的《俄罗斯联邦民事诉讼

---

〔1〕《俄罗斯联邦司法警察法》第3条。参见中俄法律网，http://www.chinaruslaw.com/CN/LawsuitArbitrate/001/20061228110018_ 822857.htm，2022年5月16日访问。

〔2〕《俄罗斯联邦执行程序法》第7条。本部分有关《俄罗斯联邦执行程序法》《俄罗斯联邦民事诉讼法》条文，均参见张西安，程丽庄译：《俄罗斯联邦民事诉讼法、执行程序法》，中国法制出版社2002年版。后文不再注释。

法》，法院在判决发生法律效力之后发给追索人执行证书。需要立即执行的，法院应在作出判决后立即发给执行证书。执行证书可发给追索人，或按照其要求由法院直接交付执行。对于执行文件内容和法律效力不明的，法院可以在接到执行员的申请之日起 10 日内解释执行文件的具体含义，进一步行使命令权。

（2）对执行程序中的事项进行裁定。根据《俄罗斯联邦民事诉讼法》和《俄罗斯联邦执行程序法》的规定，下列事项应由法院裁定：执行文件的延期、分期执行，或变更执行措施和程序；追索人向法院提出恢复执行期间申请的；遗失执行证书或法院命令原件时需要补发的；执行中止和执行终结；执行回转。[1]

（3）对执行程序中的争议进行裁判。对于司法警察—执行员可能侵害当事人权益的实施行为，均赋予当事人向法院申诉救济的权利。这些执行程序中的争议，原则上由法院裁判。根据《俄罗斯联邦执行程序法》的规定，对于司法警察—执行员下列行为不服可以在 10 日内向法院申诉：执行员作出的提起执行程序的决议；执行员将执行文件发还追索的决定；执行员发还预付款的决定；执行文件不能执行，执行员经上级司法警察确认后将执行文件退回的决定；执行员延缓执行的决定；执行员拒绝查找债务人或债务人财产的决定；执行员查找费用支出数额的决定；申请执行员回避被拒绝的；执行员变卖外汇所作的决定；执行员针对开支顺序所作的决定；执行员作出的罚款、拘传决定；执行员的执行行为和拒绝实施执行的行为。法官对申诉所作的裁决，当事人可以提出上诉或抗诉。

2. 司法警察系统内的监督

司法警察—执行员还受到司法警察系统内的监督，上级司法警

---

〔1〕 李浩主编：《强制执行法》，厦门大学出版社 2005 年版，第 567 页。

察有权监督下级司法警察。例如，若执行员在非工作日或当地时间 22 点至次日 6 点实施执行的，必须获得主任司法警察的书面批准；执行过程中，对债务人作出罚款和拘传的决定应经主任司法警察确认；执行员作出将执行文件发还追索人、发还预付款决定的，该决定应经主任司法警察确认；追索执行开支、追索由联邦财政支出的执行开支，追索组织或个人预付的执行开支，执行员作出的决定应当经主任司法警察确认；如果针对一个债务人的执行涉及俄罗斯联邦主体内数个司法警察分支机构的，由联邦主体主任司法警察提供保障并监督执行；如果针对一个债务人的执行涉及俄罗斯联邦不同主体司法警察，由俄罗斯联邦主任司法警察提供保障并监督执行。另外，对于执行员的行为，公民和组织可以向上级司法警察申诉，且申诉不影响其向法院起诉。

3. 检察院的监督

根据《俄罗斯联邦检察官法》的规定，由俄罗斯联邦总检察长及从属于总检察长的检察官负责对执行员履行职责的行为进行监督。

六、瑞典

在瑞典判决、裁定的执行中，最引人注目、具有突破性的发展，是 1965 年执行局的创设和 1982 年《瑞典执行法典》的生效。[1]这一发展使瑞典整个司法制度中的执行程序机制，包括行政法判决和裁定的执行，得到了改革和重塑，从而为其他法域构造自己的执行程序提供了一种新的模式。[2]

---

〔1〕 *The Enforcement Code* (1981：74)(including amendments up to SFS 2001：177)。以下译称《瑞典执行法典》。该法典载于《执行工作指导》2007 年第 1 辑，黄金龙译。

〔2〕 高执办:《国外执行机构概览》，载《人民司法》2001 年第 3 期。

执行局是瑞典设立的专门从事执行法院给付判决和裁定等的公权力机关，具有独立权力，但对该机构的裁定仍可以上诉到法院，由法院对执行争端进行裁判。

（一）执行局

1. 组织机构

在瑞典，财政部下设国家税务局，作为政府性质的中央管理机构。国家税务局下设执行局（Kronofogdemyndigheten）和税务局（Riksskatteverket），分别负责法院判决和应对政府履行的债务的执行。执行局和税务局共同构成了被称为国家执行机构（Enforcement Authority）的部门。[1]根据《瑞典执行法典》，法院判决、行政决议、仲裁裁决以及其他执行文书的执行由执行局实施。从 1997 年开始，执行局被划分成了 10 个地方性机构，设 84 个办公室。据了解，执行局于 2006 年进行了重组，其职责和任务均由政府授予。[2]除了瑞士以外，只有瑞典的执行局是比较彻底独立于法院的专门执行机构。[3]

2. 执行人员

执行局主要由从事执行的律师、执行员和行政管理人员组成。律师必须具有法学学位，一般应当具有在法院执业的经验，同时还需要接受执行局就具体执行事务举办的培训。执行员可以因《瑞典司法程序法》第四章所规定的法官丧失资格情形而被取消资

---

〔1〕 江必新，贺荣主编：《强制执行法的起草与论证（三）》，中国法制出版社 2014 年版，第 188 页。

〔2〕 参见：Information about the activities of the Swedish Enforcement Authority，来源于瑞典国家执行局官网（网址：https：//www. kronofogden. se/other – languages/english – engelska），2022 年 5 月 16 日访问。

〔3〕 高执办：《国外执行机构概览》，载《人民司法》2001 年第 3 期。

格。[1]如果执行员明知可能导致其丧失任职资格的特定情形，其应自行公开该情形。[2]可见，执行员在职业资格方面与法官具有一定的相似性。当然，不能仅因此就认为执行员属于法官。

3. 执行程序

执行局负责的执行依据包括普通法院的判决、地区法院的判决、上诉法院的判决、联邦法院的判决、行政法院的判决、行政上诉法院的判决、联邦行政法院的判决、执行局按照简易程序作出的决定，其他还包括某些私法性质的文件如抚育未成年子女及对配偶扶养的合同。[3]

强制执行申请由适格权利人（申请人）以口头或书面形式向有管辖权的执行局提出。但关于支付命令或者执行协助的裁决，由执行局依职权执行，但申请人声明不执行的除外。裁决一经发出，即视为已经提出执行申请。[4]执行局启动强制执行程序后，有权进行询问、向被申请人和第三人收集被申请人的财产信息、审查争议、作出决定以及采取强制措施。执行局经调查，认定被申请人无可供执行的财产，将此情况制作笔录（Protocol）。申请人可依据此笔录向地区法院申请债务人破产。[5]

在执行案件中，为实施执行，必要时可以对房屋、房间或者贮藏处所进行搜查。执行员如果需要进入封闭的处所，可以令锁匠开锁或者安排以其他方式如在警察的协助下进入该处所。但执行员不

---

〔1〕《瑞典执行法典》第 1 章第 4 条。

〔2〕《瑞典执行法典》第 1 章第 5 条第 1 款。

〔3〕 *Information about the activities of the Swedish Enforcement Authority*。并结合参见《瑞典执行法典》第 1 章第 6 条。

〔4〕《瑞典执行法典》第 2 章第 1 条。

〔5〕 *Information about the activities of the Swedish Enforcement Authority*。

得在居住者不在场时进入住宅，除非关于实施执行的通知已经事先邮寄送达或以其他适当方式送达给居住者，并且可以推断该人隐藏，或者有其他特别理由。为了实施执行，在执行员遭遇抵抗，并且在依执行目的认为合理的限度内，可以使用武力（Physical Force）。[1]

（二）法院对执行局的监督

在执行程序启动之前，法院不能干预执行局的活动，执行局有权独立决定采取强制性措施。但这不意味着执行局不受监督。法院对执行机构的监督，主要体现在强制执行中的上诉程序（Appeal）。《瑞典执行法典》第18章对上诉作了规定。

几乎执行局作出的针对债务人、第三人的所有决定均具有可诉性。但一些预备性的程序性决定不可诉（some preparatory decisions in the procedure cannot be appealed）。对执行局的决定，可以书面向执行局作业区域内（within the Enforcement Service's operational area）的地区法院提起上诉。[2]上诉状副本须送达执行局。地区法院有权发出中止执行措施的通知，在有特别重大理由的情形下，地区法院还可以推翻已经执行完毕的强制执行措施。[3]

对执行案件提起的上诉适用《瑞典司法事务法》（Judicial Matters Act），但《瑞典执行法典》第18章另有规定的除外。同时，执行局在法院中并不作为一方当事人。[4]

在法院对上诉请求审理之前，执行局将相关情况的声明予以封存。在有足够理由的情形中，法院有权决定停止执行。在绝大部分

---

〔1〕《瑞典执行法典》第2章第17条。

〔2〕《瑞典执行法典》第18章第1条第1款。

〔3〕 *Information about the activities of the Swedish Enforcement Authority*。

〔4〕《瑞典执行法典》第18章第1条第2款。

案件中，上诉法院的决定可直接由执行局执行。但如果上诉法院认为可能导致重新分配时，地区法院的决定可被上诉至上诉法院。同样，上诉法院的决定亦可继续被上诉至联邦法院，由联邦法院决定是否应予重新分配。[1]

七、越南

越南的执行模式在近百年时间内发生了多次革命性的变革。[2]在法属殖民地时期，受法国法影响，其民事执行任务是由执达员（有的称之为法警）担任。执达员由国家任命，但不是国家公务员，不享受国家财政拨款，而是按照一定的比例从被执行人处收取的手续费款项中领取薪酬。越南脱离法国独立后，在日本专家的帮助下制定了民事诉讼法典。1950 年 5 月 22 日第 85 号敕令第 19 条"关于改革司法机构和诉讼法"规定，民事案件的执行交由法院担任。直到 1993 年，越南才单独制定《越南民事案件执行法》，将民事案件的执行组织整体移交给所谓的"民事案件执行机关"执行，各级法院不再担任民事案件的执行工作。越南曾于 1989 年、1993 年和2004 年曾先后颁布三个《越南民事判决执行条例》，1993 年条例规定将执行交由司法部管理，后越南国会在 2008 年 11 月 14 日以 2008年第 26 号法律公布的关于《越南民事判决执行法》（共 9 章 183条），该法自 2009 年 7 月 1 日起生效。

依照现行的法律，法院判决书、决定的执行，仍然属于国家各级机关的责任，具体由各级民事案件执行机关执行。民事案件执行机关包括两个部分：一是民事执行管理机构，二是民事执行机

---

[1] *Information about the activities of the Swedish Enforcement Authority*。

[2] ［越南］陈英俊：《越南民事诉讼法立法实践与比较》，米良，陈文定译，载《云南大学学报（法学版）》2008 年第 6 期。

构。民事执行管理机构是指司法部民事执行管理局和国防部民事执行管理局。民事执行机构包括：各省及中央直辖市执行局，农村地区、城市地区、乡镇及直辖市执行局，军事区域执行局。但是越南的执行改革在体现其优点的同时，也暴露了所受到的限制，在实践中没有收到预想的效果，导致案件执行效率大打折扣，被执行人的合法权利得不到保障。例如，2013 年，越南未执行的案件数量高达 239 114 件，比 2012 年的 211 832 件增加了 27 282 件，执行率长期在低点徘徊，实际执结率更是由改革前的平均 30% 降至 10%。

鉴于此，在对历史上执达员制度进行研究的基础上，并借鉴世界各国民事执行程序的有益经验，越南试图启动新一轮执行改革，重新制定一种合理的执行机制。越共中央政治局《关于近期至 2010、远期至 2020 年建立与完善越南法律体系战略的决议》中已经明确指出"……案件执行活动逐步社会化"。[1]紧接着，越共中央政治局于 2005 年 6 月 2 日颁布了《关于到 2020 年司法改革战略》的第 49 号决议，决议也确定"……在一些地方就制定执达员（现称法警）制度，逐步实现司法补助活动社会化进行试验"。为推动执行活动的社会化，在 2009 年 7 月 24 日颁布的 2009 年第 61 号法令实施后，在胡志明市组织开展私人执行员试点项目计划，取得了较好的效果。2013 年 10 月 18 日，政府签发了 2013 年第 135 号法令，对上述第 61 号法令做了某些修订，并于 2013 年 12 月 5 日开始生效。第 135 号法令拓宽了私人执行员实验项目的范围，作出了新的规定，保证私人执行员独立开展工作，以及改善其与有关组织机构的合作。关于私

---

[1]"越南中央军委与国防部机关"官网中文版（网址：https://cn.qdnd.vn），2022 年 5 月 16 日访问。

人执行员实验范围的拓展，是建立在持续三年取得积极效果基础上的决定，在 2013 年 11 月 23 日颁布的修正案指引下，决定继续开展私人执行员项目，且私人执行员应该在各省、中央直辖市以及省会城市开展而不是仅仅在胡志明市运行，截至 2016 年，越南已经有 51 个私人执行员分布在 12 个省或直辖市[1]。越南司法部将在评估私人执行员制度运行情况的基础之上，决定是否在全国推广。此外，越南于 2014 年修改了《越南民事案件执行法》，经由国民会议在 2014 年 11 月 25 日通过，《越南民事判决执行法》经过本次修订，增加了很多新的规定，在总共 183 个条文中，共计修订了 55 个条款。旨在提高民事判决执行质效，其中一个重要的修改是改变由债权人查找被执行人及其财产的做法，而是交由执行员负责；最突出一点是债务人执行条件（能力）的证明责任，从债权人转移给执行员。从 2015 年 7 月 1 日起，判决债权人如果提供了关于债务人执行状况（能力）的信息，可以享有执行费用的减免，执行当事人和利害关系人的权利义务也被修订后的法律明确予以规定。[2]据了解，目前越南也在完善司法拍卖的法律规定，推动网络拍卖，以提高司法拍卖的效率和案件整体的执行效率。[3]

---

〔1〕　来自越南司法部报告，系东南亚国家执行大会资料（未公开出版）。

〔2〕　关于 2009 年以来私人执行员试点情况的内容源自越南国家执行总局副局长阮清水（Nguyen Thanh Thuy）代表越南向 2015 年 7 月 26 日至 29 日在曼谷举行的民事判决执行国际会议提交的国别报告。该国别报告没有公开出版，课题组成员曹凤国博士参加了此次会议并从会议资料中翻译了上述内容。

〔3〕　据越南社会主义共和国最高人民法院副院长翠贤在 2019 年上海举办的世界执行大会上介绍，2016 年 11 月 17 日越南全国人民代表大会通过了有关司法拍卖的法律规定，这个法律有 8 个章节和 81 个条款，标志着越南司法拍卖活动统一法律框架取得新的进展，有利于减少对通过串通降低拍卖价格等不良情况的纵容，促进司法拍卖的有效性。

第二节　域外民事执行权配置的共同特征

通过以上介绍不难发现，相较于各国间大体类似的审判制度，执行制度在外观形式上的确是纷繁多样，千差万别。不仅大陆法系和英美法系差别比较大，大国和小国也存在较多差异。即使是同一个国家，在不同的历史阶段，在法治化的不同进程中，随着法律的修订也经常存在颠覆式的模式变革。因此，世界各国不存在统一的执行机构，也不存在一成不变的执行模式。简单地下结论，认为世界上大部分国家将执行权交由行政机关行使，或者交由法院行使，都是缺乏考证的。事实上，各国民事执行法律制度的差异和变化是由多方面的因素决定的，不仅是一国历史传统沿袭的结果，也与一个国家的民族习惯、法治观念和政治体制密切相关，同时还是司法制度适应经济社会发展的体现。因此，有学者认为，执行模式之选取，并非纯粹逻辑上的考量，而是法律政策上应该考虑的问题。[1]

在对域外法律制度进行解读时，我们应该尽量把握一些内在的、本质性的东西。虽然域外执行机构的设置差异较大，但目标是相同的，都是为了促进执行权科学运行，增强执行机构的执行能力。而为了实现这一目标，各国在配置执行权时无一例外地坚持了审判权与执行权相分离的原则。努力探知这种外观形式差异下隐藏的共同规律，对于我国开展审执分离体制改革大有裨益。

---

〔1〕〔韩〕姜大成：《韩国民事执行法》，朴宗根译，法律出版社2010年版，第101页。

一、科学界定执行权的边界是民事执行权配置的前提

推动审执分离改革，首先必须搞清楚执行权是什么，确定权力行使的边界。域外执行体制表现出的一个共性是执行程序中大致有两种行为，一种是单纯的执行实施行为，按照这种实施行为包含的决意性程度，又可分为简单的执行实施行为和复杂的执行实施行为；另一种是执行裁判行为，包括发布执行命令，决定拘留等涉及公民重大权利的事项，裁决执行程序中程序性、实体性纠纷的行为。执行实施权呈现单向性和主动性的特点，具有行政权的属性；执行裁判权表现出终局性、中立性和被动性，契合审判权的运行规律。因此，从本原意义上而言，执行裁判权是审判权的组成部分，并不存在与审判权进行分离的问题。域外执行体制着眼的"审执分离"，实质上是指执行实施权与审判权不应混同，二者应当按照分权制约的原理进行适当分离，在符合各自规律的轨道上良性运行。

二、审执分离是按照所行使的执行权的性质不同展开的

基于上述对执行权边界的厘清，域外在对民事执行机构职权的设置时都会充分考虑不同执行行为性质的差异，将裁判权和实施权交由不同的主体行使。一般而言，简单的、只涉及事实问题的执行实施行为，由具有行政人员或者法院辅助人员身份的执行官（或称执行员、执达员、法警等）负责完成。对于需要包含一定决意性的执行实施行为，各国则根据本国执行从业人员的素质，有的分配给法官或司法辅助官、司法事务官等其他司法人员，有的分配给执行官，有的则由法官和执行官共同完成。至于执行裁判权，由于该项权力是对执行救济程序的最终保障，属于审判权的范畴，在任何现代法治国家都应当是法院和法官的天然领地。

三、审执分离需要加强执行裁判权对执行实施权的制约

当事人申请执行救济后，法官审理执行纠纷的过程，实际上是

对执行行为的合法性、正当性进行监督审查的过程。因此，不论哪种执行模式，也不论执行机构是否设置在法院内，总体来说各国都是通过审执分离，充分发挥执行裁判权对执行实施权的监督和制约作用。例如，在德国，当事人对执行员在执行时应遵守的程序可以向执行法院提出异议。在日本，当事人或第三人对执行官的执行处分及其怠慢，可以向执行法院提出执行异议。在俄罗斯，对于司法警察可能侵害当事人权益的实施行为，均赋予当事人向法院申诉救济的权利。

四、重视执行裁判权与执行实施权的联系

德国、日本、法国、英国等行使执行裁判权的法官与行使执行实施权的执行官（执达官）在同一机构办公，执行官（执达官）服从执行法官的命令和指挥。美国、俄罗斯、韩国等行使执行裁判权的执行法官与行使执行实施权的执行官不在同一机构办公，但是执行官还是要服从执行法官作出的命令或者裁定。在瑞典，对于执行机构实施的执行行为，当事人可以向法院提起诉讼，所有争议最终由法院裁断。

五、将执行权从法院剥离并非审执分离的必然选择

推动审判权与执行权相分离的体制改革，不能因为法院是审判机关，而简单地理解为把执行工作从法院剥离出去。首先，如前所述，执行权中的执行裁判权具有审判权的属性，从域外执行制度来看，这项权力无一例外都是由法院和法官行使的。其次，审判权与执行权的分离不是绝对的，而是相对的，从实践看，二者依然存在局部交叉的可能性和必要性。例如，出于法官的地位及素质考虑，在美国、德国和日本，复杂的执行实施权仍然分配给了法官或其他司法人员，法国则是由执行法官和司法执达员分享这部分权力。再

次，即便许多国家建立了具有独立地位的执行官制度，如果从我国语境下的人事隶属关系来看，这些执行人员有的属于私人性质的从业人员（如法国），有的是隶属于司法行政部门的公务员（如德国），有的是归属于法院的公务人员（如日本），通过这些实例，很难得出审执分离就是将执行工作从法院剥离的结论。最后，从各国改革的经验教训看，越南民事案件执行本由法院管辖，但1993年其单独制定《越南民事案件执行法》，将民事案件的执行实施工作从法院移交给民事案件执行机关，但此项改革并没有收到预想的效果，导致案件执行效率大打折扣，债权人利益得不到保障，执行率长期在低点徘徊，这也说明将执行权从法院剥离并非合理配置执行权的灵丹妙药。

总之，域外民事执行权配置以及实行审判权和执行权相分离的体制，主要是通过执行实施行为和执行裁判行为的区分，将这两种行为相应地交给不同身份的人员完成，并从制度上保障这两项权力各自独立行使，程序上各归其位，以达到执行权整体上高效公正运行的目标。至于从物理空间上看，执行实施权配置于法院内还是法院外，执行人员的人事隶属关系为何，取决于一国基于历史传统、司法体制、法律政策的现实考量，域外执行制度并没有给出一个统一的答案。

第三章

我国现行民事执行权运行体制存在的问题

第一节　民事执行权行使主体存在的问题

　　人民法院审判工作的主要任务是明确权利义务、实现定分止争，而执行工作则是依靠国家强制力实现胜诉当事人权益，最终化解矛盾，彻底解决纠纷。民事执行工作的过程必然是司法活动中各种矛盾冲突剧烈、对抗性最强的过程。长期以来，由于我国体制转型、社会变革等原因，执行难不仅成为困扰人民法院的突出问题，也成为人民群众反映强烈、社会各界特别关注的热点问题。如果大量生效法律文书得不到执行，将严重损害胜诉当事人合法权益，损害法律权威和司法公信力，影响党和国家形象，影响人民群众对全面依法治国、建设社会主义法治国家的信心。

2021 年，全国法院受理执行案件 949.3 万件，执结 864.2 万件，执行到位金额 1.94 万亿元。[1]执行案件的数量与其他诉讼案件的数量占比已经超过了一半。虽然解决执行难工作取得了重大成果并已如期实现基本解决执行难，但受历史上重刑轻民、重实体轻程序、重审判轻执行等因素的影响，奋战在办案一线的广大执行干警至今仍处于一种"有名无分"的状态。各类执行人员包括执行法官、法官助理、执行员、书记员、法警等，但各自的法律地位、任职条件、任免程序并未明确，身份、职级、待遇等更未落实，2018 年修改的《中华人民共和国人民法院组织法》（以下简称《人民法院组织法》）更是删除了有关执行员的条文。与审判部门相比，执行部门还存在角色不清、认同感低、岗位厌恶等更为严重的问题。执行人员业务能力和素质的高低直接影响执行工作质量和效果，作为负责执行案件办理的主体，如何定位《民事诉讼法》中规定的"执行员"的身份和职权，从立法层面给执行人员、执行机构授权并正名，一直是理论界研究的课题，也是实践中亟待解决的问题。

本部分侧重从实证研究的角度，分析我国执行实践中执行人员身份、入职资格、角色定位、岗位职责、人员来源等方面存在的问题，探索如何完善执行员改革方案。我们认为，落实人员分类管理和司法责任制，确保执行法官专注于裁判性工作，非法官执行人员专司弱裁判性和事务性执行实施工作，实行执行案件繁简分流，对执行人员单独进行定编、定岗、定责，建设正规化、专

---

〔1〕　周强：《最高人民法院工作报告——2022 年 3 月 8 日在第十三届全国人民代表大会第五次会议上》。

业化、职业化执行队伍，应当是我国执行人员体制改革的基本方向。

一、执行员的资格、任免程序与职级不清

（一）执行员的资格缺乏法律规范

执行员这一称呼最早出现于 1954 年的《人民法院组织法》。该法规定："地方各级人民法院设执行员，办理民事案件判决和裁定的执行事项，办理刑事案件判决和裁决中关于财产部分的执行事项。"根据该法，执行员是与"审判人员"相对应的"其他人员"。该法在 1979 年、1983 年、1986 年、2006 年修订中均完整保留了这一规定。1982 年《民事诉讼法（试行）》第 163 条第 1 款规定："执行工作由执行员、书记员进行；重大执行措施，应当有司法警察参加。"1991 年《民事诉讼法》第 209 条第 1 款规定："执行工作由执行员进行。"[1] 2007 年、2012 年、2017 年、2021 年修订的《民事诉讼法》均保留了上述规定。1995 年制定的《中华人民共和国法官法》（以下简称《法官法》）第 48 条规定："对人民法院的执行员，参照本法有关规定进行管理。"2011 年、2017 年修订的《法官法》也保留了上述规定。2018 年修订的《人民法院组织法》删去了"地方各级人民法院设执行员"的表述，2019 年修订的《法官法》也删除了"对人民法院的执行员，参照本法有关规定进行管理"的表述，两部法律的修订均并未对执行员作任何规定。

现行法律和司法解释关于执行员的设置、管理和职责等，规定甚少，大多参照审判人员，并未有单行规定。"执行员"在现行

---

〔1〕 删去"书记员、司法警察"系因"区别了执行员与书记员的不同职责，在体例上更为准确"。马原，唐德华编：《民事诉讼程序的修改与适用》，人民法院出版社 1992 年版，第 228 页。

《民事诉讼法》中出现几处，但只是属于执行程序上的规定。在最高人民法院的司法解释和文件中也只有在 2015 年《最高人民法院关于适用〈中华人民共和国民事诉讼法〉的解释》（以下简称《民事诉讼法司法解释》）和 1998 年《最高人民法院关于人民法院执行工作若干问题的规定（试行)》中出现"执行员"的字眼，也仅限于执行程序上的规定，这与执行工作的地位完全不匹配（见表 1）。

表 1　现行《民事诉讼法》及相关司法解释涉及执行员的条文

法律名称	具体法条	对应内容
《民事诉讼法》	第 235 条	执行工作由执行员进行。采取强制执行措施时，执行员应当出示证件。执行完毕后，应当将执行情况制作笔录，由在场的有关人员签名或者盖章。人民法院根据需要可以设立执行机构。
《民事诉讼法》	第 237、243、247、252、253、254、256、257 条	执行申请、移送执行、执行措施等规范涉及执行员的职责
《民事诉讼法司法解释》	第 49 条	书记员和执行员适用审判人员回避的有关规定。
《最高人民法院关于人民法院执行工作若干问题的规定（试行)》	第 5 条	执行程序中重大事项的办理，应由三名以上执行员讨论，并报经院长批准。

从上述规定可以看出，我国法律对于执行员的法律地位一直没

有明确，虽然实务界一直呼吁尽快建立执行员制度，[1]但执行员的任职资格、任免程序、工作职责、晋升考核等，并没有任何规定。修订前的《法官法》规定对执行员参照法官管理，但如何参照却无具体的规定，最高人民法院也并未出台实施细则。在实践中，尽管中发〔1999〕11号文件提出执行人员所占比例要达到法院人员的15%，但该目标从来没有实现过。执行员数量大多由各级法院根据本院的人员结构和工作需要自行决定，加上实践中审判员与执行员身份多有重叠，法官人事管理上并没有形成单独的执行员序列，[2]也没有规定执行员的任职条件。执行人员作为法院干警，对外一般均统称法官，这导致不少人都认为执行员就是执行法官，也属于法官序列。长期以来，执行员"有名无分"的状况迫使执行员队伍一直处于游离状态，特别是在基层法院执行员队伍中，执行员的临时、过渡思想更是普遍存在，职业化的观念很淡薄。在各级法院和社会公众的传统认识中，执行员侧重体力活，对法律的理解和适用要求不高，只要身强体壮即可。有的法院甚至认为只要有人干活就行，将大量年纪较大、没有法律职业资格或无法从事审判工作的人员调往执行部门，造成执行员队伍在素质上良莠不齐。从当前法院人员构成来看，执行人员成分复杂，有审判员（员额法官）、法官助理、执行员、书记员、司法警察以及聘用人员，员额制及人员分类改革以后，未入额的审判员、助审员统称为法官助理，上述人员都可能在保留原有身份的情况下从事执行工作。

　　在司法改革浪潮中，法官职业化建设的呼声非常高，但执行员

---

　　[1]　王文平：《建议制定〈人民法院执行员暂定条例〉》，载《人民司法》2006年第11期。

　　[2]　张永红：《审执分离体制改革的理论基础与路径选择》，载张卫平、任重编：《民事程序法研究》（第16辑），厦门大学出版社2016年版，第65页。

职业化建设的呼声相对较弱，措施也较为乏力。如果单从专业化的角度来看，对执行员的专业程度要求不一定弱于审判法官。要造就职业化的执行员队伍，最重要的是要明确执行员的法律地位，稳定人心，使每个执行员都有明确的努力方向。近年来，以"基本解决执行难"为契机，执行工作的人员结构和规范性、专业性得到一定改善，但并未从根本上得到改观，当前面对严峻的现实压力，执行员队伍职业化建设刻不容缓。

（二）执行员任免程序不明

民事执行是一项综合性很强的工作，对执行员的综合素质要求很高，其中既有裁判事项，需要执行法官行使裁判职权；又有大量的执行实施事项，需要进行查封、扣押、冻结、处置、分配等具体的实施工作。执行过程中执行理论与实践交叉，还可能涉及与执行程序无关的实体争议，执行程序的继续或者中断需要以通常的诉讼程序审理和裁判的结果为依据。很多法院执行队伍年龄结构、知识结构以及信息化运用能力比较薄弱，执行队伍的综合素质、理解适用法律和司法解释的能力，以及在处理疑难复杂问题时的水平难以适应执行实践工作的要求，根源之一是执行员选拔和任免程序不科学。

现行法律、司法解释以及最高人民法院其他规范性文件，均没有关于执行员任免程序的规定，各地法院在执行员任免程序上做法不一：有的由院长提请同级人大常委会任免，有的由上级法院任免，有的由本院院长任免。

目前，审判员、助理审判员、法官助理、书记员、法警、军转干部，甚至还有部分尚未取得法律职业资格的人员均可以充任执行员。在基层法院执行机构的人员结构中，部队转业干部、刚刚参加工作的毕业生、无法胜任审判部门工作的干警或者一些即将退休人员占比较高，量少质弱在一定程度上是目前执行队伍现状的集中写照。[1]20 世纪 90 年代以来，由于审判压力加大，很多法院让一些无法胜任审判工作的人员从事执行工作，导致执行员素质不高、年龄偏大、业务不强等问题较为突出，一定程度上又形成"执行乱"。最高人民法院一位副院长曾经指出，执行机构成了一些法院安排不合格的、没有法律专业背景的人员的机构。[2]很多有经验有能力的人员不愿意长期从事执行工作，他们取得一定执行工作经验后即调往法院其他部门。有部分法院安排新入职人员从事执行工作，虽然人员素质较高，但新入职人员并未进行系统的民事执行理论和规范学习，加上涉世经历浅、办案经验缺乏、应变能力欠缺，一定程度上降低了执行效率，引发当事人认可度低、信访突出等问题。近年在最高人民法院着力基本解决执行难的背景下，人员构成虽有所改变，但对比其他审判业务部门，执行员的专业素质、学历层次、理论水平等依旧有一定的差距。

（三）执行员的职级等级不清

新修订的《人民法院组织法》《法官法》对审判人员的职级等级都作了明确规定。人民法院的审判人员由院长、副院长、审判委员会委员和审判员等人员组成；地方各级人民法院院长由本级人民代表大会选举，副院长、审判委员会委员、庭长、副庭长和审判员由院长提请本级人民代表大会常务委员会任免。将法官等级分为四等十二级：（一）首席大法官；（二）大法官：一级、二级；（三）高级法

---

〔1〕 霍力民编：《强制执行的现代理念》，人民法院出版社 2005 年版，第 400 页。

〔2〕 其原话是："少数法院继续将一些不合格人员调任执行员。我们确实有一些领导同志认为执行工作是人人都会做的，其他审判岗位不适应的就放到执行庭来；没有法律文凭、文化层次比较低的也往执行庭里放。"参见《强制执行指导与参考》2002 年第 1 辑（总第 1 辑），法律出版社 2002 年版，第 31—32 页。

官：一级、二级、三级、四级；（四）法官：一级、二级、三级、四级、五级。现行法律和最高人民法院的内部规章明确规定了审判人员的职级和等级，却从未规定执行员的职级和等级。由于没有明确的法律规定，只能通过员额法官、法官助理（包括未入员额但保留审判员、助理审判员身份的人员）、书记员、司法警察等身份对执行员进行级别定位、工资评定等管理。在实务中，当事人在面对法院执行工作人员时往往不知道该如何称呼，包括法院系统内部的人员称谓也混乱不一。在长期的无序状态下，执行员身份认同感和职业尊荣感低，工作积极性也受到不利影响，造成执行队伍良莠不齐，缺少战斗力。

　　本轮司法改革的重要目标是建立明确的司法人员分类管理体系，突出法官的办案主体地位，健全有别于普通公务员的法官专业职务序列，以序列管理来推动司法职业化。[1]执行工作和人员的专业化改造同样需要以设定合理的执行序列为基础，从比较法的角度来看，执行员的身份多种多样，大致可以分为三类：一是作为特殊公务员的"执行官"（日本）、"执法官"（美国）、"法院执行员"（德国）、"司法警察"（俄罗斯）等；二是作为自由职业者的"执达员"（法国）、"私人执达官"（英国）等；三是作为司法辅助人员的"司法辅助官""司法事务官""执行书记官"等。在我国理论界和实务届对执行实施权的性质、运行模式、人员定位等尚未达成共识之前，在《人民法院组织法》《法官法》中回避执行权与审判权可能存在的差异的前提下，避免引起人事、管理和身份上的矛盾，也是各方可以接受的权宜之计。但是，从长远来看，从有利于调动执行人员

---

　　[1]　2019 年 4 月 24 日，中共中央组织部关于印发《公务员职务与职级并行制度实施方案》等五个文件的通知（中组发〔2019〕10 号），明确已遴选入额的法官、检察官和法官助理、检察官助理、书记员等不列入实施范围。

的积极性、实现执行工作专业化、提高民事执行的质量和效益的角度看，明确执行员的资格、职级等是十分必要的。

二、执行员的职责不清

（一）法律规定不明

我国早期的法律规定有意将执行员设定为专司执行并独立于审判员的单独序列，但是在实际工作中实行的是"审执合一"——谁审判谁执行。随着市场经济体制的建立，民事经济纠纷案件大幅增加，在"审执合一"体制下，一些审判人员为了顺利执行而在法律适用方面打折扣，造成了"以执乱审"的问题，同时因审执难以兼顾、工作量增加而导致执行效率降低而形成"执行难"问题。为了应对不断增长的收案数量与结案压力，提高民事审判质量，确保法律的统一实施，部分法院从1983年开始设置独立于审判组织的"执行庭""执行组""专职执行员"等。[1]将"执行员"理解为宽泛意义的执行工作人员且在资格上区别于审判员、书记员、司法警察等法院工作人员，明显类似于外国法上处理执行事务并具有特定资格的"执行官"。[2]

现有规范关于执行员的职责的规定非常笼统。如《民事诉讼法》第235条第1款规定："执行工作由执行员进行。"但如何进行，没有具体规定。而且，如何界定"执行工作"，现行法律更是没有明确规定。例如，《民事诉讼法》第251条规定："被执行人未按执行通知履行法律文书确定的义务，人民法院有权查封、扣押、冻结、拍卖、变卖被执行人应当履行义务部分的财产。但应当保留被执行人

---

〔1〕 何兰阶，鲁明健主编：《当代中国的审判工作（下）》，当代中国出版社2009年版，第233页。

〔2〕 江必新主编：《比较强制执行法》，中国法制出版社2014年版，第205页。

及其所扶养家属的生活必需品。采取前款措施，人民法院应当作出裁定。"《民事诉讼法》第 157 条第 3 款规定："裁定书由审判人员、书记员署名。"那么，是否意味着作出查封、扣押、冻结、拍卖、变卖财产裁定的行为不属于执行工作而不能由执行员进行，显然缺乏清晰规定。又如，《最高人民法院关于人民法院执行工作若干问题的规定（试行）》（以下简称《执行工作规定（试行）》第 5 条规定："执行程序中重大事项的办理，应由三名以上执行员讨论，并报经院长批准。"执行员行使职权，是否按照审判人员工作的模式进行，其实也缺乏清晰规定。

为贯彻中发〔1999〕11 号文件精神，解决执行难问题，最高人民法院曾下发《最高人民法院关于人民法院执行机构有关问题的紧急通知》（法〔执〕明传〔1999〕24 号）、《最高人民法院关于改革人民法院执行机构有关问题的通知》（法明传〔2000〕437 号）。根据上述通知，各地人民法院积极探索执行机构改革的路径，将执行庭改为执行局。同时明确将执行工作分为"裁判事项"和"执行实施事项"，裁判事项由执行机构具有审判资格的人员负责，执行实施事项由不具有审判资格的人员负责。这样，事实上将执行员限定为没有审判资格、只能从事执行实施工作的人员。2011 年发布的《最高人民法院关于执行权合理配置和科学运行的若干意见》（法发〔2011〕15 号），将执行权分为执行实施权和执行审查权：执行实施权的范围主要是财产调查、控制、处分、交付和分配以及罚款、拘留措施等实施事项，执行审查权的范围主要是审查和处理执行异议、复议、申诉以及决定执行管辖权的移转等审查事项。明确执行实施权由执行员或者法官行使，应当采取审批制；执行审查权由法官行使，应当采取合议制。

此外，《执行工作规定（试行）》规定，诉讼中的财产保全裁定和先予执行裁定均由审判庭负责执行，人民法庭审结的案件由人民法庭负责执行。因此，根据《执行工作规定（试行）》，审判庭法官也可以进行执行工作。最高人民法院 2001 年 10 月 18 日发布的《中华人民共和国法官职业道德基本准则》（以下简称《法官职业道德基本准则》）第 22 条规定："法官在执行生效法律文书时，应当依法采取有效措施，尽快予以执结。"实际上是对法官负责执行工作的确认。《执行工作规定（试行）》第 7 条规定："必要时应由司法警察参加。"自 2012 年 12 月 1 日实行的《人民法院司法警察暂行条例》第 7 条规定："人民法院司法警察的职责……（四）在生效法律文书的强制执行中，配合实施执行措施，必要时依法采取强制措施……"第 11 条规定："在生效法律文书的强制执行中，人民法院司法警察可以依法配合实施搜查、查封、扣押、强制迁出等执行行为。"但是，上述规定并不系统，且均为司法解释或者其他规范性文件的规定，效力层次不高，更何况 2010 年 12 月 6 日发布并施行的《法官职业道德基本准则》删除了原第 22 条的规定。《最高人民法院关于人民法院立案、审判与执行工作协调运行的意见》（法发〔2018〕9号）第 17 条规定，财产保全的执行实施工作，应当立"执保"字案号后送交执行，这似乎又否定了审判庭法官的执行权。

（二）执行员工作量考核制度不科学

从属性和运作方式上看，执行与审判工作有很大不同。审判工作从立案到结案，由"法官 + 法官助理 + 书记员"完成，法官承担案件审理、开庭，以及裁判文书的撰写、签发等工作。法官的工作量在审判的总工作量中占比很高，可以按照案件量再结合各类案件的权重比来测算员额配置。执行工作包含裁决性事务和实施性事务两个方面。在实施案件中，事务性工作占比高，并且事务性工作并非法官的专属业务，可以由助理、书记员、法警完成。在执行裁判案件中，制作裁判文书、重大疑难问题的合议和决定等，大多属于程序性裁定，与诉讼案件的审判工作有较大差异，难以用结案量或者以签发的裁定、决定书的数量来确定法官的工作量。2017 年最高人民法院印发《关于建立执行考核指标体系的通知》（法〔2017〕302 号），明确基本解决执行难的指标体系。但是，该指标体系侧重于案件管理和办案质量，与执行人员的考核基本无关。同时，为提高执行效率，规范执行程序，各级法院倾向于将执行事务性工作交法官助理、书记员集约化办理，如文书制作、财产统查、财产处置、集约送达等。但是，被分段、集约后，执行事务性工作的工作量失去了参照标准，如何考核工作量，成为一个新的难题。

（三）案件承办组织和文书署名权规定不清

执行案件是适用独任制还是合议制的问题，尚无明确规定。《人民法院组织法》第 29 条规定："人民法院审理案件，由合议庭或者法官一人独任审理。"第 32 条规定："合议庭或者法官独任审理案件形成的裁判文书，经合议庭组成人员或者独任法官签署，由人民法院发布。"《民事诉讼法》第 40 条规定："人民法院审理第一审民事案件，由审判员、陪审员共同组成合议庭或者由审判员组成合议庭。合议庭的成员人数，必须是单数。适用简易程序审理的民事案件，由审判员一人独任审理。基层人民法院审理的基本事实清楚、权利义务关系明确的第一审民事案件，可以由审判员一人适用普通程序独任审理。陪审员在执行陪审职务时，与审判员有同等的权利义务。"2011 年发布的《最高人民法院关于执行权合理配置和科学运行的若干意见》（法发〔2011〕15 号）明确规定："执行实施事项应当采取审批制，执行审查事项应当采取合议制。"《执行工作规定（试行）》第 5 条规定，"执行程序中重大事项的办理，应由三名以上执行员讨论，并报经院长批准。"根据最高人民法院编印的《民事诉讼文书样式》第 21 章执行程序涉及的执行裁定书的署名规范，均参照判决书而制定，署名为审判长、审判员及书记员。但是，执行程序中的裁判程序是否可以适用独任制，执行裁判文书是否可以直接署名执行员、书记员，现行法律没有具体规定，实践中各地做法也颇为混乱。

目前多数法院执行机构的人员既是执行员又具备审判资格。按照现行办案责任制的要求，所有案件必须由员额法官承办。这样，执行员、法官助理承办案件，但无法署名，办理执行案件所出具的执行裁定书，需要向其他身份"借壳"或者用其他人的身份"挂名"。同时，员额制实施后，法官人数大幅度减少，与原来的"一审一书"模式相比，承办执行裁判案件的执行法官的案件办案量多出一倍甚至数倍，"案多人少"矛盾进一步突出。执行实施事项本可由执行员一人办理，机械地要求实行合议制，大多也只是走形式，照搬审判团体化模式无益于提高办案效率。至于执行机构的法官助理的职责定位和工作权限，目前更是没有任何明确规定。在执行程序中，法官助理是否可以主持当事人谈话、是否可以参与执行实施、在法律文书上如何署名等一系列问题悬而未决，部分当事人甚至对法官助理的身份提出质疑，导致开展工作"底气不足"，缺乏动力。实践中，为了缓解案多人少的矛盾，一些法院还有法警、书记员独立进行执行工作的情形，同样缺乏法律和其他规范依据。

三、执行员业务素质难以适应实践需要

党的十八大以来，最高人民法院以"用两到三年基本解决执行难"为契机，加快推进与之相配套的规范化、信息化建设。在执行规范化方面，最高人民法院狠抓执行规范体系建设，共出台近 60 个重要司法解释和规范性文件，数量超过党的十八大前的总和。特别是 2016 年以来，密集出台涉及财产保全、财产调查、执行和解、执

行担保、先予仲裁、股权执行等近 40 个重要司法解释和规范性文件。在执行信息化方面，已经建立全国四级法院"统一管理、统一协调、统一指挥"的执行办案和管理平台，全国执行干警在一个平台办案，规范了执行办案标准和流程，强化了关键节点管控；在财产查控、财产处置、信用惩戒等信息化方面取得丰厚成果，建成覆盖全国的网络查控系统，与公安部、自然资源部等 16 家单位和 3900 多家银行业金融机构联网，在财产处置中全面推广询价评估以及网络司法拍卖系统，信用惩戒方面推广限制高消费及有关消费、公布失信被执行人名单信息制度等。

执行规范化和信息化在规范执行行为、改善执行工作、丰富执行手段、提高执行效率的同时，也对执行员的业务素质和信息技术水平提出了更高的要求。执行员不仅要准确掌握并严格执行办案规范，及时贯彻最高人民法院最新司法解释及政策，还要熟练掌握信息化操作手段，熟练使用信用惩戒、司法网拍、询价评估、网络查控等系统，才能适应执行办案的新形势。但是，由于各种原因，现有的执行员队伍还不能全面满足实践的需要。专业、复杂的执行工作，需要更为职业化和专业化的执行员。但是，职业化、专业化、灵活性的执行员队伍建设工作并没有提上议事日程。

第二节　执行管理机制存在的问题

一、上下级执行机构关系不协调

（一）表现形式

上下级执行机构关系，即执行机构纵向关系，目前存在的主要问题是"统一管理、统一指挥、统一协调"的"三统一"执行管理体制未真正建立起来。"统一管理机制运行不畅，存在管案缺乏权威、管事缺乏力度、管人缺乏手段的问题"。[1]下面，笔者主要从高级人民法院、中级人民法院以及基层人民法院三个维度加以分析。

1. 高级人民法院统一管理职能未能全部落实到位

中华人民共和国成立后，对裁判的执行权一直由人民法院行使。而且，在相当长的时间里，实行审执合一。这是因为，"我国在自然经济和计划经济时期，诉求人民法院强制执行的案件极少，审执合一已为常态"。[2]后来，随着执行案件逐渐增多，判决不能执行的问题逐渐凸显，"审执合一"的工作模式已经很难满足司法实践的需要。"自20世纪80年代末，随着改革开放和市场经济的快速发展，我国民事强制执行日趋重要。审执分离成为了立法和司法的新课题"。[3]自此以后，人民法院执行工作正式进入"执行庭"阶段，各地开始按照审判庭的模式构建执行机构。"1982年以后，绝大多数基层法院和中级法院根据审判工作需要，相继成立了执行机构。截至目前（1996年4月——笔者注），全国94%的基层法院、中级法院和30个省、自治区、直辖市高级法院都设立了执行庭；最高法院去年3月成立了执行工作办公室，并即将正式成立执行庭。现在，全国法院共有执行庭3181个，执行人员16 000余人，其中13 000余人工作在基层法院"。[4]然而，"执行庭"模式也有局限性。"执行机构设置为执行庭既不符合强制执行权具有司法权和行政权双重属性的理论，又不适应执行工作统一管理的现实需要。执行庭的设

---

〔1〕 岳彩领：《构建审执分离制度之新路径》，载《人民司法》2018年第16期。

〔2〕 葛行军：《论科学配置民事强制执行权》，载《民事程序法研究》第16辑。

〔3〕 葛行军：《论科学配置民事强制执行权》，载《民事程序法研究》第16辑。

〔4〕 李国光：《坚持严肃执法，全面加强和改进执行工作——在第一次全国法院执行工作会议上的报告》，载《强制执行指导与参考》2002年第1辑（总第1辑）。

置必须改革，要改得更加科学、合理"。[1]因此，为了适应执行工作
形势发展，迫切需要一种新型执行机构来承载"统一管理"执行工
作的理念，体现上下级执行机构之间的领导与被领导关系，此时
"执行局"模式便应运而生了。1999 年 7 月 7 日，中共中央印发
《中共中央关于转发〈中共最高人民法院党组关于解决人民法院"执
行难"问题的报告〉的通知》（中发〔1999〕11 号），提出"要强
化执行机构的职能作用，加强执行工作的统一管理和协调。各省
（自治区、直辖市）范围内的人民法院执行工作由高级人民法院统一
管理和协调，并负责同外省（自治区、直辖市）高级人民法院执行
机构协调处理执行争议案件"。该文件正式提出要确立由高级人民法
院统一管理、统一协调的执行管理体制，简称"两统一"执行管理
体制。为落实中发〔1999〕11 号文件关于"统一管理和协调"的工
作要求，最高人民法院于 2000 年 1 月 14 日出台《最高人民法院关
于高级人民法院统一管理执行工作若干问题的规定》，提出"高级人
民法院在最高人民法院的监督和指导下，对本辖区执行工作的整体
部署、执行案件的监督和协调、执行力量的调度以及执行装备的使
用等，实行统一管理"。而且，最高人民法院明确指出："统一管理、
统一协调，实质就是统一领导。"从此以后，各地执行局先后成立，
并成为落实"两统一"执行管理体制的新载体。2007 年 11 月 28
日，中央政法委《关于完善执行工作机制，加强和改进执行工作的
意见》提出，推进执行管理体制改革，完善高级法院执行机构统一
管理、统一协调本辖区执行工作的管理体制，积极探索"管案、管
事、管人"相结合的管理模式。近几年来，随着各地执行指挥中心
的建立，以执行信息化为支撑的"统一指挥"功能日益明显，因此，

---

〔1〕　高执办：《论执行局设置的理论基础》，载《人民司法》2001 年第 2 期。

在"统一管理、统一协调"的基础上又增加了"统一指挥"的管理职能，正式形成"统一管理、统一指挥、统一协调"的"三统一"执行管理体制。

"随着执行改革的不断推进，虽然地方法院纷纷撤庭设局，并在纵向运行机制上提出上级法院统一管理、统一指挥、统一协调的'三统一'要求。但由于机构、人事和财务等均互不隶属，目前统一管理主要表现为上级法院对下级法院执行案件予以提级、指定执行和执行监督上，因而上级执行机构对下级执行机构管理、监督的力度有限，无法实现对本辖区执行工作的整体部署、执行力量的统一调度等目标，进而也就影响了执行系统整体效能的充分发挥"。[1]具体而言：

一是"管案"停留在表面，并不深入。一直以来，高级人民法院对下级法院执行案件的管理，大多停留在年终考核以及不定期组织开展的抽查、巡查工作上，并未实现日常性、常态化监督管理。近几年来，随着执行信息化的长足发展，最高人民法院建立了全国四级法院一体使用的执行案件办理系统，空前加强了对全国四级法院执行案件流程节点的监管力度，同时丰富了高级人民法院对下级法院执行案件监管手段。但是，高级人民法院对于案件的管理仍然停留在表面。即便上级法院想要了解案件办理情况，仍需要借助传统的汇报或写报告等方式进行，并未实现及时、有效监管。此外，高级人民法院对下级法院执行案件的管理相对滞后，存在管理不及时的问题。以高级法院行使执行监督权为例。根据《执行工作规定（试行）》第71条至第78条关于"执行监督"的规定，上级法院监

---

[1] 江必新著：《新诉讼法讲义：执行的理念、制度与机制》，法律出版社2013年版，第129页。

督下级法院执行工作的职能有了一定的法律依据，高级人民法院能够通过相关制度规定，对下级法院行使一定的监督权。但是这种监督，属于事后监督，具有天然的滞后性，弊端明显。若出现涉案财产处置完毕、案款分配完毕、股权和土地等财产过户完毕等情况的，尽管有执行回转制度，但事后纠正起来的难度非常大。

二是"管事"缺乏主动性，协调力度有限。目前，高级人民法院基本上能够做到结合本辖区的实际情况制定统一管理执行工作的具体规章制度，确定一定时期内执行工作的目标和重点，组织本辖区内的各级法院实施，如组织开展清理执行积案，开展委托执行，组织集中执行和专项执行活动，等等。但是，高级人民法院在主动行使管理权能上仍做得不够，管理的积极性、主动性仍然不强。以执行请示为例。"先请示再指导，有报请才协调"[1]的工作机制仍未得到根本改变。对于下级法院请示的执行事项，缺少明确的处理程序，导致整个请示、决策过程相对冗长、低效和无序。在实务中，下级法院不积极主动执行高级人民法院作出的相关指示、要求或落实不到位的情况，并不鲜见，远未达到上下级垂直领导、及时指挥的效果。另外，高级人民法院在重大、涉众型执行案件上的协调力度和管理权限仍然有限，拿出应对方案显得相对迟缓，容易造成案件延误，诱发不稳定因素。

三是"管人"虽有制度规定，但未能完全落实。《最高人民法院关于高级人民法院统一管理执行工作若干问题的规定》第 11 条规定："中级人民法院、基层人民法院和专门人民法院执行机构的主要负责人在按干部管理制度和法定程序规定办理任免手续前应征得上

---

[1] 王建国，于喜富：《试论人民法院执行工作管理体制改革》，载《民事强制执行新视野》，人民法院出版社 2002 年版，第 11 页。

一级人民法院的同意。上级人民法院认为下级人民法院执行机构的主要负责人不称职的，可以建议有关部门予以调整、调离或者免职。"该规定的内容在很大程度上并未得到实现。正如有人指出的那样，"从实践运作看，受现行法院财政、人事体制制约，统一管理目前还主要停留在'管事'和'管案'上，'管人'仅仅是'纸面上'的权力"。[1]

2. 中级人民法院协同管理职能未能得到充分发挥

2009 年 7 月，最高人民法院在印发《关于进一步加强和规范执行工作的若干意见》的通知中提出，要"进一步完善高级人民法院执行机构统一管理、统一协调的执行工作管理机制，中级人民法院（直辖市除外）对所辖地区执行工作实行统一管理、统一协调"。该文件明确赋予中级人民法院（直辖市除外）对所辖地区执行工作的管理职权，可以将其称为中级人民法院的协同管理职能。2011 年 10 月，最高人民法院印发《关于执行权合理配置和科学运行的若干意见》的通知，其中"关于执行工作的统一管理"这一部分将上一级法院对下级法院的管理权内容进行了细化，包括：中级以上人民法院对辖区人民法院的执行工作实行统一管理，组织集中执行和专项执行活动，有权指令下级法院自行纠正或者通过裁定、决定纠正违法、错误的执行裁定、执行行为，统一指挥和调度下级法院的执行人员、司法警察和执行装备，商政府有关部门编制辖区内法院的执行装备标准和业务经费计划，对下级法院的执行工作进行考核，等等。上述规定的主旨均是希望中级人民法院作为对高级人民法院统一管理下级法院的有力补充，能够发挥承上启下的积极作用，分担

---

[1] 童心：《我国执行机构权力配置的理性考量》，载《当代法学》2011 年第 3 期。

高级人民法院执行管理压力，辅助高级人民法院，发挥协调管理职能，实现辖区基层人民法院执行工作的有效管理。然而，现实的情况是，"中级法院的管理职能尚未充分发挥。绝大多数省份所辖中基层法院数量极大，仅仅依靠高级法院力量管理好全省执行工作，往往心有余而力不足。但以往却较少强调中级法院在'三统一'管理体系中的作用，这恰恰是执行管理的盲点"。[1]在有的地方，中级人民法院非但没有帮助基层人民法院解决重大、疑难复杂案件，反而将本应由自己执行的案件频繁指定给辖区基层人民法院执行，这种做法无形中加重了基层人民法院的工作负担。为此，最高人民法院于2017年5月出台《最高人民法院关于加强中级人民法院协同执行基层人民法院执行实施案件的通知》，该通知明确提出"协同执行"的概念，即"中级人民法院在执行工作中具有承上启下的作用，是实现执行工作统一管理、统一指挥、统一协调的关键环节""中级人民法院要发挥协调和统筹优势，统一调度使用辖区法院执行力量，协同、帮助基层人民法院对重大、疑难、复杂或长期未结案件实施强制执行"。客观上讲，"协同执行"的工作理念是好的，但在司法实践中的效果相对有限。这是因为，根据权责一致、权利义务对等的基本原理，在未明确中级人民法院对基层人民法院执行工作享有的相关管理权的情况下，为中级人民法院附加协同基层人民法院开展执行工作的义务，往往难以调动起中级人民法院的工作积极性。

3. 基层人民法院各自为战，难以形成执行合力

当前，各级法院的执行机构相对独立，处于条块分割的状态，与执行实施权本质上具有行政权的基本属性极其不适应。"目前的执

---

〔1〕 陈恒：《构建执行管理长效机制 推动执行工作良性发展》，载《人民法院报》2018年11月21日，第08版。

行机制下，存在执行资源分散问题，难以应对被执行人跨区域活动增多带来的执行难题。执行实施工作碎片化、节点多，异地执行、现场执行等诸多环节均存在监管难题"。[1]具体表现在：

第一，基层人民法院独立开展执行工作。基层人民法院对于自己依法受理的执行案件，独立行使执行实施权，除重大、疑难案件外，绝大多数案件由基层人民法院自行组织实施。即便是组织大型强制执行活动，仍然主要是以本院执行力量为主，很少或较少通过上级法院调配相邻法院执行力量予以增援。即使在同一高级人民法院辖区之内，各基层人民法院执行机构之间也是分散的，处于各自独立、各自为战的局面。

第二，基层人民法院具有相对独立的人事权。基层人民法院在执行人员的招录、调配、任命、考核、晋升、管理等各个方面，均具有较强的独立性，上级法院并无多大的管理权限。涉及执行人员的重要人事任命事项，主要是由基层人民法院研究决定。执行人员主要接受和服从本院的人事管理。

第三，基层人民法院之间缺乏统一协调。基层人民法院执行工作主要由本院自行负责，各法院之间执行力量较为分散，难以形成协同作战，跨辖区执行难度较大，执行信息缺乏共享机制，上级执行机构对下级执行机构的影响力相对有限。在串案执行上问题比较突出，各法院往往是各自行动，缺乏统一的协调和调度，也产生了不少执行争议。

第四，异地执行和委托执行机制运行不畅。受地方保护主义、本位主义思想影响，基层人民法院往往存在着"各扫门前雪"、优先

---

〔1〕 陈恒：《构建执行管理长效机制 推动执行工作良性发展》，载《人民法院报》2018 年 11 月 21 日，第 08 版。

完成本院执行工作的心态,在配合其他执行法院提出的协助执行请求,配合的积极性和主动性不高,甚至出现互相推诿、"踢皮球"的现象,造成异地执行和委托执行难。当然,这也从另一个侧面反映出地方法院之间各自为战、缺乏整合的现实。为此,最高人民法院自2015年开始暂停全案委托转而采用事项委托的方式,并设计出相关指标定期进行考核,以期解决委托执行难的顽疾。2021年12月6日,最高人民法院出台的《关于进一步完善执行权制约机制加强执行监督的意见》(法〔2021〕322号)第27条更是明确提出:"实行执行案件委托向执行事项委托的彻底转变,强化全国执行一盘棋的理念。"

(二)原因分析

1. 受执行机构在法院所处现实地位的影响

从法院内部原因分析,"三统一"执行管理体制难以真正落地,与执行机构属于法院内设机构的现实地位直接相关。

第一,地方法院对如何设置执行机构拥有主动权和自主权。自单独设立执行机构至今,无论是执行庭模式,还是执行局模式,执行机构作为法院内设机构的法律地位并未改变。因此,上下级执行机构之间的关系,本质上仍然是上下级法院内设机构之间的关系。既然属于法院的内设机构,那么由于不同地区的法院在理解和认识上必然存在偏差,在执行机构的职能划分、设置标准等方面必然难以统一,从而导致执行机构设置多样化、职能错位或混乱。"在执行机构的改革实践中,执行局内部机构的设置较为混乱。有的在局下设庭,有的在局下设处,有的在局下庭室并设,有的设两个庭(处、室),有的设三个或四个庭(处、室);还有的法院局庭合一,下设执行组"。[1]

---

[1] 王建国,于喜富:《试论人民法院执行工作管理体制改革》,载《民事强制执行新视野》,人民法院出版社2002年版,第17页。

第二，上下级执行机构对位不清，不利于归口管理。关于执行机构的设置，长期缺乏统一标准。"法院对裁判的执行有一个从垄断到逐渐分权的过程。就法院内部的执行机构而言，法院对裁判的执行则有一个从审执不分到审执分离、从上下级执行机构相对独立到统一管理协调的过程"。[1]1991 年颁行的《民事诉讼法》规定："基层人民法院、中级人民法院根据需要，可以设立执行机构。"《执行工作规定（试行）》第 1 条规定，人民法院根据需要，依据有关法律的规定，设立执行机构，专门负责执行工作。该规定虽然为法院设立执行机构提供了法律依据，但究竟要设立一个什么样的执行机构、执行机构具有的职能以及如何设立均未作详细规定。在认识到上述问题后，最高人民法院在 2009 年 7 月 17 日出台的《最高人民法院关于进一步加强和规范执行工作的若干意见》中提出："统一执行机构设置。各级人民法院统一设立执行局，并统一执行局内设机构及职能。高级人民法院设立复议监督、协调指导、申诉审查以及综合管理机构，中级人民法院和基层人民法院设执行实施、执行审查、申诉审查和综合管理机构。"2011 年 10 月 19 日，最高人民法院印发《关于执行权合理配置和科学运行的若干意见》的通知，要求"地方人民法院执行局应当按照分权运行机制设立和其他业务庭平行的执行实施和执行审查部门，分别行使执行实施权和执行审查权"。尽管各地法院在执行局内部构造上有了明确的规范性指导文件的指引，但并未实现统一。在实务中，不同高院之间、同一高院辖区法院之间，执行机构设置差异非常大。各地执行机构的设置相对混乱，职能划分不一。各地执行机构在职能设置上标准不一，上下级执行机

---

〔1〕 谭世贵，叶肖华：《我国法院执行体制改革的构想》，载《河南社会科学》2013 年第 3 期。

构在机构职能、内设机构上不统一，并未实现有效对接，上级对下级的管理机制并没有理顺。"这种混乱局面，反映了不同法院对民事执行理论认识的差异性，使得各级法院的执行机构内设机构无法形成对应关系，不仅不利于法院内部的归口管理和监督，也不利于当事人行使相应权利"。[1]

第三，法院内设机构改革影响执行机构的设置。以近两年开展的法院内设机构改革为例。2018 年以来，按照中央机构编制委员会办公室、最高人民法院联合下发的《关于积极推进省以下人民法院内设机构改革工作的通知》精神，各地法院正在或已经完成法院内设机构的改革。这次改革，对各级法院执行局的影响较大。在本次改革中，由于明确规定基层人民法院只能设置执行局，因此撤销了原有的执行实施庭、执行裁决庭，并对执行指挥中心的职能重新进行了整合和划分，有的成立执行团队、有的成立执行小组，进而出现了执行机构上下级职能对位不清晰，人员对接不顺畅的问题，极大地影响了工作效率。对此问题，尽管通知明确提出"上下级法院的机构设置不必一一对应，上级法院不得要求下级法院对口设置相应机构"要求，但从执行机构统一管理的角度上看，上述规定对于确立和巩固上下级执行机构的纵向管理关系并无益处。而且，在法院内设机构改革过程中，关于执行机构究竟如何改革，主导权并不在执行部门。上级执行机构的事前参与度不高，其对下级执行机构具体是如何改革的需要事后了解，相对比较被动。其实，这也从一个侧面反映了上下级执行机构统一管理机制尚未完全建立起来的现状。

---

[1]　田毅平：《民事执行流程化管理问题研究》，载《河北法学》第 2016 年第2 期。

2. 受法院审级关系以及人财物管理体制制约

从外部原因看，"三统一"执行管理体制难以真正落地，受法院审级关系以及人财物管理体制的影响较大：

第一，受上下级法院审级监督关系束缚。上下级执行机构之间一直缺乏明确的关系定位，上级执行机构对下级执行机构究竟是监督指导关系还是统一领导关系并不明确。事实上，上下级法院之间关系的主基调仍然是审级监督关系。"上下级法院之间是审级监督而非领导与被领导关系，同一法院内部院庭长对执行法官和其他执行人员也并非是完全行政化的上下级领导与被领导关系。尽管最高院很早就提出了上级法院统一管人、管事、管案的要求，但由于法院本身组织构造的上述特性，'三统一'实际上不可能完全落实，这极大影响了执行权尤其是执行实施权运行的效率和效果"。[1]具体表现在：

一是从立法上看，执行权并未单独规定在相关法律之中。"《宪法》第123条规定（现为128条——笔者注）人民法院是国家的审判机关，《法院组织法》《民诉法》也都规定人民法院是行使审判权的机构，没有规定执行权；因此，执行权只能从审判权中进行演绎，解释为审判权的派生，由此会忽略执行与审判的差异而产生用审判原理和审判程序来设计执行原理和执行程序的错误认识"。[2]二是从司法实践上看，执行工作长期处于从属地位。在中华人民共和国成立以后至20世纪80年代前，执行工作曾一度从属于审判工作，属于审判的范畴。执行案件往往被视为审判案件的延续，是审判工作的组成部分。在法院内部，审判工作一直处于主导地位，执行工作处于从属或边缘地位，经常把执行工作和审判工作相混同，长期存

---

〔1〕 褚红军，刁海峰，朱嵘：《推动实行审判权与执行权相分离体制改革试点的思考》，载《法律适用》2015年第6期。

〔2〕 肖建国：《审执关系的基本原理研究》，载《现代法学》2004年第5期。

在"执行工作审判化"的现象。[1]三是"执行局模式"仍未摆脱上下级审级监督关系的束缚。中发〔1999〕11号文件提出"统一管理、统一协调"的工作要求后，执行机构的管理体制发生了重大改变，最终实现了执行机构由"执行庭"模式向"执行局"模式的转变，并试图实现"执行局本身在上下级关系中可以具有特殊的领导与被领导关系"[2]。然而，"作为审判机构的领导，上下级院长之间是监督和被监督关系；作为执行机构的领导，上下级院长之间是领导和被领导关系。这势必使上下级法院之间的关系处在混乱状态"。[3]近年来，通过执行体制机制改革以及执行机构职能调整，逐步增强了执行工作的独立性，强化了上级执行机构对下级执行机构"三统一"职能。但总体而言，上下级法院在执行工作上的基调仍然是指导、协调和监督的关系，并未跳出审级监督关系的束缚。各地对于执行机构与审判机构、执行机构与法院之间作出配套改革探索也比较少。

第二，受地方法院人财物管理体制制约。当前，地方法院在人财物等各个方面均高度依赖地方党委和政府。地方法院的主要领导由地方党委、人大、政府决定和任命。《中华人民共和国宪法》第133条规定，地方各级人民法院对产生它的国家权力机关负责。《人民法院组织法》第9条规定，地方各级人民法院对本级人民代表大

---

〔1〕"执行工作审判化"具体体现在：一是执行机构名称与审判机构均为"庭"；二是上下级执行机构之间仍然套用审判机构的关系，是指导、监督关系，而不是领导、指挥的关系；三是执行机构的职权仍然包括一些应由审判机构行使的权力，职能存在交叉。详见侍东坡：《论民事执行权性质及执行机构设置》，载《法律适用》2008年第10期。

〔2〕高执办：《论执行局设置的理论基础》，载《人民司法》2001年第2期。

〔3〕汤维建：《执行体制的统一化构建——以解决民事'执行难'"为出发点》，载《现代法学》2004年第5期。

会及其常务委员会负责并报告工作。各级人民代表大会及其常务委员会对本级人民法院的工作实施监督。第43条规定，地方各级人民法院院长由本级人民代表大会选举，副院长、审判委员会委员、庭长、副庭长和审判员由院长提请本级人民代表大会常务委员会任免。而且，地方法院经费预算也长期受制于地方财政。在这种管理体制下，产生的最主要弊端就是司法地方化。[1]司法地方化，使得包括执行在内的法院工作不可避免地受到地方保护主义干预，导致司法权异化成地方事权，只服务于区域社会经济的发展。执行部门作为法院内设机构，首先要服从本院党组的领导、管理和监督。与上级执行机构的纵向管理权相比，来自本院的横向管理权必然占据主导地位。上级执行机构有新的指示、要求、精神，下级执行机构只有在得到本院党组、领导的支持和认可后方能推进落实。一旦出现相左意见时，鲜有执行机构敢于违背本院意见而坚决执行上级执行机构的指示。此外，上级执行机构也有自己需要办理的执行实施、裁决和监督案件，对下级执行机构的监督管理未必及时、到位。综上，尽管《最高人民法院关于高级人民法院统一管理执行工作若干问题的规定》第1条对高级法院的管理职能作出了规定，[2]但高级法院在既不掌握人事权，又不掌握财政权的情况下，要对下级法院实行统一管理，难免底气不足。

---

[1] 司法地方化是指司法机关及其工作人员在司法活动中受到地方机关或地方利益团体的不当控制与干扰，导致司法机关及其工作人员丧失其应有的独立权力和地位，从而出现一种司法异化的现象。详见张卫平等：《司法改革：分析与展开》，法律出版社2003年版，第36页。

[2] 高级人民法院在最高人民法院的监督和指导下，对本辖区执行工作的整体部署、执行案件的监督和协调、执行力量的调度以及执行装备的使用等，实行统一管理。

二、执行人事管理机制不健全

（一）主要表现

1. 执行人员数量明显不足，人案矛盾突出

法院"案多人少"的问题，在不同时期、不同地区均不同程度地存在着，特别是在一些经济发达地区，很早便产生了人案矛盾的问题。以 B 市为例。某区人民法院一直是 B 市受理案件较多的基层法院。该院在关于构建执行案件信息化管理机制的调研报告中，曾专门对"案多人少"的情况进行了描述："2012 年全年执行收案 14 933 件，占全部案件 25%，但是执行局全部工作人员仅 91 人，人员所占比例为全院人员的 13%。年人均办案件 481 件，业务骨干年结案基本在 600 件左右，承办法官最多的年结案高达 1097 件。"近几年来，该院执行案件的数量只增不减，执行人员的工作压力与日俱增。尽管人案矛盾已经引起了各方重视，并采取了多种措施进行解决，但几年下来，人案矛盾仍然客观存在着。另据 B 市统计，2017 年全年，全市法院每名执行法官平均需办理案件 522 件，个别案件量较大的法院每名执行法官需办理案件 800 件左右。上述法院的人案矛盾情况，只是全国法院的一个缩影，执行力量的匮乏早已是一个不争的事实。

2. 执行人员素质参差不齐，难以适应执行现代化要求

在执行工作上，"一些地方执行队伍老化，力量不足，知识储备滞后，能力素质跟不上形势任务需要"。[1]具体体现在：

第一，执行规范化水平有待提高。近几年来，最高人民法院大力推进"一性两化"建设，在短短几年之间，"制定财产保全、财产

---

[1]　周强：《最高人民法院关于人民法院解决"执行难"工作情况的报告——2018 年 10 月 24 日在第十三届全国人民代表大会常务委员会第六次会议上》。

调查、执行担保等 37 件司法解释和规范性文件，完善执行工作规范"[1]，填补了诸多制度空白。但执行人员未能及时更新知识储备，影响了执行工作规范化水平。在实务中经常会遇到这样的情形：在一起股东知情权的案件中，执行人员认为已组织申请执行人查阅了被执行人公司账簿，而被执行人也认为履行了配合查阅公司账簿的义务。然而，申请执行人却坚持认为案件并未执行完毕，反复联系执行法官，要求继续执行。而执行法官认为案件已经执行完毕，不必再采取执行措施。申请执行人因自己的诉求未能得到满足便向上级法院持续进行申诉。其实，在这种情况下，若执行法官认为申请执行人反映的问题并不属实的，可以根据《最高人民法院关于人民法院办理执行信访案件若干问题的意见》第 9 条[2]的规定，依法制作结案通知书并送达给申请执行人，并告知其有权提出异议，将申请执行人的诉求导入法律程序，化解矛盾。

第二，执行信息系统应用能力不强。在实务中，执行信息系统操作的主力军是法官助理、书记员或辅助人员，有相当数量的执行人员不会或不能熟练操作执行信息系统。部分肩负审批职责的领导，仍然习惯于传统的报请审批模式，且由于对执行信息系统不熟悉、不精通，往往将自己的执行管理系统账户交由内勤或其他辅助人员管理，大大弱化了领导的监督管理职能。

第三，执行队伍人员结构失调严重。执行队伍整体素质与审判部门存在差距，在性别比例、年龄、知识结构上严重失衡。比如，执行队伍年龄整体偏大，学历整体偏低，中坚力量短缺，很多业务

---

〔1〕 周强：《最高人民法院工作报告——2019 年 3 月 12 日在第十三届全国人民代表大会第二次会议上》。

〔2〕 案件已经执行完毕，但申请执行人以案件尚未执行完毕为由申诉信访，应当制作结案通知书，并告知针对结案通知书提出执行异议。

骨干拒绝从事执行工作，整个队伍构成有待完善。年龄偏大的执行人员虽然工作经验丰富，但在从事高强度现场调查，组织大规模强制执行，执行搜查、扣押、司法拘留等强制措施以及操作执行信息系统等工作上，往往力不从心，跟不上节奏，难以适应执行信息化和执行现代化的工作要求。而新入职的执行人员往往由于欠缺社会经验以及与当事人打交道的能力和技巧，短时间内难以承担或胜任执行工作。个别新人往往因为年轻气盛，言语不当，引发当事人不满，使简单问题复杂化。客观地讲，近些年来，全国法院这种情况得到了有效改善，但并未得到根本扭转，特别是执行队伍"青黄不接"的问题未得到有效解决。

3. 执行人事任命与考核机制不健全

第一，在执行人事任命上存在的主要问题有：一是执行人员与审判人员定位模糊不清，缺乏统一任命程序。目前，从事执行工作的人员主要是执行员、书记员以及司法警察。法官员额制改革后，改为入额法官带领法官助理、书记员、司法警察组成执行团队办案。无论是哪一种模式或称谓，均存在执行员与审判人员交叉混同的问题。二是执行机构领导是否高配[1]并无统一模式。以执行局局长是否高配为例。《最高人民法院关于改革人民法院执行机构有关问题的通知》提出："关于各级人民法院执行局定为副院级或执行局两级领导干部高配及增加执行干部编制数额等问题，由各高级人民法院报请省、自治区、直辖市党委和政府有关部门审批；执行局干部职称要依法报请同级人大常委会任命。"《最高人民法院关于进一步加强和规范执行工作的若干意见》中提出："为了便于与纪检、公安、检察等有关部门的协调，统一调用各类司法资源，符合条件的执行局

---

〔1〕　高配是指单位级别低，但领导级别高的情况。

长可任命为党组成员。"可见，为了提高执行机构的地位，进一步推动解决执行难问题，在各地法院执行机构的人事任命上，最高人民法院并不反对执行局局长高配，但需要各地法院争取当地党委、政府的支持。受各地党委、政府对法院执行工作支持力度差异的影响，各地执行机构的规格设置亦不统一，有的法院实行的是执行局局长高配甚至进党组，有的法院实行的执行机构整体升格，而有的法院并未实行高配政策。三是上级执行机构对下级并无人事任命权。最高人民法院在 2000 年 1 月 14 日下发的《最高人民法院关于高级人民法院统一管理执行工作若干问题的规定》中要求："中级人民法院、基层人民法院和专门人民法院执行机构的主要负责人在按干部管理制度和法定程序规定办理任免手续前应征得上一级人民法院的同意。上级人民法院认为下级人民法院执行机构的主要负责人不称职的，可以建议有关部门予以调整、调离或者免职。"然而，由于地方法院的人财物等资源配置还依赖或部分依赖于地方政府，上级执行机构对下执行机构在人事任命上的建议权与许可权并未形成常态。可以说，上级执行机构在下级执行机构人员任命上并没有多大发言权。

第二，在执行人事考核上存在的主要问题有：一是上级法院只考核下级法院，不考核执行人员个人。上级法院仅对下级法院整体工作情况进行整体考核，缺乏对执行人员个人行之有效的考核机制。二是本院对从事执行工作的人员未实现分类管理、分别考核。在审判管理部门牵头的考核机制下，多是针对入额法官的工作业绩进行考核，而对非入额法官、司法辅助人员以及从事执行指挥中心事务性工作的执行人员工作量的考核往往缺乏科学、合理的机制，考核激励机制作用并不明显。三是本院执行部门领导裁量权较大，对执行人员个人考核评价容易与其实际工作情况脱节。目前，由于现有考核机制相对粗放，对执行人员个人的考核评价缺乏客观指标，部门领导的自由裁量权较大，存在着执行考核吃"大锅饭"、搞平均主义、照顾"面子"等问题，容易诱发成绩和荣誉分配不均等问题，造成一部分执行人员考核"吃亏"。四是对执行人员的考核缺乏明确的制度规定，考核机制尚不健全。以法官入额条件为例，各地法院均不同程度存在着对于法官入额条件缺乏统一规范标准的问题，每一批入额法官的条件都是不同的。法官助理向员额法官转化晋升，缺乏明确的路径指引。比如，有的要求任正科满四年，有的没有这样的硬性要求。即使是同一家法院，每一批入额法官的条件和要求也不相同，这对法官后备人选的工作积极性以及执行队伍的稳定性影响较大。

4. 执行追责机制不完善，责任追究不到位

在执行追责机制上，存在着手段欠缺、追究不到位，管理失之于宽、失之于松的问题。具体表现在：

第一，对于执行人员消极执行、拖延执行甚至违法执行行为，缺乏必要的责任追究机制。在实务中，由于执行人员故意拖延处置查封财产、延迟认领发放执行案款等人为原因造成的执行难问题并不在少数。目前，当事人通过执行信访反映的主要问题集中在消极执行和执行违法两种类型上。以 B 市最高人民法院信访挂账案件为例。2018 年，该市全年有信访案件 200 多件，其中信访人反映消极执行、选择性执行的案件就占到全部信访案件的 50% 以上。经督办核查，查明在多数案件中，确实存在着消极执行的行为。后经工作，执行法院纠正了消极执行行为，多数信访案件得以核销。但是，对于执行人员因个人主观原因引发的执行信访以及执行难问题，后续责任追究并未及时跟进。上述情况若长期得不到解决，将会导致消极执行、违法执行得不到有效治理，也会间接影响其他执行人员的工作积极性。

第二，对下级执行人员不服从上级指挥管理的责任追究不到位。从上下级执行机构关系上看，突出问题是，对于下级执行机构有意违反、拖延执行上级执行机构作出的决定和命令的，上级执行机构追责的少之又少。比如，某基层法院在执行一起房屋腾退案件中，多次以案件不具备腾退条件为由，拖延采取强制腾房措施。后该案申请执行人向上级法院信访。经过上级法院督促指导，执行法院最终确定了强制腾房的日期。但是，到确定日期后，执行法院又以被执行人无处居住、物品无处存放、强制执行会影响社会稳定等为由拖延执行。虽经上级法院多次督促，涉案房产仍未能腾退，该案申请执行人转而重复多次进行信访，反映执行法院不作为。实务中，这样的例子并不在少数。由于执行追责机制不完善，上级法院的决定、命令大打折扣，导致案件迟迟得不到有力解决。

（二）原因分析

1. 人案矛盾的原因

造成人案矛盾突出的原因很多，最主要的因素有两个：第一，从外部原因分析，执行人员的增长速度赶不上执行案件的增长速度。随着社会经济的迅速发展，执行案件逐年增长。客观地讲，执行案件的快速增长，对执行力量、执行效率带来了严峻挑战。姑且不考虑执行人员素质的提升、执行装备的更新、执行工作模式的改良等其他因素，单纯从执行人员与执行案件增长的绝对数量上对比，便能明显感觉到执行工作形势的严峻性。"据统计，截至 2001 年 12 月底，全国法院执行人员达 34 028 人，占全国法院干警总数的 11%；在知识结构方面，大专以上学历 29 491 人，占执行人员总数的 86.6%；具有审判职称的 22 285 人，占执行人员总数的 65%"。[1]

---

[1] 刘桂明：《全面推进执行工作改革——访最高人民法院二级大法官沈德咏副院长》，载《中国律师》2003 年第 4 期。

而从 2002 年最高人民法院的工作报告中可知，"去年（2001 年——笔者注），全国法院进一步加强执行机构建设，调整充实执行队伍，改进执行方式，加大执行力度，全年共执结案件 254 万件，执结标的总金额 3150 亿元"。也就是说，全国法院 34 000 余名执行人员需要消化办理 254 万件执行案件，人均结案数为 74.71 件。然而，严峻的现实是，执行案件的数量每年都在急剧增长，而执行人员人数却未发生明显改变。"近年来执行案件每年都在 600 万件左右，执行干警年人均办案达 150 件左右，执行队伍的人员配备和能力素质不能充分满足工作需要"。[1]2020 年，全国各级法院受理执行案件 1059.2 万件，执结 995.8 万件，执行到位金额 1.9 万亿元，同比分别上升 1.7%、4.3% 和 8.1%。2021 年，全国各级法院受理执行案件 949.3 万件，执结 864.2 万件，执行到位金额 1.94 万亿元。从上述数据中，可以大致测算出全国法院执行人员的数量在 4 万人左右，与 2001 年相比只增加了 6000 人左右，而执行案件数量则增长了 4 倍，执行人员的缺口是十分惊人的。第二，从内部原因分析，法院在法律上的职能定位是国家审判机关，其核心业务自然是审判工作，导致"重审轻执"的思想长期存在。地方法院对执行工作的重视程度远不及对审判部门的重视，素质优良的人员往往被优先充实到审判一线，导致执行部门长期处于缺兵少将、人员不足的尴尬境地。以 B 市为例，有人曾做过测算，在编执行人员占法院在编总人数的比例未达到 15%，而当年的执行案件却占到了全市案件量的四分之一以上；就全国而言，2021 年，执行人员占全国法院在编总人数的比例同样不到 15%，而受理执行案件的数量与审判案件的数量比却

---

〔1〕　周强：《最高人民法院关于人民法院解决"执行难"工作情况的报告——2018 年 10 月 24 日在第十三届全国人民代表大会常务委员会第六次会议上》。

达到 54.87%。

2. 人员素质参差不齐的主要原因

第一，执行队伍历史"欠债"多，先天不足。以往，"配备干部的时候，完全不具备执行工作需要的干部派进来，业务素质高的干部又派不进来，各级法院都有将扫地的、开车的、做饭的、打字的送到执行队伍中来。这几年来，有些好转，但仍然存在这些问题，所以有人说我们这个队伍是杂牌军，先天不足"。[1]也就是说，各地法院将业务能力弱、团结协作意识差、责任心不强，从事不了审判工作的人员安排到执行岗位上，曾是较为普遍的现象。这就导致执行人员素质结构、能力水平普遍低于审判部门，影响了执行队伍的整体战斗力。中发〔1999〕11 号文件提出"各级人民法院要继续认真搞好执行队伍整顿，要尽快将不适应执行工作的人员调离执行工作岗位"的工作要求后，这种情况有所好转。

第二，从事执行工作的"门槛低"。执行队伍成分复杂，素质参差不齐，其实一个很重要的原因就是从事执行工作的门槛相对较低，或者说没有门槛。以前，从事执行工作，往往不需要取得相应的审判职称，更不要求必须员额法官办案。这也就造成了执行工作中普遍存在的没有取得审判职称的"老书记员"长期独立办案的现象。由于从事执行工作的"门槛低"，在法院内部还存在一个特殊的现象，即审判人员可以顺利地交流到执行部门，而执行人员却很少能够回流到审判部门。2021 年 12 月 6 日，最高人民法院出台的《关于进一步完善执行权制约机制加强执行监督的意见》（法〔2021〕322 号）第 42 条规定，建立常态化交流轮岗机制。完善执行队伍交流机

---

〔1〕 葛行军：《更新执行观念推进执行改革——在福建省法院执行权分权运行机制改革现场会上的讲话》，载《强制执行指导与参考》，2002 年第 4 辑（总第 4 辑）。

制，强化权力运行监督制约，执行部门担任领导职务的人员和独立承办案件的执行人员，在同一职位任职满 5 年的必须交流，其他人员在同一职位工作满 10 年的必须交流。在有的地区，民事、刑事、行政等审判部门的人员之间基本可以实现无障碍轮岗交流，而执行干警只能在执行局下设的执行庭室内部进行交流。这一做法不仅会使年轻的执行干警失去多岗位历练的机会，从长远来看，对提升整个执行队伍的业务素质也是不利的。审、执人员双向交流轮岗不畅的现象也从侧面反映出，审判部门的人员要比执行部门的人员业务素质高的老观念还是根深蒂固的，短期内难以得到扭转。

第三，执行部门员额法官数量远远少于审判部门。在员额法官比例这一问题上，全国执行机构入额情况普遍不如审判部门。以 B 市法院为例，审判部门法官员额入额比例在 80% 左右，而执行部门法官员额入额比例在 40% 左右，两者差距明显。

第四，执行培训力度和强度不足。对于从事执行工作的人员，各地法院普遍缺乏必要的入职培训。日常培训又流于形式，难以达到预期效果。同时，受培训经费、师资力量等因素的制约，各地法院对执行业务知识以及信息系统的培训明显不足，尤其是上级法院每年只能组织有限次数的集中业务培训，而且每次培训的名额有限，难以实现全员培训。大多数执行人员只能通过业余时间或者在工作中自行学习，以更新执行业务知识，学习效果因人而异。

3. 人事任免和考核机制存在问题的原因

第一，"重审轻执"思想根深蒂固。一直以来，传统民事执行体制实行审执合一，将执行工作长期混同于审判工作。与审判部门相比，执行机构长期以来处于相对弱势、从属的地位，相应地也就产生了沿用审判模式打造执行工作体制，忽视执行工作与审判工作差异性的弊端。一味照搬或套用审判模式、以审判指标考核执行人员，生搬硬套审判考核体系、模式对执行人员进行任命与考核，容易造成考核结果失衡，作出对执行人员不利的评价。特别是法官员额制改革后，有相当一部分执行人员未能入额，但其从事的工作丝毫不比员额法官少，甚至更加繁重。如果仅以执行办案数、结案数等指标进行考核，必然会导致未入额人员从事的大量执行事务性工作以及执行管理性工作难以得到科学合理的量化和考核。

第二，缺乏对执行工作复杂性的认识。在法院内部，存在认为执行工作是一项没有技术含量的工作的现象，认为"案件已经审判完毕，有人去执行就可以了"。然而，事实并非如此。执行工作是非常复杂的。一个执行案件可能会涉及多重法律关系，如涉及财产权属判断、分配案款、计算迟延履行期间债务利息、执行担保、以物抵债、破产重整、执行异议、复议等一系列问题。而且，执行工作不仅需要约谈当事人，"坐堂问案"，还需要进行现场调查、搜查甚至强制腾退，具有较强的对抗性和风险性。在紧急情况下，需要执行人员第一时间作出正确的判断。在采取大规模强制执行活动时，需要全庭、全局甚至其他法院的执行人员共同参与完成，需要承办人具有较强的沟通协作能力。执行工作的上述特点决定了执行人员的个人素质、业务素质、心理素质都得过硬，需要有灵活应变的能力，还需要有较强的责任心、集体协作能力。

第三，缺乏对执行主体明确的法律定位。毋庸置疑，从事执行工作的主力军是执行员。然而，什么是执行员，执行员具有哪些工作职责，需要履行什么样的任命程序，执行员与执行法官、审判法官的关系，对执行员要采取什么样考核标准，至今尚未有明确的界定。尽管《最高人民法院关于进一步加强和规范执行工作的若干意见》早已提出，"要尽快制定下发《人民法院执行员条例》，对执行员的任职条件、任免程序、工作职责、考核培训等内容作出规定"，但至今，对于执行员的法律地位、执行员与审判员关系问题，仍然颇具争议。在实务中，从事执行工作的人员并无统一的任命程序，一般是套用审判模式进行管理；执行员与审判人员存在"交叉混同"、双向流动的情况；从事执行工作的执行员，可以是具有审判职称的法官，也可以是未取得审判职称的行政人员，因此执行员对自身的身份认同感不强。

4. 追责机制不健全的主要原因

第一，不愿追责。执行工作比较繁重，执行人员工作十分辛苦，上级执行机构以及纪检监察部门大多能够理解、体谅执行人员的工作艰辛和不易，也不愿意看到因个别案件存在程序瑕疵或问题便追究执行人员的责任，进而影响执行队伍积极性、挫伤士气的局面出现。因此，从主观意愿上分析，存在着不愿追责的情况。

第二，追责不能。尽管《执行工作规定（试行）》第78条以及《最高人民法院关于高级人民法院统一管理执行工作若干问题的规定》均对追究违法责任人员作出了相关规定，但是对于具体的追责程序、下级法院不服从指挥管理时如何处理，并未作出明确规定。实务中，对于上级法院作出的部分相关处理决定，下级法院是否能够得到有效落实是个未知数。即便上级法院采用在辖区范围内通报、向下级法院的"一把手"或当地政法委进行通报等方式进行督导，仍然存在着下级法院对上级法院的通报不做反馈的情况。这也从侧面反映出，上级法院对于下级法院消极执行、违法执行行为的责任追究力度明显不足。

三、案件管理机制不健全

（一）主要体现

1. 案件办理不均衡

由于各地经济社会发展极不均衡，各地法院执行案件收案量多寡不均，相差悬殊。一般而言，东部地区高于西部地区、沿海经济发达地区高于内陆欠发达地区。即使在同一个高级人民法院辖区内，不同区域的法院之间执行案件也相差较大，执行收案不均衡的问题普遍存在。以 B 市 C 院和 H 院 2018 年全年首执案件结案情况对比为例。C 院全年首执案件结案 2.8 万余件，人均结案数 181 件。H 院全年首执案件结案 0.3 万件，人均结案数 72 件。两院相比，人均结案数相差 109 件，案件办理不均衡的问题可见一斑。各地法院执行结案情况相差悬殊，会对执行案件的办理质量产生很大影响。执行案件量大的法院，执行人员承担的案件办理任务也重得多。执行人员分身乏术，也就很难保证每个案件均能得到规范执行。

2. 案件办理模式未能得到有效理顺

执行案件长期实行"一执一书"的办案模式。这种模式有很明显的弊端：第一，执行权封闭运行，效率低下。由于"一人包案到底"，执行员有很大的自由裁量权和决定权，对于何时启动财产调查、何时核实当事人提供的财产线索、何时处置财产，均由执行员一人决定。而且，不论简案难案，一味平均用力，所有案件都是一样的办理流程，大大降低了执行工作效率。第二，案件管理相对粗放，隐藏着巨大的风险。部分庭、局领导习惯于只在月底、年底对各承办人结案情况进行督促、考核，无法做到实时监管，及时纠正违法或错误的执行行为。由于执行管理不到位，执行人员出现风险的机率大大增加。比如，某法院一名执行员，为了年底结案，仅根据当事人出具的以房抵债协议就作出抵债裁定书，并强制要求房管部门过户。事后查明，当事人用于抵债的部分房产已经作了商品房预售登记，出售给案外第三人，且案外第三人已缴纳购房款并实际入住使用。后为纠正执行错误，执行法院作出执行回转裁定，将涉案房产恢复到抵债前的状态。在这个案件中，在一定程度上说，庭、局领导的监管不力也是造成本案出现错误的一个重要原因。这类案件的发生，不利于实现债权人的合法权益，还可能损害到案外人的利益，有损司法权威，教训是惨痛的。第三，案件办理效果因人而异。有的执行人员办案认真、负责，案件执行效果好，往往能够得到当事人的认可。而有的执行人员缺乏责任心，工作马马虎虎，案件执行效果不佳，容易招致当事人的信访。另外，每个执行人员之间各自为战，偶尔还会存在恶性竞争，难以形成工作合力，也更谈不上内部程序衔接的问题。

为改变"一执一书"办案模式的弊端，有的地方法院在很早以前就进行了探索。比如，北京市第二中级人民法院自 2008 年开始推行"分段集约执行机制"。该机制是指案件执行将不再由一名法官"一人包案"，而是将执行流程分段细化，实行流水作业模式，各执行环节由专人负责进行集约管理。[1]具体而言，"将执行工作划分为执行启动、执行财产查找查封、执行财产变现、执行结案四个阶段，每个执行阶段配置若干执行员进行集约执行"。[2]在当时的情况下，该模式被认为有效解决了"一人包案"的种种弊端，大幅提高了执行工作效率，并得到了最高人民法院的认可。最高人民法院在 2009 年 7 月 17 日印发的《关于进一步加强和规范执行工作的若干意见》中提出，要"积极探索建立分段集约执行的工作机制"；在 2011 年 10 月 19 日印发的《关于执行权合理配置和科学运行的若干意见》中再次提出，"人民法院可以将执行实施程序分为财产查控、财产处

---

〔1〕《北京要求全面推行分段集约执行机制》，载《人民法院报》2010 年 6 月 17 日，第 1 版。

〔2〕 朱希军，刘邦明，杜岩：《执行启动、执行财产查找查封、执行财产变现、执行结案四个阶段集约执行 北京二中院首创执行'分段集约流程管理'新模式成效显著》，载 https：//www.chinacourt.org/article/detail/2008/09/id/323956.shtml，2019 年 6 月 14 日访问。

置、款物发放等不同阶段并明确时限要求，由不同的执行人员集中办理，互相监督，分权制衡，提高执行工作质量和效率。执行局的综合管理部门应当对分段执行实行节点控制和流程管理"。此后，"分段集约执行机制"作为先进经验，在全国其他地方法院进行推广。然而，"分段集约执行机制"模式也有其自身的局限性，其中最大的缺陷是"分段有余，集约不足"。正如有人分析的那样，分段集约执行机制"但终因程序设计与实践操作有差距，无法提高执行质效而停止运行……他们的分段集约运行机制更多注重了分段，而没有体现集约，单纯的分段导致案件丧失了全局性，也不可避免地出现了重复劳动的问题，严格的执行期限限制虽然保证了期限内结案率，但很多案件只是终结了本次执行程序，实际执结率却较不高。最终不仅没有实现集约、高效、创优的目的，反而加剧了案多人少的矛盾"。[1]

由此可见，无论是"一执一书"模式还是"分段集约执行机制"，均未解决好执行实施案件内部的程序衔接问题。

3. 案件考核水分多

第一，执行结案率、实际执行率等数据指标虚高。"在我国，案件执结率一直是各级法院考评执行工作的唯一指标，并据此评价法院执行的效率和业绩"。[2] 突出表现在各地法院片面追求以执行结案率、实际执结率、执行标的到位率等核心指标，甚至不惜进行考核数据造假。比如，"与执行结案率的指标要求相呼应，还出现了全国

---

〔1〕《扎扎实实解决"执行难"的临沭样本——专访山东省临沭县人民法院党组书记、院长张星磊》，载 http://lylsfy.sdcourt.gov.cn/lylsfy/393871/393836/1784648/index.html，2019 年 6 月 14 日访问。

〔2〕江必新著：《新诉讼法讲义：执行的理念、制度与机制》，法律出版社2013 年版，第 135 页。

性的高执结率现象，有的法院的执结率竟然高达 99%（其中'水分'约占 20%，但不失反映了那种追求债权实现的奋斗精神）"。[1]

第二，执行案件底数不清。一是"一案多立"，执行案件总数虚高。为了凑够执行结案数，同一个执行依据存在着反复立案、重复进行司法统计的情况。比如，当事人在执行中达成执行和解分期履行后，被执行人每履行一期，承办人便立一个执行案件，直到案件全部履行完毕。为解决这类问题，最高人民法院于 2018 年 5 月 31 日下发《关于进一步规范指定执行等执行案件立案、结案、统计和考核工作的通知》，专门针对指定执行、提级执行、委托执行（全案）、裁定终结执行或终结本次执行程序后恢复执行原生效法律文书等的立案、结案、统计和考核工作作出明确规定，确保一个执行依据原则上只能立一个首次执行案件。二是"抽屉案"曾长期存在，未被纳入司法统计。"抽屉案"长期处于体外循环状态，只有承办人一人知晓案件具体情况，院、局、庭领导既管不到人，也管不到案，存在着巨大的廉政风险。一旦发生承办人辞职、退休、离职等情况的，案件执行情况便无人知晓了。针对这类问题，最高人民法院于 2016 年 11 月建立了全国四级法院共同使用的执行案件信息管理系统，实现了全国四级法院统一在一个系统中办理执行案件，有效解决了执行案件体外循环的问题。据统计，"目前（2018 年 10 月——笔者注），全国各级法院的执行案件均已录入，自执行立案开始的全部执行环节均不能脱离该系统，实现网上办案、全程留痕，为加强全程监管、促进规范执行提供了技术支撑"。[2]

第三，报结案件与真实执行情况存在出入。具体表现在：系统

---

[1]　高执办：《"执行难"新议》，载《人民司法》2001 年第 5 期。

[2]　《四级法院统一的执行办案平台》，载 https：//www.chinacourt.org/article/detail/2018/10/id/3540713.shtml，2019 年 3 月 23 日访问。

上以执行完毕报结的案件，可能实际上并未执行完毕或者未全部执行到位；当事人达成执行和解协议但实际并未履行的，可能也以执行完毕报结；还有相当一部分案件，结案当时并未执行到位，属于未实结案件，后来当事人履行完毕且向法院提交了结案说明，但是由于案件材料归档不及时，导致这类案件仍然被统计到未实结案件中。上述情况的存在，导致已实结案件与未实结案件混淆不清，司法统计数据失真。针对未实结案件底数不清的问题，最高人民法院曾专门组织过专项清理工作。"自 2014 年开始，全国法院对近 20 年来未实际执结的执行案件进行全面清查核录，把 1600 余万案件录入执行案件管理系统，为实现执行案件有序、精准、全面、智能管理打下基础，彻底解决执行案件底数不清、情况不明的问题"。[1]

（二）原因分析

1. 案件分布不均衡的主要原因

案件分布不均衡主要受当前执行案件的管辖模式制约。根据《民事诉讼法》第 231 条关于执行管辖的一般规定，发生法律效力的民事判决、裁定，以及刑事判决、裁定中的财产部分，由第一审人民法院或者与第一审人民法院同级的被执行的财产所在地人民法院执行。法律规定由人民法院执行的其他法律文书，由被执行人住所地或者被执行的财产所在地人民法院执行。该条确定了执行机构负责执行本院一审民事案件以及刑事涉财产刑执行的基本模式。通俗地理解，就是"自审自执"。在这种管辖模式下，民事案件的数量与执行案件的数量呈正比例关系。民事案件多的法院，执行案件自然也多，执行办案任务就会很重。

---

〔1〕 周强：《最高人民法院关于人民法院解决"执行难"工作情况的报告——2018 年 10 月 24 日在第十三届全国人民代表大会常务委员会第六次会议上》。

2. 办案模式不顺的主要原因

第一，地方法院对执行办案模式重视不够，研究不足。由于执行工作长期处于地方法院业务拼图的边缘，地方法院对执行工作的重视不及对审判工作的重视。对于究竟何种办案模式更适合执行实施权的运行，更能提高执行工作效率，缺乏必要的研究和总结。第二，执行办案模式与执行的外部环境直接相关。由于执行工作外部条件的变化，原本"一执一书"这种手工作坊式的办案模式越来越与时代脱节，难以适应执行现代化的需要。以前，在传统"一执一书"模式下，执行信息化尚未发展起来，查控被执行人财产以临柜查询为主。在执行案件数量未大幅增长的情况下，这种办案模式尚能勉强满足工作需要。2013 年 11 月，最高人民法院提出了"一性两化"基本工作思路，即"依法突出执行工作的强制性，全力推进执行工作信息化，大力加强执行工作规范化"。特别是执行信息化的快速发展，使得线上集中查控被执行人财产成为可能，促使执行办案模式发生根本改变。第三，执行机构领导缺少管理抓手。前文已述，在"一执一书"模式下，承办人"一人包案到底"，执行实施权过于集中、恣意，长期处于"失控"状态。案件办理效果如何，完全依赖承办人员的个人素质以及业务水平。执行机构的领导难以及时、有效管理执行案件，无法准确掌握每个执行人员案件办理情况，上级执行机构对下级执行案件的办理情况更是一无所知，管理力度极为有限。因此，可以预见的是，在上下级执行机构之间的整体关系未改变之前，下级法院执行权独立运行的局面难有根本改变。

3. 案件考核水分多的主要原因

第一，案件考核指标设置不当。"从改革开放之初直至 20 世纪 90 年代末，对执行工作的考核基本参照审判工作的考核方式，'结案率'或'执结率'（执行案件结案率）是这一时期评价执行工作优劣的核心指标"。[1]在这样的考核指标指引下，执行工作出现了急功近利的情况。除了司法统计数据失真外，还诱发了执行乱的问题。其实，在看待执结率等数据指标的问题上，最高人民法院的立场也是几经变化。"最高法院曾在一次会议上提出过，执结率要达到75%，要建立一个良性循环的制度。后来就没有提出这个要求，这种指标要求造成的负面影响很大，所以这两年就再也没有提，那怎么办呢，执结率可以作为法院内部管理的指标水平，今后我们不会再提执结率的这种硬性要求，有多少是多少，执行标的有其不确定性，这不是我们所能完成的指标，有的地方执结率达到80%，未必工作就好，有的地方结案率只达到40%未必工作就不好，因为中国经济发展不平衡"。[2]2007年12月21日，最高人民法院出台的《关于人民法院执行工作考核的意见》中关于"执行工作考核主要内容和标准"规定："实现执行收结案的良性循环，积案逐年下降或减少到最低限度。"然而，2008年1月11日，最高人民法院印发《最高人民法院关于开展案件质量评估工作的指导意见（试行）》的通知，规定了审判公正指标11个、审判效率指标11个、审判效果指标11个，其中，实际执行率、执行标的到位率被作为审判效果指标。实际执行率、执行标的到位率以及执行结案率成了执行案件考核的核心指标。为引导执行工作良性发展，一些地方法院开始探索对执行考核进行改革。比如，北京市高级人民法院于2016年1月出台《北京市法院执行工作专项考核评价办法（试行）》，尝试在全市范围内推行对执行工作实行专项考核，并弱化结案率、实际执结率（实际

---

[1] 朱嵘：《关于执行工作考核指标的思考——以实际执结率为分析对象》，载《实证法学研究》第1期，社会科学文献出版社2017年版，第172页。

[2] 葛行军：《更新执行观念推进执行改革——在福建省法院执行权分权运行机制改革现场会上的讲话》，载《强制执行指导与参考》2002年第4辑（总第4辑）。

执行率）、执行标的到位率等反映执行结果的指标在执行考核中所占的比重。[1]

第二，案件考核评价机制设置不科学。执行工作考核附属于审判工作考核，并参照审判案件标准考核，存在"唯数据论"的弊端。在这种考核机制下，容易出现忽视执行过程片面追求执行结果，执行考核标准设置单一，不能充分体现执行工作全貌等问题。而且，执行案件考核权不由执行部门掌握。比如，在最高人民法院2007年12月21日印发的《关于人民法院执行工作考核的意见》中规定："各高级人民法院建立执行工作考核领导小组，负责考核工作。考核领导小组由政工、监察、执行等部门共同组成。"在最高人民法院2008年1月11日印发的《最高人民法院关于开展案件质量评估工作的指导意见（试行）》的通知中规定："最高人民法院案件质量评估工作由研究室负责，地方各级人民法院根据需要，可以设立或者由相应的管理机构负责。"在最高人民法院2009年7月17日印发的《关于进一步加强和规范执行工作的若干意见》的通知中规定："实施严格的执行工作考评机制……实行执行案件质量评查和超期限分析制度，将执行案件的质量和效率纳入质效管理部门的监管范围……建立上级法院执行局和本院质效管理部门对执行错案和瑕疵案件的分析和责任倒查制度。"可见，关于执行案件的考核，是由各级法院的研究室、审判管理部门等相关部门负责或掌握，执行部门并无太大自主权。

第三，执行结案环节监管薄弱，随意报结情况突出。由于执行案件管理不规范，对执行结案方式和标准管理不严，执行结案环节

---

〔1〕 该办法第8条规定，结案率、实际执行率、执行标的到位率、案款收发平均时间指数、执行规范度等指标，仅属于执行质效调研参考指标项。执行质效调研参考指标完成情况用于分析执行工作运行态势，不纳入执行工作专项考核评价结果。

处于监管盲区，基层人民法院普遍存在随意报结的情况，许多不具备报结条件的案件被随意结案，导致系统数据失真。判定一个案件是否真正执结，往往需要调取档案判断，对后期统计、清理未实结案件造成很大影响，也容易引发当事人的信访投诉。笔者认为，随意报结的深层次原因主要有两个：一是执行人员为了完成自己承担的考核任务，在客观上难以完成的情况下，只能进行违规报结。二是在审判案件结案数不达标的情况下，往往需要执行部门分摊结案数。这是因为，在法院内部，执行案件一直被视为完成全院全年结案任务的"有力替补"，甚至出现整个法院有多少结案的缺口，执行部门就补充多少的情况。因此导致随意报结的现象十分突出。

第三节 执行保障机制存在的问题

一、执行指挥中心的错位与失调

（一）执行指挥中心建设概况

2009 年以来，浙江、广东等地法院率先开始建立执行指挥中心。2012 年，在最高人民法院的支持下，广西、广东两地高院作为执行指挥中心试点法院，开展了各具特色的试点工作。2013 年 9 月，最高人民法院召开全国高级法院执行局局长座谈会暨执行指挥中心试点推进会，新增 16 个高级人民法院和 4 个中级人民法院作为全国执行指挥中心建设试点法院。上述法院均结合本地实际，开展了诸多创造性实践。在各地法院的个性化实践中，分别形成了两种不同的实践模式。

第一种模式的执行指挥中心"是以人民法院执行案件信息系统为基础，利用网络信息化手段，调配和集中人民法院、各联动单位以及社会各界的资源和力量，通过与各联动单位信息共享，对被执行人及其财产进行联网查控，对拒不履行生效法律文书确定义务的被执行人进行联动执行和实施联合惩戒，推动执行公开信息化，实现执行工作的统一管理、统一协调、统一指挥和快速反应的平台建设"。[1] 执行指挥中心是一个地区范围内执行工作的总枢纽，负责对本辖区所有涉执行相关工作的统一领导、协调和指挥，主要通过与法院之外的各单位开展联动执行协作、联合失信惩戒、加强信息化建设，汇聚全社会资源，构建解决执行难的大格局。

例如，作为最高人民法院确定的首批执行指挥中心试点法院，广西高院在执行指挥中心建设方面先行先试，形成了"党委政法委领导、各联动部门参与、人民法院依法主办"的执行指挥中心建设模式。在该模式下，执行指挥中心成为独立于法院的常设机构，负责对本辖区所有涉执行相关工作的统一领导、协调和指挥。在广西高院的推动下，广西壮族自治区党委政法委牵头，专门成立了"广西执行指挥中心"，由自治区党委政法委书记和广西高院院长共同担任执行指挥长。各市县区均参考自治区模式成立了本级执行指挥中心领导机构。执行指挥中心下设办公室，与法院执行局合署办公，负责执行指挥中心的日常事务、联系协调、督导落实等工作。2015年8月，广西壮族自治区专门建设了面积达1.4万平方米的广西执行指挥中心大楼，作为综合解决执行难问题的社会公共设施。广西执行指挥中心在具体功能上主要包括五方面内容：一是建立联席会议机制。定期由党委政法委牵头，各联动部门参与，召开本辖区执行工作联席会议，研究部署综合治理执行难工作。二是开展部门联动协作。公安、税务、市场监管等各联动协作单位和相关征信机构，

---

〔1〕 黄永维：《人民法院执行信息化培训读本》，人民法院出版社2014年版，第64页。

均在执行指挥中心派驻专人，实现各部门网络互连，开展执行联动协作。三是整合法院执行资源。通过执行指挥中心调度辖区内各级法院执行办案力量，快速有力解决突发事件。四是阳光执行管理。通过远程视频指挥调度系统，对各级法院执行工作进行远程监控，加强对执行实施工作的过程监管。五是推进社会诚信体系建设。依靠联动部门之间建立的信用惩戒机制，对失信被执行人进行实时全方位信用惩戒，有力地推动了社会诚信体系建设。

第二种模式的执行指挥中心"是执行办案、执行指挥、执行管理、执行考核、决策分析的一体化、数据化、信息化基础性平台，是执行工作统一管理、统一指挥、统一协调实实在在的平台和抓手，是执行工作的信息交换中心、指挥调度中心和决策分析中心"。[1]执行指挥中心是人民法院的一个"内设机构"，主要负责内部"管事"职能。以加强执行信息化建设为基础，吸收执行办案、执行指挥、执行管理、执行考核、决策分析等多种职能，实现执行工作"三统一"目标。随着各地执行指挥中心实践的发展，这一模式得到越来越多法院的认可和实践。

例如，江苏高院执行指挥中心"作为执行局内设机构，通过信息化手段、集约化方式，服务和支持执行工作、管理和监督执行案件、指挥和协调执行力量，使执行指挥中心成为兼具综合事务办理、信息交换、繁简分流、指挥调度、信访接待、执行公开、监督考核、决策分析等功能的实体化运行的工作平台"。[2]江苏高院制定了《执行指挥中心"854模式"实体化运行工作导则（试行）》，要求全省三级法院全面推进、贯彻落实。"854模式"，是指由各级法院执行

---

〔1〕 周强：2017年2月15日在全国法院执行工作视频会议上的讲话。

〔2〕《江苏省高级人民法院关于执行指挥中心实体化运行的意见》（苏高法〔2017〕95号）。

指挥中心集中办理核对立案信息和初次接待、制作发送格式化文书、网络查控、收发委托执行请求、录入失信被执行人信息、网络拍卖辅助工作、接待来访、接处举报电话等八类事务性工作，提供视频会商、4G 单兵连通与执法记录仪使用、执行公开、舆情监测、决策分析等五类技术服务，承担繁简分流管理、流程节点管理、执行案款管理、终本案件管理等四项管理职责。[1]

上述两种模式，分别凸显了执行指挥中心的对外联动和对内管理两方面核心特征。第一种模式的执行指挥中心突破了法院框架，取得了党委政法委的领导支持，在联动协作方面具有积极意义，但是作为一个议事协调色彩浓厚的平台，组织方式具有临时性，专职人员往往配备不足，组成人员和机构过于复杂，可能会随着人员变动和时间推移而逐步松散、虚化。第二种模式的执行指挥中心是法院的一个全新内设机构，将原本散落于各个庭室、内勤手中的职能集中到一个独立的部门，通过执行信息化手段，突破了可视化的指挥调度职能，发挥出更大效果，体现了"实体化"的价值功能。因此，执行指挥中心应是随着执行信息化发展应运而生的一个全新法院内设机构，"统一管理、统一协调、统一指挥"是执行指挥中心的工作目标，而执行指挥中心的主要职能已从最初的对外联动协作、远程指挥、视频会商等基本职能，拓展为"执行办案、执行指挥、执行管理、执行考核、决策分析"的综合性职能，向着"实体化"运行快速发展。

（二）存在问题

1. 缺乏法律支撑

执行指挥中心的建设发端于浙江、广东等地法院的个性化实践，

---

[1]　江苏省高级人民法院主编：《强制执行新实践》，法律出版社 2018 年版，第 6 页。

经过十余年的反复实践和广泛探讨，逐渐植根于人民法院，并演化为一种毋庸置疑的理论共识和实践自觉。近年来，各地法院纷纷建立执行指挥中心，并制定了本级法院的执行指挥中心管理规定。但各地法院制定的相关制度规范缺少充足的上位法支撑。在最高人民法院层面，始终未能出台针对全国各级法院执行指挥中心管理运行的规范性、指导性的文件。最高人民法院《人民法院执行指挥中心工作管理办法（征求意见稿)》虽数易其稿，却始终未能落地。目前各地法院推进执行指挥中心建设只能依据《最高人民法院关于深化执行改革健全解决执行难长效机制的意见——人民法院执行工作纲要（2019—2023）》《最高人民法院关于高级人民法院统一管理执行案件若干问题的规定》《人民法院执行指挥中心建设技术标准》《人民法院执行工作业务装备标准》等相关文件。上述文件对执行指挥中心进行了一些纲领性、概括性的阐述，也对软硬件建设的技术标准、装备标准予以明确，但却缺少对执行指挥中心建设运行的全面规制和明确规范，未能明确执行指挥中心的职能定位、运行机制、装备标准、运行保障，不利于规范和指导法院执行指挥中心建设工作。

2. 管理层次混乱

按照最高人民法院《人民法院执行指挥中心工作管理办法（征求意见稿)》第9条的规定："最高人民法院执行指挥中心具体职能由执行指挥办公室承担，执行指挥办公室下设执行指挥调度室、执行指挥管理室、执行指挥信息室。执行指挥办公室主任由执行局局长担任。"第10条第2款规定："执行指挥中心负责人一般应由负责分管执行工作的院领导或局长担任。"而按照以往最高人民法院的要求，高、中级人民法院执行局一般下设综合管理、协调指导、申诉审查及复议监督等四个部门，这种模式经地方法院多年努力构建，已经成为法院执行机构的相对固定模式，且得到编制机构的普遍认可。执行局作为负责全院执行工作的内设机构业已存在，最高人民法院《人民法院执行指挥中心工作管理办法（征求意见稿）》第9条对执行指挥中心机构及领导的设置，不仅弱化了执行局管理职能，也造成了社会对执行机构组成的误解。执行局局长一般作为法院党组成员，负责全院执行工作，由执行局局长担任执行指挥中心下设的执行指挥办公室的主任，易引起管理层次混乱，使人误认为在执行局基础上又增加了执行指挥中心这一机构。

由于最高人民法院对于执行指挥中心建设的指导性规定缺位，对于执行指挥中心的建设路径始终不甚明了，实践中存在多种认识分歧与个性实践。有的法院执行指挥中心与执行局合署办公，执行局长担任指挥长，专门成立了执行指挥中心办公室，与执行局内设的综合处"一套人马，两块牌子"，由综合处承担实际工作职责，如广东高院、宁夏高院；有的法院独立设立了执行指挥中心作为执行局的内设机构，对领导高配，由执行局局长兼任执行指挥中心主任，并配备专职副主任负责日常工作管理，如江苏高院；有的法院将原内设的综合处直接改设为执行指挥中心，作为执行局内设部门之一，将原综合处长变为执行指挥中心主任职务，直接承担工作职责，如唐山中院。认识的分歧与实践的混乱，制约着执行指挥中心的规范化发展，影响了执行指挥中心的实体化进程。

3. 机构运转失调

（1）执行指挥中心存在虚化问题。根据《最高人民法院关于深化执行改革健全解决执行难长效机制的意见——人民法院执行工作纲要（2019—2023）》第二章第26条"加快推进执行指挥中心实体化运行"之规定，可以看出，执行指挥中心的实体化主要包括如下几个方面：一是在团队化办案中发挥支持、保障作用，二是以事项委托为基础发挥指挥调度作用，三是在执行管理、执行考核中发挥中枢作用。也即执行指挥中心具有支持保障、指挥调度、管理考核三大主要职能。但是，目前大部分法院执行指挥中心难以完整实现支持保障、指挥调度、管理考核等三项主要职能。在支持保障方面，没有打破"一人一案，一包到底"的传统办案模式，无法提供集约化服务，执行指挥中心与法院内部各部门、执行团队之间的工作流程不规范，办案标准不统一。在指挥调度方面，跨区域、跨部门之间的事项协作较少，指挥中心与外出执行人员、外出执行人员之间的执行信息沟通不畅，执行指挥调度存在上下分离、联动不畅、响应缓慢、保障不力的问题。在管理考核方面，难以实现对执行案件、事项和人员的全方位管理，监管盲区较多，执行人员办案随意性大，中、基层人民法院执行指挥中心的各项监管、督办职能发挥不明显。

（2）执行指挥中心职能过度叠加。按照大多数地区法院的实际做法，执行局内设的综合处在继续负担传统综合办公职责的基础上，承担了执行指挥中心的主要职能。新组建的执行指挥中心或执行指挥中心办公室除了负责执行办案、执行指挥、执行管理、执行考核、决策分析等其核心职能外，还需要负责组织开展统一的集中执行行动，执行经费、案款和装备管理工作，委托执行，以及执行局综合事务性工作和其他临时性工作。对口的单位和院属部门包括上级法院、本院办公室、审管办、研究室、计财装备处、宣传处、信访办以及相关的执行联动单位等。职能的过度叠加，使执行指挥中心实际上无法完整承担，导致执行局综合处人员力量捉襟见肘，疲于应付，难以充分发挥执行指挥中心的"三统一"效果。

（3）执行指挥中心工作保障不足。一方面，执行指挥中心机构建设滞后。根据最高人民法院的要求，各地法院要完善执行指挥中心机构建设，配齐配强力量，加强资金、设备、技术保障，实现执行装备的标准化、规范化、现代化。但是部分地区中、基层人民法院执行指挥中心建设滞后，主要还是在原执行局综合处职能基础上叠加职能，并未增加机构编制和人员配备。有的法院执行指挥中心仅配备一至两名专职技术人员和若干兼职、轮值工作人员，难以负担多样化的工作职能。在一些法院，虽然执行局综合处加挂了"执行指挥中心"牌子，并按照上级法院要求建设了符合信息化要求的视频会议室，但执行指挥中心实际上仅能实现值班签到、视频通话、远程指挥等基本功能，尚未完全发挥其应有作用，尤其是较少发挥"执行办案"职能。

另一方面，执行指挥中心软件配置不符合需求。目前各地法院使用的传统执行办案系统与执行指挥中心实体化运行需要存在不匹配、不适应的问题，难以实现执行工作决策分析、案件管理的可视化、精细化。一是影响执行效率。案件承办人发起财产查控后，财产信息不能及时完整反馈，不能对被执行人的财产进行有效控制、扣划，影响了执行效率。二是无法实现分段集约。执行案件繁简分流、分段集约办理涉及多个流程环节、流转事项，要求系统具有统一立案分案、网络查控、调度考核等功能模块，现有办案系统不能适应分段集约办理的此种要求。三是质效统计功能滞后。办案系统中质效指标统计功能滞后于新执行考核指标体系要求，无法直观、有效进行执行数据统计，难以为领导决策分析和监督管理提供数据支持。四是难以实现精细化管理。现有办案系统仅记录案件基本信息和结案情况，主管领导无法查看案件相关的"四查"结果、执行措施、处置进度等情况，无法对案件进行精细化监督管理；除超期案件外，现有办案系统对执行实施过程缺少监督警示，不利于规范办案流程节点。

（三）原因分析

1. 对于民事执行权的性质认识不统一

基于对司法权说和行政权说的重新审视，目前理论界越来越多地达成一种认识，即民事执行权具备了司法权和行政权的双重属性，是将两种权力相融合，复合而成的具有自身特点的民事执行权。[1]在这一概念范畴下，民事执行权明显不同于民事审判权，其中的判断权能体现了司法权的属性，而执行中的强制措施内容又展现了行政权的特点。复合权力说一定程度上解答了理论与实践中的困惑，成为各地法院加强执行指挥中心建设的理论基础。正是基于这一基础，各地执行改革工作无一例外地都在加强法院内部执行机构的行政属性，建立强有力的执行指挥中心，强化上下级法院执行机构的行政管理色彩，执行机构"统一领导、统一指挥、统一管理"的行政管理风格愈发浓重。同时也要看到，这种对于执行权性质的再认识尚未成为人民法院内部的广泛共识，仍有大量法院的领导、法官以及执行人员对于执行权所具有的行政权属性认识不清，对于行政色彩浓厚的执行指挥中心实体化建设犹豫不决、举棋不定。

2. 执行管理理念更新不足

长期以来，通过执行管理加压加码、执行干警加班加点的传统执行管理模式，执行案件质效虽有一定提升，但投入产出比越来越低，因此该种执行管理模式不具有可持续性。执行指挥中心的建立，将为执行管理"插上翅膀"，形成对执行案件的全新管理模式。新的管理模式将通过信息化手段、集约化措施有力提高工作效率。但是由于思想固化和长期办案习惯，一些集约化的管理措施受到部分执行人员的抵触，有的执行人员不理解执行指挥中心对于执行办案资

---

[1] 高执办：《论执行局设置的理论基础》，载《人民司法》2001年第2期。

源的统一整合和集中调配，影响了执行管理效果的发挥[1]。法院的传统办案格局和模式没有随着执行指挥中心建设而上档升级，在执行管理中缺乏对案件办理的精准指导、统一规范和业务培训，没有建立科学的执行案件管理流程。

3. 对执行指挥中心的运行规律认识不透彻

虽然江苏、上海、广东、河北等地法院对于执行指挥中心建设已经形成较为完善的机制，并发挥出越来越大的作用。但是执行指挥中心建设还处于"八仙过海、各显神通"的探索阶段。一些理念先进的法院已经基本实现了执行指挥中心实体化的目标，建成了执行工作统一管理、统一指挥、统一协调的信息化平台。有的法院另起炉灶或在执行指挥中心下设立机构，建立了"执行事务中心""执行综合事务中心""执行指挥中心办公室"等各具特色的组织机构，负责办理执行程序中的事务性工作或承担执行指挥中心的具体职责。有的法院很重视执行指挥中心建设，但是"眉毛胡子一把抓"，把大量执行管理职能简单地转移、叠加到执行指挥中心，缺乏统一的谋划布局，没有理顺执行指挥中心内部关系，导致执行指挥中心疲于应付、捉襟见肘。有的法院在执行指挥中心建设上虽然出台了规定，建立了机制，但是实际推进缓慢，既没有增加机构编制，也没有配备专职人员，执行指挥中心建设"雷声大雨点小"。以上种种，究其原因在于人民法院内部对执行指挥中心的运行规律还缺乏统一、明确、深入的认识，法院的管理者还不知道如何去建设执行指挥中心这一全新机构，一线执行人员还不知道如何去适应执行指挥中心的集约化管理，传统的执行办案模式还没有随着执行指挥中心的建设

---

[1] 赵恒，贺志安：《如何加强执行指挥中心集约化管理》，载《江苏法制报》2019 年 11 月 5 日，第 006 版。

作出及时调整。

二、执行装备保障体系不适应

（一）执行装备保障体系的构成

根据最高人民法院办公厅印发的《人民法院执行工作业务装备标准》，执行工作中的业务装备一般包括执行指挥中心建设装备、执行查控系统建设、业务技术装备、业务综合保障装备、信息网络装备以及其他装备，这些装备共同构成了执行工作的装备体系。一是执行指挥中心建设装备。为了打造"覆盖全国、内外联动、快速反应"的执行指挥中心，有必要配备相应的建设装备，包括显示设备、音频设备、集中控制设备、执行指挥设备、会议及调度设备、控制及总线设备、大屏可视化设备以及执行指挥中心其他专用设备。目前，各地法院一般都已建设可视化执行指挥系统，实现了各级执行指挥中心之间的可视指挥、图像调阅、视频会议、数据共享、数据交互等功能，并实现本辖区全网视频、音频资源的统一管理和统一调度。可视化执行指挥系统的建成，为各地法院针对突发事件及相关信息的处理、分析、发布和应急等工作作出了贡献。二是执行查控系统建设。执行查控系统建设包括最高人民法院建设的"总对总"查控平台、各省市法院分别建设的"点对点"平台，以及相应的服务器、专用线路。通过执行查控系统建设，实现网络查控全覆盖，是提高执行查控效率和效果的必要手段。三是执行业务技术装备。执行业务技术装备包括执行办案系统、执行管理系统、执行公开平台以及移动办公系统。执行业务技术装备的配备服务于执行信息化建设，旨在实现执行业务全部网上办理、网上管理、网上公开的工作目标。四是执行业务综合保障装备。执行业务综合保障装备包括运行环境设备、运行维护设备、通行工具、通信设备、现场执法设备、防护及应急设备、辅助执法设备等。五是执行信息网络装备。

执行信息网络装备包括网络安全设备、网络链接租用等。

（二）存在问题

1. 业务技术装备不能满足执行需要

（1）装备信息化、智能化水平不高。以执行办案系统、执行管理系统、执行公开平台以及移动办公系统等为代表的业务技术装备，已成为推动执行信息化的重要基础。但目前执行装备保障仍然存在重硬件、轻软件，重建设、轻运营的问题，相关系统平台在信息化、智能化、人性化方面还存在很大差距，一些系统平台投入使用后运营维护不及时，制约了网上办案、网上管理、网上公开目标的实现，距离"智慧法院"建设目标还存在较大距离。

（2）缺少移动办案设备。不同于审判案件办理方式，执行干警往往需要在田间地头、工矿企业现场执行、移动执行，以往执行干警为应对执行现场瞬息万变的执行情况，会携带部分空白盖章法律文书，但随着执行规范化程度提升，这一变通手段已基本被禁止。然而执行干警面对执行现场不断变化的实际情况，如果还要再赶回法院制作拘留、罚款等法律文书，不仅路途奔波，浪费时间精力，而且极有可能错失执行时机，影响办案效果。所以，有必要为执行干警配备移动办案设备，包括平板电脑、便携式打印机、无线路由器、智能手机等设备，实现公文收发、远程签批、电子签章、文书打印等功能，满足外出办案需要。

2. 业务综合保障装备不足

执行装备保障水平落后，执行干警装备保障不足，突出表现在业务综合保障设备短缺落后，难以形成庄重威严、秩序井然的强制执行氛围。执行干警对被执行人威慑力不足，也难以在突发事件中作出快速有效的应对，影响了执行工作的效果。执行案件中，涉及强制迁出、排除妨害等行为类执行案件，往往是基层人民法院执行工作中的难点。开展强制迁出、拆迁、排除妨害等执行工作，涉及当事人人身权、居住权、相邻权等切身权利，当事人之间矛盾激烈、冲突严重。这类执行工作具有较高的对抗性、危险性，需要及时控制现场事态，应对暴力抗法、围攻干警、堵截车辆、投掷爆炸物等危险情况。因此需要给一线干警提供有效的业务综合保障装备。

（1）执行办案车辆不足。执行办案车辆是执行干警外出办案最主要的装备。虽然当前执行信息化建设如火如荼，总对总、点对点查控系统逐步完善，但是仍然有大量琐碎的执行工作无法通过网络完成，需要执行干警驾车亲自前往办理，这种情况在农村以及边远地区尤为明显。但是大部分基层人民法院的执行办案车辆严重不足，条件落后地区的基层人民法院一般只有一到两辆执行办案车辆，仅有的车辆还需要应对开会、送卷等行政性事务，车辆保障捉襟见肘。目前各地法院配备的执行办案车辆大部分为普通轿车，均按照一般公务用车标准采购配备，缺少符合执行实际需要的大面包车、越野车、皮卡等车辆，对执行工作也造成较多不便。因办案车辆不足，执行干警往往使用当事人车辆办案，又引发"三同"办案风险。[1]

（2）缺乏必要的防护及应急装备，如强光手电、急救包、手铐、防割手套、催泪喷剂、电警棍等。这些单警装备是控制现场事态的必要装备，能够有力震慑企图暴力抗法的被执行人，增强执行工作威慑力，提升执行效果。在处置各类突发事件过程中，因执法干警缺乏必要的个人防护装备，其人身安全面临极大风险。

3. 执行装备管理机制不健全

法院执行部门普遍对于执行装备"重购置、轻管理"，相关物资装备管理存在较多问题。有的法院执行装备管理制度缺失，没有定

---

〔1〕"三同"，即与案件当事人同吃、同住、同行。

期对执行装备进行清查盘点，执行部门与财务部门没有建立经常性对账制度，存在购置情况不明、数量不清的问题。[1]部分执行装备的登记、申领、移交手续不全，因人员岗位变动、退休等原因，导致部分由个人保管的装备遗失。还有的法院对执行装备采购缺少长期规划，存在盲目购置、重复购置以及更新过快的问题。例如，有的法院采购执法记录仪时缺乏长远考虑，一次性采购大量 3G 单兵执法记录仪，但很快面临传输卡顿、信号延迟等问题，不得不全面更换为 4G 单兵执法记录仪，造成较大浪费。由于没有建立执行装备调配机制，上下级法院、法院各庭室的装备共享程度低，使用效率不高。一些部门对于装备维修保养不当，存在过度使用、提前淘汰更新等问题。如有的法院执行人员对于执行车辆，往往只顾使用，未能及时保养，造成车辆损坏而无法维修。

（三）原因分析

1. 对于执行工作的复杂性认识不足

强制执行是司法最后一环，是所有矛盾集中交织、各方利益斗争的最后一关。日益复杂的执行环境对执行干警的素质能力提出更高要求，一些案件的执行工作往往"牵一发而动全身"。从一定程度上讲，对执行部门的装备力量配置、执行法官的素质能力要求应当高于审判部门和审判法官。但由于传统理念对执行工作往往存在简单化理解，法院内部对执行系统的人员配备、装备保障、工作支持严重滞后于执行工作实际，不能结合执行工作实际情况为执行部门配备充足的执行装备。

2. 对于审判和执行装备保障的差异性认识不足

诉讼案件与执行案件的处理，遵循着不同的原则、制度和程序。

---

〔1〕　田源：《基层法院物资装备管理中的现实问题及优化建议》，载《辽宁公安司法管理干部学院学报》2016 年第 2 期。

审判装备和执行装备的配备，也存在着不同的功能需求、配备标准。对于地形复杂、路况较差的农村及边远地区，强制执行现场突发状况较多，需要具备一定越野和装载能力的执法办案车辆。在大型的集中执行行动中，也需要集中调配警车、警械用于案件执行。这都考验着法院的执行装备保障水平和集中调配能力。但法院内部至今仍未建立和形成一套适应执行工作需要的装备采购、维护、调配机制，执行装备管理的独特性未得到足够重视，执行装备配置和管理中的不合理、不科学问题长期难以解决，制约了执行工作水平的进一步提高。

3. 执行装备保障的理念更新不足

执行工作的装备体系包括执行指挥中心建设装备、执行查控系统建设、业务技术装备、业务综合保障装备、信息网络装备以及其他装备，已经远远超出了社会对于"装备"的传统认知。随着执行信息化发展，与信息化相关的执行装备在执行工作中的比重越来越高，对于推进执行工作的作用也愈发重要。但是部分法院对于执行装备的认识还停留在"硬件"保障阶段，认为只要配备足够的车辆、电脑、打印机、执法记录仪等硬件设备，就完成了执行装备保障的重大任务。但是，执行信息化的快速发展对于执行案件信息、网络查控、财产处置、信用惩戒、执行公开、指挥管理、执行辅助等信息化系统建设的需求越来越大、要求越来越高，信息化保障已成为执行装备保障的重要内容，这就要求法院执行装备保障的理念同步更新，与时俱进。

三、执行警务化保障机制不健全

（一）民事执行警务化保障机制的基本内容

民事执行的警务化保障，是指在审执分离体制改革大背景下，整合人民法院现有民事执行机构和司法警察机构力量，通过司法警察派驻执行局使用，或将民事执行权赋予司法警察，抑或组建独立的新型警务化执行机构等多种方式，强化民事强制执行工作的警务化保障水平，从而有效利用司法资源，提高民事执行效果和效率。民事执行的警务化保障作为近年来一项方兴未艾的执行改革举措，在许多地方法院已经取得了积极的成果，其对于提升执行工作威慑力，破解"执行难"具有积极意义。

民事强制执行工作的警务化符合现实需求。随着执行信息化建设的不断推进，利用信息技术手段查人找物取得显著进展，但对人财物的实际查控、对未经登记的财产的查控，以及执行搜查、扣押、拘传、拘留、特定标的物的交付等，仍然需要现场采取执行措施。信息化执行与现场执行构成强制执行工作中不可分割的两部分。但在现场执行工作中，作为"文官"的执行法官、执行员身着平民化的法官制服，不配备警械和武器，对于社会公众来说，缺乏外在直观的威慑力和强制力。[1]在现场执行中，规避执行、妨碍执行甚至暴力抗拒执行等行为时有发生。当在执行过程中发生突发事件时，执行人员往往难以迅速有力地控制局面，甚至自身安全也受到严重威胁。执行人员在现场执行中面临着自卫能力差、强制措施弱、执行效果差、危险因素增加等问题，这些现实困境迫切需要通过执行工作的警务化保障来解决。

民事强制执行中的警务化保障发挥了积极作用。各地基层人民法院定期开展的集中执行行动，在实践中取得了良好的办案效果和社会效果。尤其是对于农村、边远地区的执行案件，执行人员和司法警察共同行动，集中出动若干警车，一次行动确定辖区

---

〔1〕　王建林：《外分附设警务化：深化执行权与审判权分离的进路》，载《学习论坛》2016年第5期。

内的一到两个重点乡镇，以全程入户拘留和搜查为主，按辖区对逐个乡镇（街道）进行"拉网式"拘罚和搜查。司法警察参与执行行动，对那些企图规避法律、逃避执行的被执行人起到很好的震慑作用，在整合执行力量和装备、打造执行威慑环境等方面发挥了重要作用。

民事强制执行中推行警务化符合法律规定。《执行工作规定（试行）》第 7 条规定："执行人员执行公务……必要时应由司法警察参加。"《最高人民法院关于高级人民法院统一管理执行工作若干问题的规定》第 4 条规定："高级人民法院在组织集中执行、专项执行或其他重大执行活动中"可以统一调度、使用下级人民法院的执行力量，包括执行人员、司法警察、执行装备等。"[1]同时，《人民法院司法警察条例》第 7 条第（四）项规定，司法警察"在生效法律文书的强制执行中，配合实施执行措施，必要时依法采取强制措施"。2020 年 6 月 28 日印发的《最高人民法院关于人民法院司法警察依法履行职权的规定》，进一步明确人民法院司法警察"在强制执行中，配合实施被执行人身份、财产、处所的调查、搜查、查封、冻结、扣押、划拨、强制迁出等执行措施"的工作职责，明确人民法院司法警察在处置妨害诉讼执行活动中具有的采取强制手段、提请强制措施等执法权限，新增加了"保护正在履行审判执行职务的司法工作人员人身安全"等职责。这标志着法院司法警察由"被动履职"向"主动执法"的转变，为民事执行的警务化保障供了法律依据。

（二）存在问题

1. 警力相对不足

按照《最高人民法院关于法院司法警察控编数的通知》（法人

---

[1]　石时态，张坤世：《论民事强制执行的警务化改造》，载《湘潭大学学报（哲学社会科学版）》2010 年第 6 期。

〔1992〕35 号）文件的规定，专职司法警察按所在法院控编的 12%
配备，并可以根据实际需要，适度增加聘用制司法警察。根据这一
要求，各地法院司法警察配备虽然与执行人员基本持平，但是因各
地法院一般设有派出法庭，需要派出部分司法警察保障派出法庭工
作，还需要配备若干司法警察在法院办公区值班、巡逻、安检以及
负责监控，同时司法警察的日常工作包括开庭、送达、押解看管被
告人，以及协助执行、执行死刑等诸多事务，涵盖了法院工作各个
环节。在强制执行工作中，往往面临无警可调的局面，司法警察对
于执行工作的协助保障力度非常有限。

2. 素质不能适应执行工作需要

司法警察的招录、培训均与民事执行工作的需求不同，侧重的
是司法警察的警察业务职能和素质提升，人员招录时对于法律素养
的要求不高，业务培训一般不涉及具体的协助执行业务。并且个别
司法警察身体素质不高，业务技能不强，在遇到暴力抗法、自残自
伤、围堵法院等突发事件时，不能及时有力地制服抗法者，不能有
效稳定工作局面，对执行工作的协助支持作用不明显。有的司法警
察工作积极性不高，在参与协助执行工作中被动应付，甚至沦为
"门面""摆设"，对执行工作造成了不良的影响。

3. 警用装备落后，业务训练水平不高

根据最高人民法院《人民法院司法警察警用装备配备标准》的
规定，各级法院要设立警用装备专项资金，并做到专款专用，按照
标准配齐、配全警用装备，法警队应配备相应的专用囚车、指挥车
和送达车辆，应配备相应的警械、通讯工具、防爆器材、防护器材、
安检和监控设备。但由于种种原因，各地法院司法警察的相关装备
始终未能完全配备，影响了司法警察作用的发挥。司法警察在工作
中，由于装备保障不足，不仅自身安全得不到有效保障，在保护执

行人员安全、协助处置突发事件等工作中也显得力不从心。同时，基层人民法院业务技能训练水平不高，司法警察陷于具体事务难以脱身，训练制度不健全，训练时间、训练质量难以保障，警务素质还有待提升。

4. 警务化机制保障不健全

随着司法警察工作内容的增加，工作领域的拓宽，司法警察的作用越来越重要。但是实践中对于司法警察职权的规定还不够完善；对于司法警察如何协助执行，规定还不够明确，机制还不够健全。司法警察作为人民警察的一个分支，应当享有相应的警察权。但是现行规定中，对于司法警察职权的规定，更多倾向于工作内容，而非赋予相应的公权力。这导致司法警察在执行公务中，往往需要听取法官或执行人员的指令行动，执法主动性不足，执法手段不够明确，在需要采取强制措施的时候无所适从。

在实践中各地法院发展出多种司法警察参与执行的模式，有的地方法院司法警察和执行局建立了对接机制，有的地方法院司法警察被授予了强制执行权，有的地方法院开展了执行人员转警工作，还有的地方法院执行局与司法警察机构合署办公或执行局并入司法警察机构。[1]不同的地方实践为执行工作的警务化保障提供了丰富的样本和经验。但是由于有关部门对司法警察协助参与执行缺少明确的制度约束，大部分司法警察在协助执行工作中，发挥的作用不明显，协作沟通不顺畅，协助执行效果不好，司法警察的作用没有得到充分发挥。

---

[1] 石时态，屈国华：《司法警察参与民事执行的实证研究》，载《法学评论》2011 年第 1 期。

（三）原因分析

1. 关于民事执行权的性质和权能构成的认识不统一

一般认为，民事执行权是一种复合性权力，既有司法权属性又有行政权属性。但是，这种认识并没有得到全面认同，甚至还有完全不同的意见。同时，尽管人们对于民事执行权的实施权能没有异议，但是关于该权能的实质是什么，尚没有权威的说法。正是由于理论认识不统一，人们在能否将执行权或者执行权的具体权能赋予司法警察的问题上犹豫不决。

2. 司法警察从事执行的理念尚未形成

在一般认识中，司法警察主要负责保障开庭、维护法院秩序等工作，辅助性较强。司法警察对于协助执行缺乏主动性，支持配合不足，没有把执行工作作为自己的一项主责主业。司法警察在协助执行工作中往往抱有"配角"心理，在思想上警惕性不足，没有做好执行人员的保护工作，对现场局面缺乏控制，在执行工作受到恶意阻碍后，不能及时有效为执行人员提供支持。同时，缺乏工作主动性，在事前没有参与执行案件的统筹研究，准备工作不充分，不能发挥自身的优势，对执行工作的推进作用发挥不明显。

3. 司法警察管理体制有待完善

法院司法警察作为法院的一支准军事化力量，理应发挥更重大的作用，但是受制于司法警察管理体制的不足，司法警察在招录、培训、保障、职权等方面均与公安警察队伍存在明显差距，警务素质能力不足，警察权配置缺失，自身定位尴尬，因此在日常辅助审判执行工作中，尚没有发挥出应有的作用。

四、执行信息化建设不完善

（一）执行信息化的主要内容

进入 21 世纪以来，信息化与全球化交相辉映，推动着人类社会的剧烈变革。我国的信息化建设已经实现跨越式发展，信息技术与社会各个领域紧密交融，电子商务、电子政务蓬勃发展。执行信息化也随着当代信息社会发展建设而逐步推行，并与人民法院执行工作的需要高度契合。执行信息化在最初的法院内部案件信息系统的基础上不断丰富拓展，形成了执行案件信息、网络查控、财产处置、信用惩戒、执行公开、指挥管理、执行辅助等有机结合的信息化系统。

一是执行案件信息管理系统。自 2007 年 1 月 1 日起，最高人民法院正式在全国法院推广运行人民法院执行案件信息管理系统，各级法院陆续建立执行案件信息管理系统，一般为直接使用最高人民法院开发的系统或自主研发系统后对接使用最高人民法院系统两种方式。执行案件信息管理系统是一个综合性的法院内部信息网络，具有对内对外多种功能，是推进执行信息化的基础系统。

二是网络执行查控系统。2014 年 12 月，在吸收各地执行查控网络建设经验基础上，最高人民法院建成了全国法院网络执行查控系统，即"总对总"查控系统。同时各地法院纷纷与本地区相关执行联动单位拓展网络查控协作，建立了"点对点"查控系统。"总对总"与"点对点"查控系统相互补充，构成了法院网络执行查控体系，查控内容已经从最初的存款、房地产、工商股权、车辆"4 查"内容扩展到全国范围内的不动产、存款、金融理财产品、船舶、车辆、证券、网络资金等 16 类 25 项信息，基本实现对被执行人主要财产形式和相关信息的有效覆盖。

三是财产处置的信息化。执行财产处置的信息化是指将包括评估、拍卖、变卖、案款管理在内的财产处置相关工作通过信息化手段完成，从而增加工作透明度，提高财产处置的效率和效果。2017 年 1 月 1 日，《最高人民法院关于人民法院网络司法拍卖若干问题的规定》实施后，各级人民法院陆续启动了网络司法拍卖工作，执行财产拍卖一般均通过网络司法拍卖途径处置。网络司法拍卖工作开展后，最高人民法院建立了全国司法拍卖网络服务提供者名单库制度，当事人应当在该名单库中自主选择平台进行网络司法拍卖。截至 2022 年 5 月，已有 7 家网络服务提供者入围最高人民法院名单库，分别为淘宝网、京东网、人民法院诉讼资产网、公拍网、中国拍卖行业协会网、工行融 e 购、北京产权交易所。同时，各地法院均已建立了"一案一账户"执行案款管理系统，对执行案款进行信息化管理，可实现案款的收取、审批、发放、退款、查询和汇总等自动化处理，从而解决不明款问题，提高法院工作效率。

四是联合信用惩戒机制。这指的是各级人民法院收集和公布失信被执行人名单，并向各协作单位推送，实现在全社会范围内的联合信用惩戒。主要包括三方面内容：第一，失信被执行人信息推送。通过"互联网＋监管"系统、全国信用信息共享平台将失信被执行人信息推送至各联合惩戒实施部门，实现公共信用信息资源共享。第二，失信被执行人信息嵌入。将失信被执行人信息嵌入各单位"互联网＋监管"系统以及管理、审批工作系统，实现自动对比、自动监督，自动采取拦截、惩戒措施。第三，失信被执行人惩戒应用。按照中央办公厅、国务院办公厅印发的《关于加快推进失信被执行人信用监督、警示和惩戒机制建设的意见》以及国家发展改革委、最高人民法院等 44 部门《关于印发对失信被执行人实施联合惩戒的合作备忘录》，以及各个省市分别建立的失信被执行人联合惩戒机制，全面实现对失信被执行人的联合惩戒。

五是执行公开平台。目前，以中国裁判文书网、中国执行信息公开网、各级法院网站主页等网络平台为载体，通过网上办案、全程留痕、智能管理等多种举措，司法公开的范围、广度、深度不断拓展和延伸。申请执行人输入姓名及案件信息后，即可实现失信被执行人名单信息公布与查询、被执行人信息查询、执行案件流程信息公开、执行裁判文书公开等多种功能，可以实时查询执行情况相关信息。同时，最高人民法院又不断拓展执行公开方式，开发了阳光执行微信小程序、智慧执行 App（当事人、公众端）。智慧执行 App（当事人、公众端），主要包括执行头条、执行指南、服务台 3 大服务板块，涵盖智能查询、文书制作、综合查询、执行计算工具、案件进度、执行互动等多项功能，当事人可以通过该系统了解案件进展、进行执行互动、制作执行类文书等，执行人员可以通过智慧执行（法官端）针对留言、线索和意见信息及时查控、及时办理、及时回复，适应当前信息化发展的新要求。

六是执行指挥管理平台。为了以信息化手段辅助执行指挥中心高效完成日常指挥管理工作，从 2017 年开始，最高人民法院建立完善了四级法院统一的执行指挥管理平台，系统分为实体运行、监督管理、综合服务 3 大板块，目前已经具备执行协作、款物管理、申诉信访、流程监督等 20 多项功能。各级法院均按照最高人民法院要求，安排专人及时接收、办理平台中的各类督办、委托事项及通知公告，履行指挥调度、协调处置、督办管理、绩效考评等职责。

七是其他执行辅助信息系统。近年来，各级法院积极抢抓网络强国、数字中国、智慧社会建设的重大机遇，促进执行工作与 5G、大数据、云计算、区块链、人工智能等现代技术深度融合，电子卷宗随案生成、全案信息自动回填、文书智能辅助生成、终本案件动态管理等多种新型技术广泛运用于执行工作，全流程"智慧执行"正在逐步实现。[1]

---

〔1〕 陈甦，田禾主编：《法治蓝皮书：中国法院信息化发展报告 No. 4（2020）》，社会科学文献出版社 2020 年版，第 172—175 页。

（二）存在问题

1. 执行案件信息录入不全面、不准确

执行案件信息的录入和采集是执行信息化的根基。人民法院在执行案件流程信息管理系统录入和采集的相关案件信息，构成了法院开展执行信息化工作的基础数据库，以此数据库为基础，通过办案辅助系统、网络查控系统、信用惩戒系统、执行公开平台等信息化子系统，构成了执行信息化的基本框架。但是，目前各地法院执行案件信息录入普遍存在不全面、不准确的问题。

一是部分案件未录入信息化系统。长期以来，虽然经过最高人民法院多次清理整顿，绝大部分执行案件均已录入信息化系统，但部分法院一直存在历史案件数据缺失问题，仍有少数案件长期在信息化系统外循环。

二是对执行案件信息的录入和采集工作的重视程度不高，投入不足。各地法院对执行信息化工作重视程度不高，没有将执行信息化作为核心工作，正式干警忙于具体案件办理，不愿意或不会使用信息化系统，通常由庭室的内勤或临时聘用人员负责信息化系统的操作和维护，影响了信息录入和采集的时效性、准确性。办案部门缺少扫描仪、执法记录仪、语音文字转换设备等信息采集设备，案件主办人没有将办案信息实时上传系统，办案系统对于法律文书信息的自动提取和采集准确性不高、智能化不足。执行案件信息录入和采集主要通过人工输入，工作量大，内容繁琐，出现疏漏、错误的风险较大。

三是审判和执行部门信息化协作不畅。法院立案部门对于双方当事人尤其是被告人的信息采集不够完整、准确，对于身份证件号码、法定代表人或者主要负责人、统一社会信用代码或者组织机构代码、送达地址、保全信息、联系方式等内容往往采集不够充分准确。审判部门在审理案件时，很少核实立案部门采集的当事人信息，对于信息发生变化或者记录不准确的没有及时改正、补充。部分作为执行依据的审判文书，存在歧义或不明确、不具体的问题，影响执行工作的正常推进。

2. 智能化程度不高，实用性不强，不能完全匹配执行工作需要

各地法院使用的执行办案系统在智能化、自动化、可视化等方面都存在一定不足，难以完全满足执行信息化的实际需要。执行工作中使用的各类系统操作复杂，人工录入量大，不能互联互通，功能体验不佳等问题对执行工作造成较大不便。以各地法院均已建立的"一案一账户"执行案款管理系统为例，在实践中暴露出一些问题：

第一，建而不用问题。有的法院建立了系统，但没有真正投入使用。案款管理存在线上与线下的操作、管理不统一问题，致使干警在审批发放过程中操作重复、烦琐，抵触额外增加的任务量，不愿意使用案款管理系统。对于边远落后地区的涉农纠纷案件，由于当地经济水平落后，有的当事人不会也不愿意通过银行转账方式缴纳或发放案款，往往要求执行人员收取或发放现金，而不通过"一案一账户"系统操作。

第二，功能欠缺问题。一方面，与银行交互机制有待完善。各级法院对接了不同的银行，各个银行的处理机制又不相同，有的银行交互会出现卡、慢的现象，一个事项需要等几个小时才能有银行的反馈结果；有的银行提供的虚拟账号不足，致使案款管理系统无法使用。因此与银行数据交互的及时性有待进一步提高。另一方面，案款系统功能不够完善。没有与办案系统、财务部门系统进行有效对接，查询、对账、统计功能不完善，不便于对案款系统的监督管理。案款收发方式滞后于现实工作生活需要，不能使用微信、支付

宝、银联码等新型支付方式缴纳案款，当事人需要通过银行柜台或自动柜员机缴纳案款，往返奔波，增加诉累。

第三，管理混乱问题。个别地方法院执行局将领导审批权限授权他人，导致案款发放审批形同虚设，出现案款冒领等严重违法违纪问题，严重损害人民法院形象。

3. 缺乏统一规划，效果大打折扣

针对传统执行办案系统在应用中存在的一系列问题，各地法院在信息化建设中，结合本地执行工作实际，进行了多样化的探索。例如，上海高院开发了"智慧执行系统"、温州中院开发了"执行在线平台"、深圳中院开发了"鹰眼综合执行应用平台"、广州中院开发了"执行全网通办案平台"，类似的新型执行信息化系统不胜枚举，已经在各地法院执行信息化建设中发挥出越来越重要的推动作用。

但是，不同地区、不同级别的法院信息化建设各行其是，各自为战，极易出现重复建设、制度空白或相互矛盾等问题。由于缺乏统一规划，各级各地法院委托不同软件公司开发了不同的系统，各个地区法院间互不相同、上下级法院间互不相同，消解了最高人民法院整合四级法院信息系统的多年努力，产生了新的技术和数据壁垒。各地法院委托软件公司开发的新型执行信息化系统的费用普遍在数百万元，加上跟踪服务、后期运维、设备升级等相关费用，法院经费面临较大负担。各地的新型执行信息化系统虽然都结合了本地实际，各具特色，但是核心功能基本相似，大量的重复建设造成较大的资金浪费。新型的执行信息化平台一般需要与最高人民法院办案平台通过接口对接，实现数据互传，往往存在功能不兼容、数据传输滞后等问题，制约了新型系统的功能实现。法院其他院属部门也都分别开发了各种内部信息系统，如监督执纪、政务办公、基层党建、后勤保障、干部人事管理等，这些系统分别由不同的主管部门牵头开发，互不联通，一旦转换工作场景就需要重新登录操作，产生大量低效重复劳动。

4. 存在"信息孤岛"问题，执行联动的信息化尚未完全实现

近年来，虽然最高人民法院"总对总"查控系统覆盖面不断扩大，但是仍有大量被执行人财产无法实现在线查询、控制，财产网络查控存在较多盲区。一方面，被执行人想方设法通过各种渠道隐匿、转移资产，对执行财产查控造成较大困难；另一方面，执行查控网络建设仍在持续推进过程中，还没有对社会各个行业、地域和层级实现全覆盖。[1] 各省、市法院往往需要自行和本地区相关政府职能部门反复博弈，逐步推进"点对点"网络查控协作机制建设，从而弥补"总对总"查控系统的不足。例如，2020 年，某市中院为实现与本市不动产、公积金、车辆等部门的联网查控，分别与市交警支队车管所架设了被执行人车辆查控专线，与市住房公积金中心联合开发了"公积金网厅"程序，借助"互联网 + 不动产登记业务"模式与市不动产登记中心实现联网对接，通过三种不同方式建立了"点对点"网络查控协作，实现了网络查询、查封、续封、解封被执行人车辆、不动产、公积金的功能。为实现这一目标，该市中院与不同单位反复磋商，耗时漫长，过程波折，且就架设专线、开发程序申请了专项资金支持。但大部分地区的中、基层人民法院由于各种原因，在"点对点"网络查控协作方面进展十分缓慢。

5. 存在信息安全隐患

在推进执行信息化过程中，面临着严峻的网络安全和保密风险。

一是大数据时代信息泄露风险剧增。在大数据时代，一方面是

---

〔1〕 肖文：《打破"信息孤岛"实现执行与信息化的有效融合》，载《人民法院报》2018 年 5 月 9 日，第 008 版。

越来越完善的执行查控、联合惩戒、执行公开平台为执行工作插上了翅膀，另一方面人民法院也面临着严峻的信息泄露威胁和网络安全风险。因数据管理制度不够完善，信息化系统存在被第三方"解密"或黑客恶意攻击的风险。因数据运营商工作失误或系统漏洞，将大量需要保密的数据不当公开或可轻易被公众查询的新闻也经常发生，国内外知名酒店、网购网站均出现过大量相关案例。

二是计算机病毒泛滥风险。执行信息化的高效运行依赖网络的安全稳定，一旦出现计算机病毒入侵攻击，执行工作将陷入瘫痪。近年来，如"熊猫烧香""勒索病毒""震荡波病毒"等计算机病毒都给社会各界造成了巨大损失。随着网络安全意识和技术的发展，一些病毒转换攻击方式，通过潜藏在用户电脑，恶意窃取用户个人信息，对网络安全造成严重的威胁。

三是个人网络安全意识不强。执行干警在使用执行信息化系统过程中，保密意识不强，保密制度不健全，也对执行信息安全造成较大风险。执行干警在日常交流、通信中，普遍使用微信、邮箱等第三方软件，虽然各级法院已经通过"cocall"软件实现 PC 端的工作联络和文件传输，但是在更为常用的手机移动端，还缺少安全性、易用性较高的即时通信软件。因执行案件流程信息系统不能匹配执行团队化办案机制，执行团队中不同身份的办案人员无法匹配不同的权限，无法使用自己的账户分段集约办理不同阶段的执行事项。为了便于开展工作，执行法官通常会将本人用户名和密码授权本团队的法官助理、内勤使用，由他们通过用户名和密码登录方式完成网络查控、盖章审批、网拍辅助、平台管理等执行辅助性事务。有的法院执行指挥中心虽然集约办理了本院各类执行辅助性事务，但是只能通过集中使用全院执行法官用户名、密码的方式代为集约办理业务，相关信息处于半公开状态，造成较大的办案风险。还有一些法院，将执行法官的用户名和密码给予驻法院办公的网络司法拍卖辅助人员，由他们登陆案件主办人账号，完成网络询价、网拍信息发布录入等辅助工作。实践中已经出现多起信息泄露，以及错误录入信息导致重大执行瑕疵的案例，值得引起警觉。

（三）原因分析

1."智慧法院"建设还有待深入

2016年1月，最高人民法院首次提出建设"智慧法院"工作目标，经过数年建设，全国"智慧法院"已初步形成，大数据、云计算、区块链、人工智能等现代技术获得了广泛运用。但是，在"智慧法院"范畴下的"智慧执行"还远未实现。法院执行信息化的建设和运行还处于浅层次的阶段。执行信息化的主要功能还是将原本由人工手动操作的繁杂工作转变为网络自动化办理，以提高效率，减少工作量。最高人民法院开发的执行案件信息管理系统以及各省法院正在使用的执行办案系统，普遍存在着功能体验不佳、用户界面不友好、操作烦琐、与实际需求脱节等问题，远远不够智能。由于用户体验不佳，对于执行办案助力效果不明显，成为"可用可不用"的"鸡肋"软件，难以形成用户黏性，使用率普遍不高。因软件公司缺乏竞争压力，执行信息化系统的用户体验反馈相对迟钝，调整修正周期偏长，非但不能提高执行效率反而为干警增加了新的负担，也制约了信息化效果的发挥。同时，信息化与执行工作的结合深度不足，对于海量执行数据的挖掘运用涉及较少，对于人工智能辅助执行的使用较少，还不能通过数据挖掘处理反映执行工作现状、对下步工作态势作出预判、为执行工作决策提供支持。

2.执行机构与其他部门的协调配合不足

执行信息化建设涉及执行业务部门、软件公司、计财装备部门、司法技术辅助部门、信息建设部门等。第一，执行部门在信息录入采集方面不具有主导权。执行信息化的基础是执行数据的录入和采集，大量的基础数据来源于立案和审判环节，但是作为互不隶属的业务部门，执行部门很难要求立案、审判部门为执行数据的录入和采集提供足够的支持和服务。第二，执行机构与财务部门关系的协调。执行案款管理不仅是一项执行业务问题，也是法院财务管理的重要内容。法院财务部门与业务部门的工作职责、流程以及标准都不一致，如果双方沟通不畅，在执行案款管理系统的研发、使用上就会产生分歧和矛盾。第三，执行机构与司法技术辅助部门关系的协调。最高人民法院通过网络司法拍卖平台、网络评估询价平台的建设，基本上实现了财产处置全流程的信息化，但是仍有相当数量的财产需要通过线下委托评估、拍卖的方式进行处置，有必要与司法技术辅助部门做好沟通协调。第四，执行机构与审判管理部门关系的协调。法院一般在审判管理部门都内设有专门的信息中心或信息化建设办公室，负责法院信息化建设工作。执行工作作为法院信息化建设的一部分，要处理好总体和部分、通用和个性的关系，既保持执行信息化建设的独立性、自主性，也要融入"智慧法院"建设的整体步伐。

3. 执行人员的信息化素质有待提升

具备信息化素养的复合型人才极为短缺。在广大基层人民法院，既懂信息技术又具有法律知识的复合型人才极为缺乏。一方面，各地法院对信息化人才的招录和培养不够重视。从法院招录的人员和招录方式来看，主要招录的是具有法律职业资格的人员，对于信息技术人才的招录较少；招录方式一般是公务员统一考试，不考核信息技术水平。另一方面，目前各地法院信息技术人员中临时聘用人员较多，人员流动性大，工作积极性不高，作用发挥有限。

4. 全社会的信息化程度有待提高

我国不同地区、不同领域、不同单位的信息技术应用水平很不平衡，城乡、地域和行业的网络建设差距较为明显，客观制约了全国法院网络执行查控系统的统筹推进。大部分中西部地区的政务系统尚未实现省市县三级联网，没有建立统一的数据库。不同地域、级别的单位各自为战，信息系统互不联网，难以互相调取数据，形成一个个"信息孤岛"。同时，有的行业主管部门基于数据信息保密的因素，对于与其他单位共享数据的要求顾虑较大，合作壁垒较多，甚至个别单位将本单位的数据信息视为自己的权力领地，抵触外单位的数据共享请求。[1]

第四节　执行权运行程序衔接存在的问题

一、审执衔接存在的问题

审判和执行是法院工作中最重要的环节，审判是案件得以执行的基础和前提，而执行是案件审判后的保障和实现，审判的质效对执行的效果有着直接的影响。目前，审判程序和执行程序还存在一定的脱节，主要表现在以下几个方面。

（一）未对诉争标的状况进行查询

在执行过程中，执行人员对被执行人名下的财产进行查封、扣押、冻结后，案外人持另案确权的生效法律文书提出异议，主张查封、扣押、冻结的财产归其所有，要求执行部门停止执行。对于该

---

[1] 冯小琳：《法院执行信息化建设的成效、问题与展望——以人民法院"基本解决执行难"为背景》，载《法制与社会》2020年第5期。

另案生效法律文书，审判部门在审理过程中，应当提前查询财产的权属状况，避免出现已经被执行部门查封、扣押、冻结后再作出确权的判决或调解，否则会和执行程序出现冲突和脱节。究其原因，是因为近年来审判案件逐年增多，而员额制改革后，审判人员有所缩减。对于确权类案件，如果审判部门都需要去有关部门进行调查查询，势必会额外增加工作量，抱着多一事不如少一事的心态，很多审判人员仅根据当事人提供的证据进行审理，待进入执行程序后提出排除执行的异议。根据现行的法律和司法解释规定，案外人提出异议后，异议审查期间和异议之诉审理期间，法院应对执行标的中止执行，进而影响执行工作效率。

（二）未对行为类案件的可执行性进行预判

行为类案件包括腾退、交付、排除妨害、恢复原状等，此类案件在执行程序中比较棘手，需要审判部门在诉讼过程中对案件的可执行性进行预判。笔者对所在法院部分案件进行随机抽查，发现行为类案件存在以下问题：（1）腾退、交付的标的物已经灭失，审判部门未查明标的物的状态，对已经灭失的标的物进行判决，致使原诉讼请求无法实现；（2）当事人主张排除妨害、恢复原状的范围不明确，审判部门未进行现场勘验、物品清点造册、确认占有人等工作，执行依据难以兑现；（3）双方当事人对行为义务如何履行争议较大，可能导致执行时难以操作，审判部门未向释明当事人变更诉讼请求，判决后不具有可执行性。

（三）执行依据不明确

在当前的司法实务中，执行依据不明确、主文存在歧义的情况仍然存在，这也是造成执行难的因素之一。目前集中体现在以下几个方面：（1）给付金钱的，对于需要计算利息、违约金数额的，执行依据中的计算基数、标准、起止时间等不明确。（2）确定继承的，执行依据中的遗产的名称、数量、数额等不明确。（3）离婚案件分割财产的，执行依据中的财产名称、数量、数额等不明确。（4）继续履行合同的，执行依据中的继续履行合同内容、方式等不明确。（5）判定子女探视权的，执行依据对于探视的方式、具体时间和地点，以及交接办法等不明确。（6）刑事裁判涉财产部分的裁判内容，对于判处没收部分财产的，没收的具体财物或者金额不明确；对于追缴或者责令退赔的，追缴或者退赔的金额或财物的名称、数量不明确。

（四）审判部门和执行部门联系不紧密

在审判程序中，审判人员和当事人接触较多，对当事人的诉求、财产、性格、基本情况等各方面的了解比较全面，这些信息能对后续的执行工作起到推动作用。对于分家析产类案件、交付腾退类案件，执行人员提前掌握当事人性格特征、财产状况、占有情况等，可以更好地把控案件进展，大大提高执行效率。目前审判部门和执行部门都是各自开展工作，往往也不是由同一主管院长管理，审判部门掌握的信息没有在执行程序中得到充分应用。部分审判人员也是抱着尽快结案甩掉包袱的心态，将部分无理访、闹房的当事人导入执行程序。还有一些执行人员拿到执行案件后，首先是进行流程式的查询，而不是第一时间和审判人员沟通，也没有调取审判卷宗了解前期情况，这种脱节式的案件办理只会事倍功半。

二、财产保全程序与执行程序衔接存在的问题

财产保全的价值功能在于预防债务人将来可能不履行义务情况的发生，在债务人不知情、无设防的情况下，债权人对债务人的财产进行控制，以确保其能实现生效法律文书确定的债权。财产保全制度在促进调解、和解、执行方面发挥重要作用，尤其为解决执行难创造了较好的条件。财产保全作为解决执行难的工作机制之一，

从源头上减少进入执行程序的案件数量，降低申请执行人权利落空的风险。[1]但司法实践中，财产保全仍然存在着背离预设功能的不足和缺点。

（一）低裁定率

根据《最高人民法院关于人民法院办理财产保全案件若干问题的规定》（以下简称《财产保全规定》）第 10 条的规定，当事人、利害关系人申请财产保全，应当向人民法院提供明确的被保全财产信息。笔者在中国裁判文书网上进行检索，结果显示，法院以被保全的财产信息不明确或者财产线索不明确驳回保全申请的不在少数。司法解释将提供财产信息的义务课加给当事人，而当事人并没有调查财产信息的能力，往往只能提供模糊的财产线索，实务中法官会拒绝接收保全申请并拒绝出具书面裁定书。此外，当事人提供的财产存在多手轮候查封、银行账户余额不足等情况时，法官也会拒绝出具书面裁定书。例如，《北京市高级人民法院关于财产保全若干问题的规定〈试行〉》第 9 条规定："保全裁定中的保全标的物应当明确、具体，保全裁定一般应当写明财产保全的明细及价值数额；特殊情况下，也可以采取限定保全财产价值数额方式进行概括表述，但应当在协助执行通知书中写明保全的具体财产和价值数额。"即是说，为了确保执行程序在后续中能顺利衔接和到位，原则上裁定书的主文要求写明查封位于何处的房产、冻结某银行某账号的多少款项，否则不予受理。

（二）财产核实环节空置

对当事人、利害关系人提出的财产保全，由立案、审判部门作

---

〔1〕《最高人民法院关于落实"用两到三年时间基本解决执行难问题"的工作纲要》（法发〔2016〕10 号）。

出裁定。而目前网络执行查控系统只对执行部门开放，未对立案、审判部门开放相应的权限。在前期审查阶段，执行部门尚未介入，如果当事人、利害关系人申请查询被保全人的财产，立案、审判部门无法利用网络执行查控系统进行查询。立案、审判部门核实财产有障碍，只能根据当事人、利害关系人的申请书进行确认并出具裁定书，而当当事人提供的财产信息有误、财产线索不准确，执行部门根据裁定书进行实施时经常会遇到财产情况"名实不符"，只能将案件退回立案、审判部门。当事人、利害关系人的保全申请落空，后续执行更是困难重重。

（三）交接反馈不及时

根据"审执分立"改革的要求，原则上不能由一人包办财产保全案件，立案、审判部门对财产保全作出裁定后，一般应当移送执行部门实施。民事诉讼法对作出保全的时间和采取措施的时间有严格限定，对于情况紧急的，必须在 48 小时内作出裁定，裁定采取保全措施的，应当立即开始执行。某些地方法院在此基础上也出台了规定，且对移送时间和执行时间要求更严，例如，《北京市高级人民法院关于立案阶段财产保全试点工作若干规定》第 12 条规定："立案庭应于做出保全裁定的当日将保全案件移送保全执行部门。"实践中，立案、审判部门在完成保全手续后，需要先在部门内分配承办人，往往难以与执行部门立即（当天）交接。执行部门收到移交的保全材料后，也需要先指定执行人员，执行人员对保全结果也难以即时反馈，立案、审判部门不能及时了解保全进展情况。

（四）财产保全责任险审查标准缺失

《财产保全规定》明确了申请人可以通过签订财产保全责任险合同的方式提供担保，并由保险人向人民法院出具担保书，但实践中立案、审判部门对于是否需要对提供担保的保险人进行备案审查、审查的范围，以及如何认定保险人的担保资质及偿付能力、担保范围与保证期间、免责情形、保全险与其他担保方式的组合适用等情况均存在不同的理解和认定标准。有的按照保险人的知名度判断是否采纳其提供的保全责任险，有的则照单全收。目前多数法院并未统一工作规范，这导致实践中立案、审判部门对保险人及保险材料的审查内容和方式存在较大差异，在具体适用中申请人、保险人和立案、审判部门之间因为相关材料是否合格存在争议，申请人放弃申请保全责任险担保转而提供其他方式担保的情形时常出现。同时，法院在审查申请人提供的保函真伪及主要内容时，由于未与提供保全险担保的保险人建立联系机制，无法进行直线沟通，导致审查和沟通效率低，影响了保全责任险的实际运行效果。

三、执行立案与执行实施程序衔接存在的问题

立案程序作为审判执行的前置环节，在登记立案时，应当进行适当的释明和必要的审查工作，为审判执行创造条件。目前大多数法院的执行案件都由立案部门负责，并没有专职的执行立案人员。实践中存在以下问题。

（一）立案登记信息不准确、不完整

（1）未准确、完整录入被执行人姓名、身份信息。在执行实施阶段，只有掌握被执行人的准确身份信息，才能在执行查控系统中查询财产、采取限制高消费等措施。而立案部门在前期未录入被执行人身份信息，会导致执行实施阶段无法共享信息，影响查封、冻结、扣押等的效率。笔者调研部分法院的执行立案情况，发现立案部门的工作人员为节约时间，将必填项的身份信息录为"0"，其认为只要当事人另行提交身份材料复印件，并不会对执行程序造成影响。

（2）未准确录入当事人的送达地址，导致后续执行程序的送达

有障碍。例如，在评估拍卖财产时，当事人无法联系或下落不明的，无法送达评估拍卖材料，影响执行效率。

（二）立案未进行适当的释明

（1）未释明申请执行人提供收款账户信息。目前案款发还主要采取银行汇款，如果申请执行人未在立案时提供账户信息，则需要执行实施阶段由执行人员再次联系申请执行人，由申请执行人提供银行账户信息和材料。执行人员每年需要办理300~500个案件，如果每个案件都需要增加这样的环节，累加起来就会增加不少的时间成本。

（2）未释明申请执行人执行流程和风险。很多当事人都是第一次打官司，对执行程序基本流程、财产线索提供义务及无财产可供执行导致的后果并不了解，一旦进入执行程序，申请执行人将实现债权的期望全部寄托给执行部门，认为这是执行部门法定的工作职责，有些甚至不积极配合执行部门开展工作。当债权无法实现时，申请执行人和执行部门之间的矛盾更加突出，进一步增加了执行信访率。

（三）立案时未进行必要的审查

目前很多法院都是由聘用制的辅助人员进行立案登记，这些人员一般不具有专业的法律知识，对于当事人的申请执行材料一律接收。在执行实施的过程中，执行部门发现某些案件执行依据不明确、不具有可执行性或者丧失强制执行时效。立案部门机械按照立案登记制予以受理后，直接交由执行程序进行处理。对于不具有执行内容的，执行部门需出具执行裁定书予以驳回执行申请；对于丧失强制执行时效的，执行部门需参照《民事诉讼法》第232条的规定进行审查，这还涉及执行实施部门和执行审查部门之间的案件移转。另外，本由立案部门进行审查后裁定不予受理的案件，也会进入执行程序，这加重了执行部门的审查工作。

（四）移交卷宗不及时

《民事诉讼法司法解释》第480条规定，人民法院应当在收到申请执行书或移交执行书后10日内发出执行通知书。除情况紧急需要立即采取强制执行措施的外，10日内向被执行人发出执行通知书是硬性和原则性规定。但当事人并不是直接向执行部门提交执行申请书，而是向立案部门提交，立案部门负责整个法院的立案登记工作，并不能做到随收随移，并且法院内部之间还需要签收审批等程序，从立案到移交执行需要一定的周期。如此，执行部门就无法保障在10日内能发出执行通知书，一旦被执行人据此提出抗辩和异议，就需要对执行行为进行审查，容易引发执行人员渎职或消极不作为的风险。

四、执行实施与执行裁判程序衔接存在的问题

（一）法律规定的异议审查期限不合理

《民事诉讼法》第232条规定的对当事人、利害关系人提出的执行行为异议，及第234条规定的案外人提出的执行标的异议，人民法院均应当自收到书面异议之日起15日内审查。法律规定的15日审查期限，目的是防止因提出异议而拖延执行，力图在最短的时间内进行程序性审查。但当前执行异议并非只承担程序性审查事项，债务人异议、案外人异议等都涉及实体性问题，即使是书面形式审查，也很难在规定期限内作出裁定。为了防止审查超过15日的期限，目前有两种操作模式，一种是由执行实施部门将异议材料移转执行审查部门，执行审查部门先不予立案，将异议申请书、证据副本、答辩状等逐一送达，传唤当事人询问或召开听证会后再立案，此种模式一般由执行审查部门自行掌握案件进程，根据不同情况选择立案的时间节点。另一种是当事人、利害关系人或案外人直接向

立案部门提出异议，由立案部门在 3 日内立案受理，再移交给执行审查部门。执行审查部门收到案件后，先在系统内扣除审限，然后再进入审查环节。以上延长审限的两种模式，都会影响执行实施工作的效率，但 15 日的审查期限确实过于严苛，通常送达环节就需要 10 日以上，这也是当前执行审查部门的无奈之举。

（二）执行异议成本低导致恶意滥用权利

执行异议成本低体现在两个方面。第一，不收取诉讼费。《诉讼费用交纳办法》规定，当事人进行诉讼应当交纳诉讼费用；人民法院办理执行案件，依法收取申请执行费和执行中实际支出的费用。目前没有法律明确规定执行异议需交纳诉讼费用，因此各法院对执行异议未收取诉讼费。其不利后果是降低了违法成本，部分当事人恶意滥用异议权利，无偿占用司法资源。第二，风险承担的立法空白。为了保护案外人的权益，防止出现执行回转或国家赔偿等后果，目前相关法律规定案外人异议审查期间不得对执行标的进行处分。[1]其实案外人异议和诉前保全制度的立法本意接近，两者都是为了保护案外人或利害关系人的财产权益，但两者在制度设计上却完全不同。诉前保全需要申请人提供相应的担保，若不提供担保，人民法院就会裁定驳回申请。[2]而案外人提起异议后，无须提供相应的担保，法律规定应中止对执行标的的执行。实践中，被执行人和案外人恶意串通的情形数不胜数，案外人一经提起异议启动审查程序，被执行人就达到了中止执行、拖延执行的目的。当一个异议程序审查完毕，被执行人又和另一个案外人串通，继续提起异议启动新的审查程序，某些案件的执行标的时隔几年还无法进入处分环节。案

---

〔1〕《最高人民法院关于适用〈中华人民共和国民事诉讼法〉执行程序若干问题的解释》第 15 条。

〔2〕《民事诉讼法》第 104 条。

外人异议风险承担的立法空白，不但损害申请执行人的合法权益，还严重影响执行效率，造成案件久拖难执。

（三）执行异议审查部门不统一

为贯彻落实最高人民法院关于"深化人民法院内部的裁执分离改革"的要求，执行体制改革中应坚持审执分离原则，但目前法律并未明确指定异议审查机构。目前主要有三种不同模式，第一种模式由审判监督庭负责执行异议审查。因执行异议审查是对法院的执行行为合法性进行审查，其性质类似于审判监督程序，故部分法院将执行行为异议交由审判监督庭处理；第二种模式由执行局自行审查。以北京法院为例，随着人民法院内设机构改革，基层人民法院由原来的执行指挥中心、执行实施庭等合并为执行局一个部门，组建为不同的办案团队，执行异议案件由执行裁判团队负责审查。第三种模式由独立于执行局的执行裁判庭负责审查。例如，吴江区法院、唐山中院成立了执行裁判庭，专职审理涉执行相关的程序和实体争议。在以上三种模式中，由审判监督庭负责执行异议审查的模式在程序衔接中存在的问题最多，主要体现在审判监督庭和执行局之间跨部门沟通不便，甚至在审查时调取原执行卷宗也需要协调，进而影响异议案件审查的进度。

（四）执行异议的监督救济功能形式化

执行行为异议主要是对法院执行行为的监督，案外人异议主要是为利害关系人提供权利救济途径。执行审查部门受理异议类案件后，对于执行行为错误或者违法的，应当裁定撤销或变更执行行为。对于侵犯第三人合法权益的，应当中止对执行标的的执行。

目前基层人民法院执行局的撤销内设部门，改为执行实施团队、执行裁判团队等，由执行局同一领导和主管。当执行裁判团队审查执行行为异议时，为了全局考虑，保证执行实施案件的结案和考核，会与执行实施团队先行沟通协调，对于违法的执行行为，建议撤销相关执行行为进行自纠，不予出具确认其违法的执行裁定书。实际上，虽然执行实施团队纠正或撤销了执行行为，但执行裁判团队并没有真正发挥监督执行行为的作用，个案的协调处理，不利于约束和监督执行实施权。

当执行裁判团队审查案外人异议时，通常也和执行实施团队的立场存在冲突。执行裁判团队经过证据认定，认为应当支持案外人异议；而从有利于结案的角度来讲，执行实施团队往往是不同意支持案外人异议的，因为一旦案外人异议成立，意味着查封、扣押、冻结的财产不能被继续处分，此前所做的工作徒劳，案件的本次执行程序也就无法终结。目前基层人民法院的执行本位主义理念还是比较严重，在经过执行法官联席会议讨论、向同一主管领导汇报等环节后，多数意见会倾向于驳回案外人的异议请求。如果案外人不提起异议之诉，即继续对财产进行处分。从这个角度来看，案外人异议的审查也流于形式，不利于保障案外人的合法权益。

（五）公证债权文书不予执行审查案件归口不明确

按照《民事诉讼法》第 245 条及《民事诉讼法司法解释》第 478 条的规定，公证债权文书存在错误的情形只限于程序性事项，法院裁定不予执行后，当事人、公证事项的利害关系人可以就债权争议提起诉讼。在相关法律出台之前，我国的公证债权文书不予执行类案件被纳入执行异议类案件，统一由执行审查部门负责处理。2018 年 10 月 1 日，《最高人民法院关于公证债权文书执行若干问题的规定》（以下简称《公证债权文书规定》）出台，该规定区分了多种不同情形：不予受理、驳回执行申请，程序异议、实体争议、债务人异议之诉，既包括程序性事项，也包括实体性事项，分别规定了不同的救济途径。但是并没有规定不同情形分别由哪个部门审理，当事人主张权利时，容易出现各部门相互推诿的情形。

（六）变更追加当事人案件类型不统一

变更追加当事人是指在执行程序中，变更或者追加第三人为申请执行人或被执行人的一项制度。这项制度在反制规避执行、迅速实现债权、减轻当事人讼累等方面发挥着重要作用。执行当事人变更与追加的理论基础是执行力范围的扩张。人民法院能否变更、追加第三人为当事人，取决于该第三人是否为执行依据的执行力范围所及。

《最高人民法院关于民事执行中变更、追加当事人若干问题的规定》（以下简称《变更追加当事人规定》）规定，当事人向执行法院提交变更追加申请，执行法院应当组成合议庭进行审查，但未明确此类案件是归入执行实施类案件还是执行裁判类案件。目前部分法院沿用原执行案件的案号，由原执行实施团队的承办人自行作出变更追加裁定，部分法院移交执行裁判团队，由执行裁判团队立执异案号作出裁定。如果此部分案件类型不统一，容易造成案件管理混乱。

因《关于执行案件立案、结案若干问题的意见》将变更追加当事人列为执行异议类案件，笔者认为由执行裁判团队作出裁定更合适。

五、执行异议与执行异议之诉程序衔接存在的问题

（一）执行异议作为前置程序与立法初衷不符

《民事诉讼法》及其司法解释规定，案外人对执行异议裁定不服的，认为与原判决、裁定无关的，可以自裁定送达之日起15日内向人民法院提起执行异议之诉，该诉讼由执行法院管辖。[1]即我国将

---

[1]《民事诉讼法》第234条及《民事诉讼法司法解释》第302条。

执行异议作为执行异议之诉的必要前置程序，其立法目的是将部分案件在执行异议审查阶段消化，减少进入执行异议之诉的案件数，节约司法成本。但目前执行异议审查前置程序并未实现立法初衷。我国人民法院执行异议案件实行书面审查，案情复杂、争议较大的，应当进行听证。[1]如上文所述，15 日的审查期限过短，不足以完成必要的实质审查工作，大量执行异议案件作出裁定后，并没有起到定纷止争的作用，最终都进入了执行异议之诉程序。加之法律规定执行异议之诉审理期间不得对执行标的进行处分，部分被执行人会利用该规定，接连串通案外人提起执行异议之诉进行恶意拖延。

（二）执行异议与执行异议之诉程序重复

执行异议主要是程序性审查，但也承担部分实体性工作，例如《最高人民法院关于人民法院办理执行异议与复议案件若干问题的规定》（以下简称《执行异议与复议规定》）第 28 条、第 29 条关于物权期待权排除执行的问题，第 31 条租赁权移交占有的问题，都需要类似诉讼程序中的实体审理才能最终确定，期限一般在两三个月以上。而目前有关执行异议之诉的司法解释迟迟没有出台，对于上述问题，实体法也没有相应的规则，一旦进入执行异议之诉程序，审理时只能参照《执行异议与复议规定》的相关规定，导致执行异议的审查标准和执行异议之诉的审理标准重复，原本两审终审的执行异议之诉案件，衍变成了"三审终审"。

（三）执行异议之诉受理部门不确定

目前受理执行异议之诉案件分为三种模式，一是由执行依据作出的审判部门进行审理，二是由案外人所主张权利属性对口案由的

---

〔1〕《最高人民法院关于人民法院办理执行异议和复议案件若干问题的规定》第 12 条。

审判部门进行审理，三是成立专业的执行裁判庭进行审理。大多数法院都是实行前两种模式，但这两种模式存在以下问题：

一是执行异议之诉案件有一个共性，即需要调取原执行案件的卷宗材料，比如申请执行的时间，查冻扣的期限、数额等。由审判部门进行审理，调取卷宗需要和执行人员沟通协调，审判部门和执行部门工作方式不尽相同、工作时间不完全同步，会在一定程度上影响调取卷宗的效率，进而影响办案效率。

二是执行异议之诉案件是由执行衍生出来的一种特殊的诉讼，与执行程序密切相关。审判部门审理此类案件时，一般根据实体法的规则进行认定，并不一定会兼顾执行程序。比如，被执行人和案外人签订合同规避执行的，审判部门往往会根据实体法审理合同的有效性，从而支持案外人。这可能会忽略申请执行人的权益，或者忽略执行案件的下一步执行问题。

三是对于参与分配方案异议之诉的审理，无论是判决制作新的分配方案还是撤销原执行分配方案，都需要以原有的执行程序为依托。审理此类案件时，原分配方案的送达和告知、所有债权人的意见、债权的优先性、债权的数额等卷宗材料，都要逐一调取审查，以作为下一步裁判的依据。此类案件专业性较强，与执行程序密切联系，若交由审判部门审理，在新的分配方案的制定上容易和执行部门出现分歧。

（四）两种救济途径适用方式不明晰

根据民事诉讼法的规定，案外人、当事人对执行异议裁定不服的，认为原判决、裁定错误的，依照审判监督程序办理；与原判决、裁定无关的，可以自裁定送达之日起15日内提起执行异议之诉。[1]

---

[1]　《民事诉讼法》第234条及《民事诉讼法司法解释》第302条。

从文义上来看，该规定并没有明确两种救济途径是选择适用还是并行适用。只是笼统地规定执行异议有两种救济途径，当事人可以根据其认为的不同事由，选择审判监督程序或者执行异议之诉。实践中，法院在作出执行异议裁定时，通常将两种救济途径都载明告知，将决定权交给当事人。笔者认为，由当事人自行作出判断，容易出现对适用方式的不同理解。很多时候，当事人会将两种救济途径错误适用，本应当通过审判监督程序办理的案件，却进入了执行异议之诉程序，或者本应通过执行异议之诉办理的案件，却进入了审判监督程序。而提起执行异议之诉的期限只有 15 日，该期限为除斥期限，当事人一旦超过该期限就不能再起诉。在错误适用救济途径，审判监督程序裁定不予受理后，当事人再来选择执行异议之诉时，往往已经超过 15 日，导致其丧失起诉权。

六、执行异议和执行复议程序衔接存在的问题

执行复议是指当事人对执行异议裁定、执行决定书不服，依法向上一级人民法院提出复议的一种救济程序。《执行异议与复议规定》对执行复议的审查方式、审查范围等作出详尽规定，目前执行复议程序比较完善，但在上下级法院的程序衔接中仍存在一定的问题。

（一）复议案件移送程序烦琐

实践中，执行复议案件的移送需要四个不同部门的衔接，移送程序烦琐，影响案件复议审查的效率。当事人申请复议的，自裁定送达之日起 10 日内，向执行法院的执行部门递交复议申请书、证据及副本。执行部门将复议申请书和证据副本送达给对方当事人后，将卷宗移送给本院的诉讼服务办公室或立案部门。该部门审查复议材料后，将卷宗移送给上一级法院的立案部门予以立案，最后将卷宗移转给该院的执行部门。复议案件的多个部门移转衔接，往往需要约一个月才能完成交接，这与执行程序高效及时的价值目标相悖。

（二）上级复议审查部门不统一

根据《执行异议与复议规定》的相关规定，当事人可以向上一级人民法院申请复议，但该司法解释并未明确具体的复议审查部门。目前执行复议案件类型不同，上级对口的复议部门也不相同。例如，执行异议不符合受理条件的，执行法院裁定不予受理，当事人不服提出复议申请的，一般由上一级人民法院的立案部门进行复议审查，并作出复议裁定书。而立案后发现不符合受理条件的，由执行异议审查部门裁定驳回异议申请，当事人不服提出复议申请的，由上一级法院的执行异议审查部门进行复议审查，并作出复议裁定书。如果当事人对限制出境、纳入失信名单的决定不服，由上一级人民法院执行实施部门作出复议决定。笔者认为，不同的复议申请由不同部门进行审查，会带来考核和管理上的不便，不利于上下级法院沟通对接。

七、执行监督程序衔接存在的问题

执行监督是对执行程序和执行行为的纠正，是对当事人的权利进行救济的最后一道程序。目前我国法律对执行监督的规定较为分散，并没有出台专门的执行监督指导意见或司法解释，各地法院对执行监督的方式、管理模式、立案标准方面并不相同。

（一）监督层级法院不尽相同

《执行工作规定（试行）》第71条规定，上级人民法院依法监督下级人民法院的执行工作，最高人民法院依法监督地方各级人民法院和专门法院的执行工作。第72条规定，上级人民法院发现下级人民法院执行行为不当或有错误，可以决定进行执行监督。根据上述规定，监督的主体为上级人民法院，但我国法院层级有四级，上级人民法院的范围太宽泛。目前各地法院监督主体不统一，有些法院由高级人民法院统一监督，例如，北京法院由北京高院集中管辖监督案件，受理所有中级人民法院和基层人民法院的执行监督案件；有些法院进行逐级监督，例如，广东法院由广东高院对中级人民法院进行监督，各中级人民法院监督本辖区基层人民法院的执行案件；也有地方明确规定，不经过中级人民法院处理的基层人民法院监督事项，高级人民法院不予受理。[1]监督主体不同，导致监督标准不统一，监督结果形式多样。

（二）监督立案标准不明确

目前执行监督案件主要由法院立案部门进行立案，其对于执行监督立案的形式要件要求比较统一，参考其他执行案件的立案要件，需由当事人提交身份证明材料、监督申请书、证据材料、地址确认书、联系方式等。但执行监督立案的实质标准不明确，对于符合哪些情形可以实施立案监督，法律和司法解释存在空白，这就易导致应当立案监督的案件不予受理，不属于监督范围的案件进入监督程序，执行监督案件的考核、管理不规范、不严谨。对此，各地法院出台会议纪要，自行制定指导意见进行管理。例如，广东高院于2018年10月14日出台的《广东省高级人民法院关于办理执行监督案件的指引》，规定对符合以下情形的可以监督立案：不服执行异议裁定，因不能归责于申诉人的事由而未在法定期限内申请执行复议或提起执行异议之诉的；不服《民事诉讼法》第235条规定的执行复议裁定的；认为2008年4月1日之前的执行行为错误的；反映执行行为违法又无其他法定执行救济程序的；上级人民法院指令监督的；同级检察机关提出民事执行监督检查建议的；经本级院长提交审判委员会讨论后决定监督的。

---

〔1〕 王莉：《现行执行监督的主要方式》，载中国法院网2018年2月5日。网址：https://www.chinacourt.org/article/detail/2018/02/id/3199113.shtml，2022年5月10日访问。

（三）监督模式呈行政化管理模式

为了促进执行工作规范化，部分地方法院对执行监督采取行政化管理的模式，自上而下地对执行工作进行管理。在日常的执行工作中，上级人民法院会制定一系列规范文件，以文件会议的方式要求限期整改、约谈责任领导、开展集中专项行动等达到执行规范化的效果。采取执行行政化管理模式的法院，对于执行监督不采取立案审查的方式，而是通过要求下级人民法院汇报工作、说明情况等，最终通过考核通报的方式体现。例如，某些地方法院设立了执行监督处，对于执行监督事项确有错误且顺利办结的才予以立案，其他则通过督办函的形式将案件情况材料、反映材料转给执行法院，其间采取听取汇报、电话追踪、现场指导等方式，不进行立案。笔者认为，虽然执行行政化管理模式可以进行执行监督，呈现高效、直接的典型特点，但监督程序不透明，救济渠道不畅通，强化了执行监督的行政化，弱化了执行监督的司法性，容易引起当事人的质疑，不利于保障当事人的合法权益。

八、执行程序与破产程序衔接存在的问题

从制度层面来看，我国《民事诉讼法司法解释》第 511 条至第 514 条对执行转破产制度作出了原则性的规定，为执行程序中符合破产条件的企业法人被执行人导入破产程序提供了法律依据。《最高人民法院关于执行案件移送破产审查若干问题的指导意见》（以下简称《执行移转破产指导意见》）细化了移送和交接的具体规则，为执行案件移送破产审查提供了操作指引。但执行转破产制度在实践运行中仍然不顺畅，执行程序与破产程序的衔接还存在多种制约因素，并未实现双向的融会贯通和良性循环。

（一）执行参与分配制度对破产程序的冲击

作为被执行人的公民或者其他组织，当其财产不能清偿所有债

权时，债权人可以申请参与分配。执行程序中的参与分配制度在保障所有债权人公平受偿等方面有着积极的意义，但与此同时也对破产程序有着不利的影响。主要原因是相关法律规范对参与分配制度的适用规定不够明确，导致司法实践中尺度不易把握，操作起来随意性较大，更重要的是参与分配制度被认为是与破产法先天相冲突的一项制度，特别是在当前破产案件逐年大幅下降，破产法实施价值几乎无法体现的背景下，此项制度对破产法的冲击可能也会越来越受关注。[1]

1. 参与分配制度法律适用扩大

首先是法律层面的扩大适用。《民事诉讼法司法解释》第506条将适用参与分配制度的主体仅限定为公民或其他组织。[2]按照该司法解释第511条的规定，对于被执行人为企业法人的，如果符合企业破产法第2条第1款规定情形的，执行法院经申请执行人之一或者被执行人同意，应当裁定中止对该被执行人的执行，将执行案件相关材料移送被执行人住所地人民法院。但是最高人民法院编写的《人民法院办理执行案件规范》第483条特别说明，被执行人是企业法人的，执行法院需要对多个债权分配时，也需要制作分配方案，当事人可以提起分配方案异议、分配方案异议之诉。第483条规定导致实践中对企业法人作为被执行人的案件有例外适用的空间。因破产周期长、清偿比例低等原因，即使作为被执行人的企业法人已经符合企业破产法第2条第1款规定的情形，申请执行人或者被执

〔1〕 曹守晔，杨悦：《执行程序与破产程序的衔接与协调》，载《人民司法》2015年第21期。

〔2〕 《民事诉讼法司法解释》第506条规定，被执行人为公民或其他组织，在执行程序开始后，被执行人的其他已经取得执行依据的债权人发现被执行人的财产不能清偿所有债权的，可以向人民法院申请参与分配。

行人都不愿申请执行转破产程序，导致此类案件仍然适用参与分配制度。两种制度的并行适用，必定会发生交叉重叠，而参与分配制度从利益角度考虑更具有吸引性，在无人申请执行转破产的情况下，最终此类案件都在参与分配制度中进行了消化，这在一定程度上影响和冲击了破产制度的功能。

2. 执行程序中债权人利益驱动

从利益衡量来看，启动破产程序对债权人而言并不是实现债权的最佳选择，其更愿意通过强制执行的方式来实现债权。因为破产清算时债权人的利益是被作为一个整体来看待的，破产法最终要达到这样的立法价值：单个债权人要把个人利益让渡给所有其他债权人的共同利益，即使单个债权人已经通过法律或非法律手段确定了债务支付。根据债权平等原则，债务人的财产按照一定的比例分配给全体债权人，分配后的受偿数额与单个受偿数额相比，比例必然会大大降低。大量破产清算案件中，债权人所获得的清偿比例均不超过10% ~ 20%。[1]宣告破产后，债权人不能完全被清偿的风险会大大提高，因为债务人主体资格消灭后，剩余的债务将会全部被豁免。

此外，即使在执行过程中债务人财产已经被某些债权人向执行法院申请采取查封、扣押、冻结等控制性措施，但这些债权人也并不都享有优先受偿权，其他取得金钱债权执行依据的普通债权人可以向采取控制性措施的执行法院申请参与分配。依照参与分配制度的规则，这些普通债权人可以根据债权数额比例进行分配。启动破产程序只会增加债权人的人数，降低单个债权人的受偿数额和比例。

---

[1] 朱春河：《破产程序的启动机制研究》，河南大学 2001 年硕士学位论文，第 16 页。

综合各种考虑因素和利益衡量，普通债权人更愿意选择执行参与分配制度，并不会主动去申请破产。

3. 破产程序冗长导致债权人和执行法院动力不足

尽管没有取得金钱债权执行依据的债权人有申请破产的动力，但实践中法院受理破产案件的周期长，开展破产清算的周期更长。周期过长、效率低下，既打击了债权人申请破产的积极性，又打击了法院受理破产案件的积极性。因此，依靠债权人来主动启动破产程序的制度看起来很公平，实则很难在司法实践中得以施行。

（二）依申请移转破产的弊端

我国《民事诉讼法司法解释》规定，执行移转破产实行申请主义，[1]即将执行移转破产的决定权交给申请执行人或被执行人，这种依申请移转破产模式存在诸多弊端。执行移转破产程序启动机制的主体单一狭窄，导致执行移转破产制度不能发挥正常的价值功能，使本应当通过破产程序解决的问题滞留在执行程序，进一步加重了执行负担。

从宏观的社会层面来看，企业破产法的立法目的是规范企业破产程序，公平清理债权债务，维护社会主义市场经济秩序，促使企业重生。企业破产的威胁对市场竞争机制具有强化作用，只有企业存在危及生存的竞争时，才是最激烈、最充分的竞争，没有这种强化作用就不可能有完善的市场机制。[2]但是，如果只能经申请才能启动执行移转破产程序，就会出现无人提出破产申请的局面，企业

---

〔1〕《民事诉讼法司法解释》第 511 条规定，在执行中，作为被执行人的企业法人符合破产法第 2 条第 1 款规定情形的，执行法院经申请执行人之一或被执行人同意，应当裁定中止对该被执行人的执行，将执行案件相关材料移送被执行人住所地人民法院。

〔2〕 曹思源：《企业破产法指南》，经济管理出版社 1988 年版，第 55 页。

破产的危险带来的强化作用就无从实现。

（三）执行部门与破产审判部门的资源隔断

近年来，最高人民法院"总对总"执行查控系统不断完善，[1] 极大提升了执行效率，执行人员在办公室即可实现对被执行人银行存款、车辆信息、不动产信息等的查询，甚至可以冻结、扣划被执行人的银行存款。而该系统目前只能在办理执行案件时，执行部门才享有相应的权限，破产审判部门不能共用这种资源，造成了破产程序和执行程序的资源相互隔绝。在破产审查过程中，破产审判部门查询债务人的财产信息主要依靠传统的调查方式，由法院给破产管理人出具调查令，破产管理人持调查令分别前往银行、不动产登记部门、工商部门、国土部门、车管所等查询财产线索。这种查询方式，不但时间长、效率低，而且不能全面覆盖所有财产情况。

基于当前执行部门与破产审判部门资源不能共享的现状，执行移转破产的财产调查工作主要由执行部门承担，执行部门移转前需提交涉执行债务清单和财产情况，这势必会加重执行人员的工作量。执行部门移转破产的主要动因是实现以该企业法人为被执行人的多个执行案件彻底终结，[2] 以减少执行工作中的重复劳动，避免执行过程中的重复查询、查封、扣押，节省人力物力。这种资源不共享造成的工作量不平衡，在一定程度上打击了执行部门移转破产的积极性，影响执行移转破产制度的效率和效果。

---

〔1〕2019年3月12日《最高人民法院工作报告》指出，最高人民法院与公安部、自然资源部、国家工商总局等16家单位和3900家银行业金融机构联网，覆盖了存款、车辆、证券、不动产、网络资金等16类25项信息，对被执行人主要财产形式一网打尽。

〔2〕《民事诉讼法司法解释》第513条规定，被执行人住所地人民法院裁定宣告被执行人破产的，执行法院应当裁定终结对该被执行人的执行。

（四）执行部门移转破产程序的动力不足

虽然法律规定执行移转破产程序是依申请才启动，但是根据《执行移转破产指导意见》的具体规定，执行部门在两个程序的衔接中仍然需承担较多工作。

第一，执行部门需要承担起移送破产审查前的征询和告知工作。执行部门对作为被执行人的企业法人进行相关财产调查后，认为其已经符合破产的情形时，应当主动对申请执行人或者被执行人进行询问，征求当事人是否同意将执行案件转入破产程序审查。第二，执行部门需要履行执行案件移送破产审查的内部决议、审批、送达手续。执行人员应梳理好案件情况，认为案件可以移送破产的，由执行人员先提出审查意见。然后组成合议庭进行评议，通过合议庭的评议后，提交院长签署移送的决定书。此后，执行部门需要对作出的移送决定书进行送达和书面通知。[1]第三，执行部门移送破产审查的案件，应当向破产审理部门提供尽可能详细的执行案件材料，以保障破产审理部门能全面掌握案件情况。主要材料包括，当事人同意移送破产审查的书面意见；拟移送破产审查的被执行人的主体资格证明材料及联系方式；执行案件立案信息表、作为执行依据的生效法律文书、因移送破产审查而中止执行的执行裁定书；被执行人涉执行债务清单及债权人联系方式、债权已受偿或财产已分配清单，财产查封、扣押、冻结清单及相应查封、扣押、冻结手续；决定移送破产审查时已掌握的债务清册、债权清册、有关财务会计报表和报告、职工债权等相关材料等。以上移送前的事务性工作，往往涉及几十个甚至几百个执行案件的统查事项，需耗费执行人员的

---

[1] 《执行移送破产指导意见》第7条规定："执行法院作出移送决定后，应当于5日内送达申请执行人和被执行人。"第8条规定："执行法院作出移送决定后，应当书面通知所有已知执行法院，执行法院均应中止对被执行人的执行程序。"

大量时间和精力，因此执行人员对于案件移转破产的动力并不足。

（五）管辖制度存在局限

我国企业破产法规定，破产案件根据企业法人的住所地来确定管辖权，大部分都在基层人民法院。[1]但是对于执行移转破产案件，《执行移转破产指导意见》确立了提级管辖制度，原则上以中级人民法院管辖为主、以基层人民法院管辖为例外。[2]这种在级别管辖上的特殊规定，一方面是考虑到破产案件具有较强的专业性，另一方面是为了减少基层法院的审判任务，但与此同时也会产生不利后果，在一定程度上制约了执行案件移转破产程序。

第一，目前基层人民法院受理的执行案件数最多，相应的执行移转破产案件比例也更大。一旦启动执行转破产程序，基层人民法院执行部门需将案件移送中级人民法院破产审查，这必然涉及两个不同法院之间的沟通协调，增加案件移送的司法成本。第二，如果基层人民法院拟将案件移送其他地方中级人民法院予以审查的，还需要先经过自身所在地中级人民法院执行部门批准审核后，然后才能移送。这将涉及三个不同法院之间的沟通协调，移送前往往需要汇报、请示、座谈等，严重影响移转效率。第三，执行法院移送破产审查的材料，由受移送法院立案部门进行接收。该立案部门对相关材料进行审核后，认为材料齐全完备的，将按照"破申"案件类型进行立案登记，然后将材料和案件移送给受移送法院的破产审判部门。这又涉及不同层级法院的不同部门之间的沟通协调，不符合

---

〔1〕《中华人民共和国企业破产法》第3条规定："破产案件由债务人住所地人民法院管辖。"

〔2〕《执行移送破产指导意见》第3条规定："在级别管辖上，为适应破产审判专业化建设的要求，合理分配审判任务，实行以中级人民法院管辖为原则、基层人民法院管辖为例外的管辖制度。中级人民法院经高级人民法院批准，也可以将案件交由具备审理条件的基层人民法院审理。"

高效便捷的工作原则，甚至会出现推诿扯皮的现象。

（六）执行部门和破产审判部门把握破产原因标准不一

我国企业破产法明确了企业法人的破产条件包括两个要件。[1]执行移转破产除具备上述两个要件外，还需增加一个主观要件，即经任一个申请执行人或被执行人同意。破产审判部门和执行部门审查是否具备破产要件标准不尽相同，执行部门对于明显缺乏清偿能力的认定，主要适用"申请法院强制执行而仍未获清偿"的标准，一旦进入法院强制执行程序，经查询后被执行人无财产可供执行，即认定为具备破产要件。在传统破产案件中，破产审判部门对是否具备破产要件采取实质审查标准，对债权人的破产申请举行听证会，全面了解债务人的债权债务、资产、人员等，结合整体情况作出是否资不抵债或明显缺乏清偿能力的判断，最后作出裁定是否受理。

执行部门和破产审判部门审查标准的不同，增加了执行移转破产的难度。执行部门根据其掌握的财产现状进行审查，认为被执行人已经具备破产条件，征询当事人意见后移转破产，而破产审判部门根据实质审查标准组织听证后，认为并未达到破产条件，最终裁定不予受理，被执行人的财产将退回给原执行部门，执行部门依法予以恢复执行。实际上，执行部门依照其掌握的信息作出移转破产的判断，在实体上和程序上都符合相关法律规定。根据最高人民法院民二庭关于执行转破产意见的解读，执行程序中判断是否"执转破"的实质要件与受移送法院破产审查裁定是否受理的标准应当完

---

[1] 《中华人民共和国企业破产法》第2条第1款规定，企业法人不能清偿到期债务，并且资产不足以清偿全部债务或明显缺乏清偿能力的，依照本法规定清理债务。

全一致。[1]否则，会加重执行人员对破产要件判断的负担，进而造成执行程序中无财产可供执行，案件找不到出口。

九、执行程序与拒不执行判决、裁定罪追诉程序衔接存在的问题

执行是保障公民合法权益的最后一道防线，当债权人付出巨大人力、物力、财力取得生效法律文书，却因被执行人拒不履行而无法实现权益，生效法律文书难以兑现，司法权威受到侵犯。《中华人民共和国刑法》（以下简称《刑法》）第313条的拒不执行判决、裁定罪（以下简称拒执罪）为打击拒执行为提供了法律依据，然而当前拒执罪存在内外掣肘因素，在实践适用中出现失衡状态，拒执罪没能真正发挥其应有的威慑作用。本部分将对此进行深入探讨，为拒执罪走出现实困境提供些许思路。

（一）拒执罪的内外掣肘因素

1. 适用现状和现实困境

近五年，B市D区法院的执行案件总数为39 372件，公安机关立案侦查的共4件，占执行案件总数不到0.01%，检察机关审查起诉的仅为1件，法院判决的仅为1件，B市D区法院适用拒执罪的比例也很低。从全国整体情况来看，以2017年为例，最高人民法院工作报告中载明该年全国法院以拒执罪判处罪犯9824人，而当年中国裁判文书网上传的刑事判决就有943 267件，拒执罪的适用比例在1%左右。结合执行实践，追究拒执罪主要有以下"三大难"——公安机关立案难、检察机关起诉难、法院定罪难，因此拒执罪难以发挥应有的惩戒作用。

---

〔1〕 王富博：《关于〈最高人民法院关于执行案件移送破产审查若干问题的指导意见〉的解读》，载《法律适用》2017年第11期。

2. 实践缺位的原因及后果

（1）实践缺位的原因分析。

拒执罪适用率低存在多种内外掣肘因素，笔者认为，主观意识薄弱和制度设计缺陷是主要原因。

第一，申请执行人主观意识薄弱——"舍不得""不敢做""做不到"。首先是"舍不得"。中国是典型的熟人社会，人际交往以血缘、地缘维系，曾经的邻里街坊、亲朋好友、生意伙伴，有相对牢固的感情基础，申请执行人最终目的是实现自身的权益，主观上并非想让被执行人遭受刑事处罚。在普通民众心目中，这种民事纠纷超越了他们对刑事犯罪的认知，将被执行人纳入失信被执行人名单、限制高消费已经足以平衡心理。其次是"不敢做"。申请执行人担心如果使被执行人付出过高代价，最终不但实现不了权益，还会给自己惹祸上身。最后就是"做不到"。根据《最高人民法院关于审理拒不执行判决、裁定刑事案件适用法律若干问题的解释》（以下简称《解释》）第3条的规定，申请执行人提起自诉需要有相关证据材料予以证明。对于"有能力履行而拒不履行"的证据搜集，申请执行人认为属于国家机关职权范围，已经超出自己的能力范围。故申请执行人提起自诉的意愿比较低迷。

第二，制度设计缺陷。实践中，拒执罪的适用也存在诸多外部掣肘因素，例如，执行法官移转案件的意愿低迷、公检法沟通不畅等。透析这些外部制约掣肘因素，其根源于立法层面、制度设计存在缺陷，包括裁定范围不清晰、拒执行为起算点模糊、追诉机制不合理、量刑幅度不科学、罪状表述不清等。这些制约因素，会造成法院认定标准不统一、公检法认识有偏差等外部适用障碍。

（2）实践缺位的不利后果。

拉丁法谚云："执行乃法律之终局及果实。"拒执罪作为法律文书得以遵守、胜诉当事人权利得以实现的最后防线，本应是悬在被执行人头顶的一把利剑，现因内外掣肘因素使得"剑在鞘中不得出"，拒执罪无法起到制裁和威慑作用。

第一，拒执罪适用度不足。根据民事诉讼法的相关规定，被执行人拒不履行生效判决、裁定的，人民法院可以对被执行人采取罚款、拘留等司法强制措施，构成犯罪的，依法追究刑事责任。实践中，以罚代刑、以拘代刑是基层执行法官普遍的做法，主动选择用刑事手段打击拒执行为的很少。对于部分执行标的较小的案件，被执行人迫于罚款、拘留的压力会主动履行义务。但是对于执行标的较大的案件，被执行人即使不能履行义务，最严厉的司法强制措施是拘留15日，一旦熬过15日的周期，法院也不能以同一理由连续拘留，最终只能到期释放。被执行人抱着这种侥幸心理，用失去15日的自由来拖延、拒绝执行，违法成本很低。因此拒执罪在实践中的适用严重弱化。

第二，司法权威受到侵犯。一旦拒执罪适用度不足，被执行人就会认为违反法律不会付出高昂的代价，侵犯司法权威也并不是一件严肃的事情。当这种触碰法律、轻视司法权威的行为成为常态，严格追究被执行人刑事责任的社会成本就会变得太高而无法实现。这反过来又会激励其他人进行效仿，从而陷入一种恶性循环，进一步侵犯司法尊严和司法权威。

（二）拒执罪的失衡

1. 裁定的内涵及外延模糊

笔者在中国裁判文书网以"拒不执行裁定"为检索条件，检索出310份判决书，通过对310份判决书中裁定的内容进行分析发现，各判决书对裁定的内容认识存在差异，对裁定的限定标准不统一。在29%的判决书中，从始至终未提及执行机构关于作出裁定的行为，也没有给被执行人设置任何行为或者金钱给付义务，但最终以拒不执行裁定罪定性。追究其根源，还是因为立法层面对拒执罪认定标准模糊导致的。

（1）裁定的内涵模棱两可。

2002 年《全国人民代表大会常务委员会关于〈中华人民共和国刑法〉第三百一十三条的解释》（以下简称《第 313 条解释》）〔1〕中对裁定的内涵作了概括性规定，依照其字面含义"为依法执行支付令、生效的调解书、仲裁裁决、公证债权文书所作的裁定"，意味着此时必须已有生效法律文书，而且已经进入执行程序中。那么在诉讼前或诉讼过程中作出的保全裁定、先予执行裁定，并未在该解释中明确规定，目前实践和理论界对此争议也很大。

（2）裁定的外延范围过窄。

笔者以"拒不执行裁定" ＋ "刑事案件" ＋ "一审" ＋ "判决书"为检索条件，检索出 491 份刑事判决书。对被执行人拒不履行的执行依据进行分类，其中判决书为 149 份，调解书为 252 份，公证债权文书为 61 份，仲裁裁决书为 14 份，支付令 11 份。以上数据反映出调解书的占比最高，远远超过判决书的数量。由此可见，非判决书、裁定类执行依据在实践中已经占据举足轻重的地位。我国民事诉讼法规定，调解书与判决书具有同等法律效力，且最高人民法院在 2010 年就提出了"调解优先、调判结合"的工作原则〔2〕，对于不履行调解书确定义务的可以申请强制执行。但是调解书并不

---

〔1〕 该解释指出：《刑法》第 313 条规定的"人民法院的判决、裁定"，是指人民法院依法作出的具有执行内容并已经发生法律效力的判决、裁定。人民法院为依法执行支付令、生效的调解书、仲裁裁决、公证债权文书所作的裁定属于本条规定的裁定。

〔2〕 详见《最高人民法院关于进一步贯彻"调解优先、调判结合"工作原则的若干意见》（法发〔2010〕16 号）。

是拒执罪直接的侵犯对象，只有因拒不执行调解书所作的裁定时，才可能因适用《第313条解释》被追究拒执罪。既然立法赋予调解书与判决书具有同等效力，但在追究拒执罪时适用条件并不相同，从逻辑上讲很难自圆其说。

对于财产给付类案件，法官在执行过程中通常会出具查询、扣划、冻结、扣押、查封等裁定，但是在此前被执行人采取的恶意转移财产等规避执行的行为，很难适用拒执罪追究其责任，这让被执行人有机可乘。对于行为类案件，如房屋腾退、排除妨碍、探视权等，执行过程中只需要院长签发公告，往往不需要出具裁定即可直接强制执行，这为被执行人规避法律提供了空间。如果立法不能将上述非判决、裁定类执行依据尤其是调解书纳入拒执罪调整范围，一旦出现情节严重的拒执行为，无疑是对该类案件的被执行人极大的放纵。将调解书纳入拒执罪犯罪对象是基层法院普遍的呼声，且部分地方法院已有突破性案例[1]。

2. 时间起算点之争

时间起算点直接关系到拒执行为能否被追诉，即"罪"与"非罪"的问题，然而现行立法、司法解释对此并没有明确规定。《第313条解释》中只对协助执行义务人的时间节点有所规定[2]，限定在接到人民法院的执行通知书后，对于其他主体包括被执行人、担保人等则没有规定。这导致实践中人民法院、公安机关、检察机关

---

〔1〕 付全球：《浅析对拒不执行判决、裁定罪犯罪对象的立法完善》，载 http：//jxxfy. chinacourt. org/article/detail/2015/05/id/1607952. shtml，于2019年5月23日访问。

〔2〕 下列情形属于刑法第313条规定的"有能力执行而拒不执行，情节严重"的情形：……（三）协助执行义务人接到人民法院协助执行通知书后，拒不协助执行，致使判决、裁定无法执行的。

各持三种不同观点〔1〕，究其根本原因仍然是立法层面对时间起算点规定不明确。

（1）法律文书生效说。

拒执罪与其他刑事罪名的不同之处在于，其侵犯的是双重法益，即权利人利益和国家司法权威。法律文书的作出即是对当事人之间权利义务的固定，依法产生强制力和约束力，代表国家司法权威，该观点认为法律文书生效以后发生的转移财产等妨碍当事人权利实现的行为都可以追究其罪，这与打击拒执行为、维护司法权威的立法精神也是一致的。

除此之外，在拒不执行法院判决、裁定行为上，民法和刑法是有相通之处的。《民事诉讼法》第114条第（六）项规定，诉讼参与人或者其他人拒不履行人民法院已经发生法律效力的判决、裁定的，人民法院可以根据情节轻重予以罚款、拘留；构成犯罪的，依法追究刑事责任。《民事诉讼法司法解释》第188条规定，拒不履行人民法院已经发生法律效力的判决、裁定的行为，包括在法律文书发生法律效力后隐藏、转移、变卖、毁损财产或者无偿转让财产、以明显不合理的价格交易财产、放弃到期债权、无偿为他人提供担保等，致使人民法院无法执行的。即裁判文书生效以后义务人采取的妨碍权利人权利实现的行为都是拒不执行判决、裁定的行为，可以追究其民事责任或刑事责任。因此，在研究拒执罪时，我们不能将刑法和民法割裂开来，要综合运用刑民不同学科的逻辑和精神思考，得出合理结论〔2〕。

---

〔1〕 陶小超，吕鑫：《执行威慑机制背景下拒不执行判决、裁定罪的认定标准研究》，载《"强制执行的理论与制度创新"——"中国执行论坛"优秀论文集》2017年版。

〔2〕 朱铁军：《刑法与民法之间的交错》，载《北方法学》2011年第2期。

对于法律文书生效说也有判例。2015 年，最高人民法院公布了 5 起打击拒不执行涉民生案件典型案例[1]，其中案例四即被告在法律文书生效以后进入执行程序之前恶意转移财产，导致判决无法执行，最后被追究拒执罪。2016 年最高人民法院 71 号指导案例——毛某拒不执行判决、裁定案，判定有能力执行而拒不执行判决、裁定的时间从判决、裁定发生法律效力时起算。目前，法院的主流观点是持法律文书生效说。

（2）执行通知书说。

第二种观点是执行通知书说，该观点认为，进入执行程序后，被执行人收到法院送达的执行通知书和报告财产令之后做出拒执行为才能被追究本罪。因为拒执罪的两个必要条件是"有能力履行"和"拒不履行"。只有在进入执行程序以后才能查询被执行人名下财产状况，确定其是否有履行能力；只有在收到法院执行通知书后被执行人才有履行的义务，才会有"主动履行"和"拒不履行"的表现。实践中，公安机关通常持该观点，对于法院移送立案侦查的案卷材料，必不可少的是向当事人送达的传票、执行通知书、报告财产令等材料，否则会不予立案侦查。

（3）执行立案说。

该观点认为只有发生在执行立案以后的拒执行为才能构成拒执罪。依据在于《第 313 条解释》第 1 条规定，被执行人、协助执行义务人、担保人等负有执行义务的人对人民法院的判决、裁定有能力执行而拒不执行，情节严重的，应当依照刑法第 313 条的规定，以拒不执行判决、裁定罪处罚。即构成拒执罪的主体为被执行人、

---

〔1〕《最高法公布五起打击拒不执行涉民生案件典型案例》，载 http：//www. court. gov. cn/fabu－xiangqing－13480. html，2019 年 5 月 21 日访问。

协助执行义务人、担保人等，这些都是进入执行程序以后才存在的主体。目前检察机关赞同该观点，其认为执行案件是移送审查起诉的前提。由此可见，公检法三方各持己见，认识无法统一，这也是拒执罪移送过程中的一大障碍。

3. 公检法三方合力不足

拒执罪的追诉程序经历了三个阶段的变化：自诉－公诉－自诉公诉结合。拒执罪侵犯的双重法益，既有胜诉当事人的利益，又有司法权威，因此公诉程序在司法实践中虽然有缺陷，但也有其存在的法理基础。通过公安机关立案侦查和检察机关提起公诉，一方面能够减小自诉程序中自诉人证明责任的压力，另一方面可以限制法院自由裁量权，符合控审分离的诉讼理念，充分保障程序正义。然而拒执罪有其自身的特殊性，如果忽视其特殊性，将拒执罪完全等同于一般刑事公诉案件，会严重影响追诉效率。因自诉案件的受理条件已有最高人民法院相关指导文件[1]予以明确，受理渠道相对顺畅，争议较少。因此，下面主要探索公诉机制的瑕疵。

（1）立法缺陷致移送渠道不畅。

由上文可知，拒执罪对于裁定的内涵及外延含糊不清、拒执行为时间起算点存在争议、"情节严重"的认定标准不统一等，导致公检法认识标准不一，法院执行部门移送立案侦查门槛较高，移送审查起诉困难重重，拒执罪移转渠道不畅通。目前，拒执罪的启动和追责还处于"个案协商"的阶段。

（2）移送程序繁复，降低追诉效率。

整个追诉流程始于法院又终于法院，法官在案件执行过程中掌

---

[1]《最高人民法院关于拒不执行判决、裁定罪自诉案件受理工作有关问题的通知》，2018年6月5日印发。

握了充分的证据，认定被执行人构成拒执罪，却依然需要按照公诉程序将案件移送公安机关立案侦查，公安机关向当事人调查询问，向法院调取证据，认为符合条件的移送检察机关审查公诉，检察机关启动起诉程序后，最终再次回到法院定罪量刑，造成了司法资源的极大浪费，不但降低了追诉效率，也影响了执行案件的进展。

（3）法院身份多重，有碍程序公正。

在公诉程序中，法院具有"被害人""起诉人""证人""裁判者"四重身份。法院在执行案件办理过程中容易先入为主地对被执行人做"有罪推定"，不管最终的裁判结果如何都已经违背了程序正义。"正义不但要伸张，而且必须眼见着被伸张"[1]"既是运动员又是裁判员"的自诉自查自审模式无法取信大众，影响司法公信力。由此导致法官无法自处：刑事法官无法容忍此种太过明显的程序瑕疵；执行法官责任过重，受制于错案压力、信访风险等综合因素，移送拒执罪的积极性大打折扣。

以上种种因素，导致公诉机制难以按照原有规划发挥应有作用，反而成为拒执罪适用过程中的绊脚石。

---

〔1〕　杨少婷：《角落里的"拒执罪"——论拒不执行判决、裁定罪鲜见追究的原因及对策》，载《法制与社会》2013 年第 12 期（中），第 286 页。

第四章
执行内分和外分的优劣比较

党的十八届四中全会《决定》只是提出了审判权与执行权相分离的改革愿景，并未明确具体的改革方向和路径，对诸如审判权和执行权为何要相分离、如何分离才更符合改革的要求，理论和实践都需解决这些基本而重要的问题，学术界、实务界也还远未形成共识。[1]

关于执行权和审判权相互分离的模式，从权力分离、机构分离和职责外分的多重视角，主要存在三种不同改革方案主张，在这三种方案下，因细节设计上的不同又区分若干子方案。总体而言，一是"彻底外分模式"，即将整个执行机构和执行工作职能从法院整体分离出去，交给其他

〔1〕 江必新，刘贵祥：《审判权和执行权相分离的最优模式》，载《法制日报》2016 年 2 月 3 日，第 12 版。

的司法行政部门或者在法院系统之外组建的独立执行机构负责；二是"深化内分模式"，即在法院内部已经实现了审判部门和执行部门分离的基础上，相关裁决、实施机构、部门职责和执行管理机制再次深度分离，实现审判权和执行权的相互制衡和监督；[1]三是"深化内分、适当外分模式"，即在坚持深化内分模式的基础上，将原来由法院承担的行政案件和刑事涉财产部分的执行职能移交至法院外的其他行政机关实施,[2]2016年最高人民法院报给中共中央政法委员会的执行体制改革方案，初步拟定的方案就是这种"深化内分、适当外分模式"。

在现有国情下，全国法院推进切实解决执行难专项行动正在热烈开展，民事强制执行法也刚刚纳入立法机关审议视野，选择哪种执行体制改革方案，事关重大，不能只停留在理论空谈层面，而应该对每一种方案的优点和缺陷进行实证研究。

第一节　彻底外分模式优劣分析

彻底外分模式是针对执行权内置于法院行使的现行执行制度安排提出的，系"一种外放式的执行制度的理论和实践。这种不同的制度理论和实践，存在于域外如美国的法律生活之中，并因其良好的实施效果，以及对民事执行权性质的看似更为清晰的认识和制度编排，而为国内的许多研究者所称赞和主张。尽管外放式

---

〔1〕　单一良，姚炎中：《解题"执行难"：法院执行在行动——专访最高人民法院审判委员会副部级专职委员、执行局局长刘贵祥》，载《人民法治》2015年第1期。

〔2〕　马登科：《审执分离运行机制论》，载《现代法学》2019年第4期。

的改革主张迄今为止依然是纸上谈兵或非权威、非正式场合的窃窃私语，但正是它的存在以及不时涌现才使得中国的民事执行制度改革真正成了一个具有宏大体制关涉的问题并呈现出诱人的理论和实践价值"[1]。此类观点认为，执行权不应作为审判活动的附属品，执行程序也不是审判程序的最后一道程序。现有的执行权运行体制和机制无法解决长久以来的执行难和执行乱问题，与此同时，外分模式还具有国外比较法上的参照系，是基于对现行执行制度设计和执行实践的不满而提出的大胆改革尝试，但该观点关于执行权和执行机构到底应该如何外分，执行工作才能比现状更加令全社会满意，始终没有提出一套较为科学合理的、切实可行的具体改革思路和方案。

一、彻底外分模式的几种方案

彻底外分模式主要以执行机构的归属和执行权的行使为出发点，作为执行内分模式的参照和挑战，因立足点不同而分为三种子模式。

一是单独设立执行局。基于司法执行工作的共通性，应设立独立的司法执行机构，如在国务院或者最高人民法院下创设独立的执行总局（执行总署），其职责既包括从人民法院剥离的民事执行案件、行政诉讼执行案件、行政非诉执行案件、财产刑执行案件，也包括司法行政部门、公安部门负责办理的刑事案件涉刑罚的执行。

二是将执行权交由司法行政机关行使，参照越南执行体制的架构，考虑在司法部下设执行总局。目前，司法行政机关是主管全国司法行政工作的国务院组成部门，其负责刑事案件的刑罚执行工作。其中，被判处死刑缓期二年执行、无期徒刑、有期徒刑的罪犯，由司法部下设的监狱管理局负责执行监禁刑罚。非监禁刑罚执行则由

---

[1] 张志铭：《执行体制改革的想象空间》，载《人民司法》2008 年第 21 期。

司法部下设的司法矫正管理局负责，其主要职责是在有关部门、社会组织和志愿者的协助下，在判决、裁定或决定所确定的期限内，不脱离社会，矫正被执行人的犯罪心理和行为恶习。将民事执行案件、财产刑执行案件、行政诉讼执行案件及非诉行政执行案件一并划入司法部，使执行工作彻底脱离法院体系，真正做到审执分立。司法执行局的行政级别为副部级。具体机构和职责如下：（1）刑事案件执行部门。主要职责包括：刑事案件监禁刑罚和非监禁刑罚的执行工作；刑事财产刑的执行工作；监狱管理工作；社区矫正工作。（2）民事案件执行部门。主要职责包括：民事案件的执行工作，具体有财产调查、财产控制、财产变现、被执行人调查、送达等执行事务性事项；民事执行案件的监督审查，具体有执行行为异议和复议，案外人异议审查，分配方案异议处理；执行申诉、请示、协调事项的审查；执行管辖权移转的决定；终结执行、中止执行、不予执行等程序事项；采取控制性措施、处分性措施和制裁性措施的决定、命令等。（3）行政案件执行部门。主要职责包括：行政诉讼案件和非诉行政案件的执行，具体有财产调查、财产控制、财产变现、被执行人调查、送达等执行事务性事项；行政执行案件的监督审查，具体有执行行为异议和复议，案外人异议审查，分配方案异议处理；执行申诉、请示、协调事项的审查；执行管辖权移转的决定；终结执行、中止执行、不予执行等程序事项；采取控制性措施、处分性措施和制裁性措施的决定、命令等。（4）综合部门。主要职责包括：综合性事务的统筹安排；与人民法院、人民检察院、行政机关工作机制的建立协调；人事、警务、后勤管理等。

　　三是将民事、行政案件执行权交由公安部门或者财政部门行使。（1）交由公安部门行使。公安部是主管全国公安工作的国务院组成部门，职责包括经济犯罪侦查、治安管理、边防管理、刑事侦查、出入境管理、公共信息网络安全监察、监所管理、交通管理等，其可采取的强制措施及工作经验，能有效提高民事、行政执行案件的效率，解决执行难。对财产刑案件，由于公安机关负责刑事案件的侦查工作，对被执行人的财产状况的了解更为清晰，可以采取的强制措施也更有效。（2）交由财政部门行使。目前，主张相关执行权交由财政部门行使的观点，至今未提出具体方案。

因最高人民法院在 2015 年组织开展的 10 个全国执行改革试点中，并无外分的试点安排。2018 年以后最高人民法院执行局审批的关于执行管理体制改革的三个试点法院分别为成都中院、苏州中院和惠州中院，也无外分模式的尝试。因此，外分模式仍然停留在学者的理论研讨和观点争鸣层面，没有关于实行彻底外分模式改革的实践样本。2018 年 1 月 26 日，湖南省岳阳市编办对外称，辖区的汨罗率先在全省启动人民法院审执分离改革试点工作，拟将审判职能与执行职能分离，重新整合配置机构，在汨罗市司法局外分设汨罗市执行工作局，在市人民法院新设执行裁判庭，在市公安局设立汨罗市公安局执行警务大队。但该改革模式并未经过中央政法委和最高人民法院的批准，也没有该改革后续的效果数据统计分析，在整体的司法改革背景下，其不具有可持续性和可复制的样本价值。

二、彻底外分模式的理由

彻底外分观点的出现，是部分学者在执行难长期得不到解决的前提下，认为由法院继续行使执行权的模式已经失灵，必须要设计一个完全不同的执行权运行体制和机制，才能回归执行权的本来面目，根治当前存在的执行困境。根据笔者的分析并结合其他公开的观点来看，主张彻底外分的主要理由如下。

（一）彻底外分符合中央会议提出的审执分离改革目标和价值取向

党的十八届四中全会提出要优化司法职权配置，而审执分离改革作为优化司法职权配置的一部分，从合目的性的角度解读，要符合"保证公正司法，提高司法公信力"的司法改革总目标。审执分离改革作为体制改革，是国家权力配置的重大调整，必须从优化审判权与执行权的职权配置入手展开。内分说根据执行权的复合权说，主张审判权与执行权应由法院统一行使，推动审执分离的工作是在法院内部将执行裁决权和执行实施权分交不同部门行使。这种内分式改革下的"审执分离"，只是法院的审判业务部门与执行机构的分离。虽然不应否定法院近年来在解决执行难问题上付出的努力和取得的成绩，但从解决执行难具体而有效的措施来看，执行难问题的解决与审执的内分模式并无必然联系，而内分模式对于执行不公和执行腐败问题的解决，却存在着体制性的牵制，难以有效推进。另外，从推进国家治理体系、治理能力现代化出发，从有利于解决执行不公问题以及执行中当事人等的权利救济问题出发，执行体制改革必须规范权力配置关系，真正达至审判权与执行权的职能分离、司法权对执行权的有效制约、防止执行权的滥用，使执行公正在权力结构和体制上获得保障，使当事人能够有效获得权利救济，使审判权和执行权按照司法权和行政权各自不同的机制独立运行。

2016年社科院法学研究所承接的中央政法委的研究课题最终形成的结论报告《审判权和执行权相分离的体制改革研究》，比较鲜明地提出应当将执行权彻底外分，不应再由法院行使，认为只有采取外分的模式，由法院以外的机构行使民事执行权，民事执行活动才能真正得到法院、检察机关的双重监督，才能正确运用外部权力的制衡解决执行难、执行乱等由于体制权力配置不合理造成的弊端，才能符合现代民事执行制度设置的规律，同时也才能真正提高国家司法权的权威性、公正性与公信力。[1]

（二）彻底外分是厘清审判权与执行权两种性质不同的权力、回归执行权本来属性的必然要求

民事执行权的性质争议向来存在司法权说、行政权说、复合权力说、独立权说等诸多学说。执行权虽然带有司法属性、与司法密切关联，但其本质仍然是一种行政权力。[2]从法理上讲，审判权是司法权力，是一种判断权，具有中立性、公正性和被动性；而民事执行权具有确定性、主动性、命令性、强制性等特征，[3]民事执行是一种行政活动，民事执行权本质是一种行政权。

司法权说的依据是我国现行的执行制度设计，人民法院是我国目前唯一的执行机关，据此推论出民事执行权是司法权，此为本末倒置的论断。[4]应当先对执行权的性质有正确认识，再根据其性质将其配置于相应的国家机关，而不应根据执行机关的设置决定执行权的性质。因此，民事执行权既不是司法权，也不是具有司法性和行政性双重属性的复合性权力，纯粹的执行权只可能是一种行政性的权力，应当从行使司法权的法院中分离出来。法院系统内部的审执分离只是表面上的分离，而不是实质上的分离。尽管目前法律和司法解释赋予了当事人对违法执行行为的救济权利，但仍局限于法院内部或上下级法院，而民事执行检察监督对法院执行活动的监督

〔1〕 徐卉：《论审判权和执行权的分离》，载《中国社会科学报》2016年12月14日，第005版。

〔2〕 张志铭：《民事执行权的制度安排》，转引自肖建国：《民事审判权与执行权的分离研究》，载《法制与社会发展》2016年第2期。

〔3〕 周斌：《推进审执分离体制改革提高司法权威》，载《法制日报》2015年5月15日，第5版。

〔4〕 王敏远，徐卉：《审判权和执行权相分离的体制改革研究》，中央政法委调研课题，未刊稿，第43页。

方式目前仅限于检察建议,[1]尚未形成强有力的外部制衡力量。当事人不能以法院为被告提起诉讼进行救济,这显然违背执行权作为行政权的基本原理。[2]而一旦分离出去,申请强制执行没有得到执行的或者执行行为违法的,当事人可以提起行政诉讼,通过司法程序对执行行为进行监督。

根据宪法和人民法院组织法对法院性质的定位,人民法院是国家的审判机关,行使审判权是人民法院的主体性的本职工作。执行局作为法院内设机构,尽管在规格与待遇上与普通业务部门并无二致,但观念的局限导致各地执行局在法院的地位普遍不高,摆脱不了附属地位。

从职能定位上。法院的业务培训与学习主要以审判业务为主,针对执行局的培训与学习少之又少。法院执行业务主要以民事执行为主,具有涵盖范围广泛,实体法和程序法相互交织,与保全程序、诉讼程序和破产程序经常进行转换,立法空白点较多的特点。执行法官更需要由高素质、经验丰富的民事法官担任,但在目前法院内部的业务划分中,往往将执行与行政审判这两种法学原理和法律体系、工作方式大相径庭的业务并列,审委会设立行政执行委员会,各类业务培训教材也将内在交叉极少的行政诉讼和执行业务并列,这是对智识和财产的极大浪费。从建立专业化执行队伍的角度看,外分有助于建立单独的执行员专业岗位和职级序列,使执行员有明确的职业上升通道和上升空间,有更好的职业发展前景。

从思维方式上。审判权本身具有被动性和谦抑性,与执行权主

---

〔1〕　曹凤国主编:《最高人民法院执行批复理解与适用》,法律出版社 2022 年版,第 480 页。

〔2〕　周斌:《推进审执分离体制改革提高司法权威》,载《法制日报》2015 年 5 月 15 日,第 5 版。

动性和扩张性截然不同。现阶段执行法官多来自审判部门，由于长期以来普遍对执行权运行的规律和特征认识不足，很多执行工作往往直接套用审判工作的方式和原则，不能充分发挥执行权的作用。

（三）彻底外分顺应法院管理体制、司法体制改革的潮流

传统的民事执行管理体制是一种以审判规律来管理民事执行工作的模式，并未体现出民事执行工作的特殊性和规律性，不仅不能适应民事执行工作发展的实际需要，还会成为民事执行工作发展的绊脚石。[1]在法院内部设立执行局，不可避免地与法院的整体性质相冲突。首先，对于上下级法院之间的关系，我国宪法、人民法院组织法和三大诉讼法都将其界定为监督和被监督的关系。但是作为案件执行机构，需要在上下级之间实行垂直领导关系模式。其次，执行局实行垂直管理模式，下级执行局就应该在行动上服从上级执行局领导。但执行局作为法院内设部门，同时又要受法院的整体领导。这样的双重领导关系不可避免地会发生冲突并形成掣肘，客观上难以形成统一管理、统一领导和统一指挥的格局。

（四）转换解决执行难思路、解决消极执行和执行不力的现实问题要求执行职能彻底外分

首先，外分后可以解决法院案多人少的矛盾。法院实行立案登记制后，案件数量增幅较大，司法资源不足以支撑整个执行工作。其次，外分后能够减轻和消除地方保护主义对执行工作的干预与影响，部分长期未能解决的执行案件也可以有效化解。如党政机关等特殊主体为被执行人的案件，这些案件长期未能解决，申诉信访压力巨大，彻底外分后，可由党委政府统筹解决。同时，国有企业在

---

[1] 杨奕：《民事执行体制改革研究》，清华大学出版社 2013 年版，第 60 页。

我国经济生活中占据重要地位，国有企业作为被执行人的案件执行难度也相当大，彻底外分后由党委政府统筹各部门，更容易取得法律效果和社会效果的有机统一。再次，外分的执行体制避免执行权力过于集中，运行更有效率。对执行机构外分改造后，能够彻底区分权力行使的主体，避免现行执行体制中实施权和裁判权分工不明、权责不清的现象。通过强化执行权分权制约可以促进执行实施权的高效行使，及时纠正违法、不当行为，提高执行权的运行效率。

（五）执行机构外分有域外经验可资借鉴

目前，域外不少国家实行执行实施机构在法院外独立设置，具有现成的、可以借鉴的改革经验。具体而言，瑞典的执行机构就是独立于法院体系的行政机关，专门负责判决的执行。美国和俄罗斯判决的执行也是由分散设置于法院外的行政官员或警察完成的。同为社会主义国家的越南，也通过专门立法，将执行权从法院内置机构行使分离至司法行政机关负责。1993 年修订的《越南民事判决执行法》明确了司法部、国防部和地方民事判决执行机关是民事判决执行的管理、实施机关。越南民事执行机关由司法部管理，是独立于法院的行政机构。同时，军队有单独的执行机构体系。2004 年越南又修订《越南民事判决执行法》，进一步对执行规范进行完善。2008 年正式颁布的《越南民事判决执行法》，对执行组织体系和执行员、执行程序、判决执行的保障措施和强制执行措施，具体情况下的执行，对执行裁定、行为的申诉和控告，违法行为处理、机关、组织的职责权限等问题进行了系统、完善、详尽的规定，具备高度的可操作性。[1]

---

〔1〕　米良：《当代越南民事判决执行制度评析》，载《亚非研究》，2018 年第 1 期。

从世界范围来看，审执分离是多数国家的通行做法。英国、加拿大等国也是由法院外的机构行使执行权，审执分离模式的经验值得借鉴。[1]

三、彻底外分模式的优势

彻底外分模式的优势主要在于可以弥补目前执行权完全由法院行使的缺陷，以下几个方面的优点较为明显。

（一）彻底外分模式有利于舒解法院"案多人少"的尖锐矛盾

立案登记制后，案件数量不断增长。法院人力不足，司法资源透支，兼顾审判与执行困难，我国传统的重审判轻执行理念，导致执行虽然是作为与审判同等重要的业务部门，但却并没有得到应有的重视，[2]执行部门成为"流放之地"，执行人员在法院成了"二等公民"，现有人员努力向审判部门逃离，新鲜血液也避之不及。执行队伍没有优秀人才作为保障，执行不规范加剧，陷入恶性循环。加之执行案件数量逐年递增，没有足够的力量投入，就会造成执行难、执行乱、执行腐败等问题。将执行权从法院分离出来，一方面可以让法院集中精力于审判业务，另一方面可以通过独立招录不断吸收新鲜血液，循序渐进地改善执行队伍结构，建立执行人员对执行机构、执行工作的职业认同感，打造专业、高效的执行团队，从根本上改善执行难和执行乱现象。审执分离可以缓解民事执行专业化不强、案多人少的问题，有助于提高执行效率。[3]

---

〔1〕 周斌：《推进审执分离体制改革提高司法权威》，载《法制日报》2015 年 5 月 15 日，第 5 版。

〔2〕 张进德，黄可：《"审执分离"语境下我国民事执行模式的分析与重构》，载《长春大学学报》2021 年第 1 期。

〔3〕 朴顺善：《试论司法权控制下的审执分离模式选择》，载《中国政法大学学报》2019 年第 3 期。

（二）彻底外分模式可以打破法院行使执行权缺乏监督与制衡的魔咒，有效遏制执行乱和执行腐败

只有由法院以外的机构行使民事执行权，民事执行活动才能真正得到法院、检察机关的双重监督。执行难不仅是法律问题，也是社会问题，需要系统治理、源头治理、依法治理，执行乱和执行腐败的实质是民事执行权的滥用，根源在于现行的执行制度缺乏分权和制衡。执行机构内设于法院，法院自审自执、裁断性的权力与实施性的强制权力合一，不仅易于导致法官在审判和执行中进行权力寻租，而且当事人如想就法院执行中的违法行为、权力寻租提出质疑，只能向执行机构所在的法院提出，但法院自己纠正自己执行机构的违法行为，其难度可想而知。当事人实际上很难在这种体制中寻求有效的权利救济。同时，现行民事执行体制的监督主要是法院系统内上级对下级执行机构的监督，监督力量不是来自外部，属于"自己裁判、自己执行、自己监督"。这种集多重权力于一身的状况极易形成"化学反应式"的权力失控，而且会因权力自成体系而形成外部难以介入的"黑洞"。多重权力的高度集中并形成闭合回路，导致实践中执行腐败问题比司法工作中其他方面的问题更为突出，严重败坏了人民法院的形象。[1]彻底外分模式通过强化分权制约，可以促进执行实施权的正确行使，保障执行机制的通畅运行。

（三）彻底外分模式可以实现执行行为的可诉性

现在司法实践中干预执行、消极执行和乱执行的现象比较突出。当事人不享有起诉法院的权利，因此对此束手无策，当事人申请执行无法实现债权，执行行为又不具有可诉性，不能实现权利对权力

---

〔1〕　徐卉：《论审判权和执行权的分离》，载《中国社会科学报》2016 年 12 月 14 日，第 005 版。

的深度监督。如果能彻底外分，就为充分保护当事人执行债权的实现提供了有力的救济路径，法官不仅从执行实施中被解放出来，其还可以专门履行执行救济职责，实现执行裁决权对执行实施权的真正监督。

（四）彻底外分模式可以消除审判权与执行权均由法院行使带来的民事执行制度的结构性缺陷和体制弊端

徐卉教授认为，审判权与执行权均由法院行使，导致执行中的不公正问题突显且难以解决，并与执行难形成叠加效应。应当看到，解决了执行难问题并不等于解决了执行乱或执行腐败问题，但不解决执行乱、执行腐败问题，执行难问题的解决也必然是有限的而非"彻底"的。换言之，不以保障公平正义为根本目标的解决思路，以及不以解决制约执行公平正义的根本体制问题的改革思路，难以真正发挥"审执分离"改革之固本清源、长治久安之效。[1]法院既行使审判权，又行使执行权，容易引发权力"板结"和监督缺位，导致权力寻租。"实践中，有的法院受自身利益驱动，将财产执行作为创收手段，以罚代刑，严重扭曲了司法正义；有的法院法官在执行中滥用职权、以权谋私，严重侵蚀司法公信力"。[2]由于权力的滥用很大程度上归于监督的乏力，只有通过外部权力的制衡才能保障权力的正确运用，这样执行难、执行乱等由于机构的设置不合理造成的弊端才能被克服。

四、彻底外分模式的不足

（一）实行彻底外分成本巨大，国家不能承受之重

尽管将执行权从法院分立出去有利于减轻人民法院的负担，但

---

〔1〕 徐卉：《论审判权和执行权的分离》，载《中国社会科学报》2016年12月14日，第005版。

〔2〕 记者访谈李仁真：《推进审执分离体制改革提高司法权威》，载《法制日报》2015年5月15日。

从国家全局考量，短期内会产生巨大改革阵痛，体制和机制变革成本高昂。

第一，立法修法的成本。将执行工作从法院彻底分立出去，将大大改变目前的法律构架，需要重新修订民事诉讼法、行政诉讼法、刑事诉讼法、人民法院组织法等一系列法律和相关司法解释，对民事强制执行法的制定和出台也会产生重大影响，新的执行机关也需要制定相应的实施条例和操作规范。这是一项程序复杂、耗时漫长、投入巨大的系统工程。变革时间不可谓不长，立法成本不可谓不高。

第二，机构组建和重新培养执行人员的财务成本。执行工作是一项专业性较强、对人员素质要求较高的工作，经过法院系统的多年努力，目前整体执行人员的素质有明显提高，不少执行法官是从审判部门轮岗过来，仍希望在今后的轮岗工作中回到审判岗位。执行工作外分后，不能强行要求法官转到执行机构，否则将导致大量法官离职，直接导致执行工作断档。全国各地要重新组建新的机构、重新选拔和培训新的人员，涉及机构、编制、人员分流等大量事项，既需要与政府部门沟通，也需要大量的人财物，理顺关系、工作步入正轨可能耗时多年，这期间执行工作面临机构混乱、权力滥用、责任不明等后果，执行成效大受影响，也抹杀了人民法院二十年来在解决执行难问题上的努力和成绩。如果将现有法院执行局包括法官在内的工作人员全部划归新组建的外分机构，多数执行法官不愿意脱离员额法官的身份和待遇，浙江法院系统在最高人民法院进行审执分离体制改革试点过程中曾一度试想将执行人员全部实行警务化，转成法警编制，最高人民法院也在比较长的时间内进行了警务化改革的调研，但都因无法得到多数人的认同而无疾而终。

第三，执行机构理顺工作管理体制和运行机制的成本。最高人民法院经过多年探索，已经形成了"一性两化"的工作思路，建立了执行规范化和信息化的管理体系，如执行案件流程信息管理系统、查控系统、事项委托执行系统、执行申诉信访系统等，对执行案件的管理和执行流程的管理相对较为成熟，如果重新外分，新的机构需要重新制定内部工作管理规范和新的办案规则、厘清内部人员的分工，重新开发办公办案系统，这个过程也将耗时、耗力巨大。在物质保障上，新增物质保障的成本也会大幅增加。外分后需要调整或新增办公场所、重建办公办案系统以及执行信息化所需要的各种系统，这种全国性的调整将耗费大量的人力、财力，需要数千亿的巨大投入。

第四，外分后的社会成本。外分后无论是当事人还是执行员都需要重新熟悉新的法律法规和内部工作规范，需要投入大量精力和时间；更重要的是大量的对执行行为不服导致的执行异议复议或异议之诉，或由于两家职责分工不清相互推诿，造成当事人在执行机关和法院之间来回奔波，投入更大；而且外分后的执行效果无法预测，一旦执行率大幅下降，将引发社会动荡，最终受到损害的仍然是当事人。

即便彻底外分模式真如其所设想的那般能够从根本上解决执行难问题，从上述列举的彻底外分改革所需的时间成本来看，也未能符合社会对改革成效的普遍预期。需要明确的是，"执行难"并非是执行权运行的固有问题，其是各种因素交织作用、动态演进的结果，受执行难问题困扰的国家也各有其特殊的国情和时代背景。例如，越南在1986年"革新"以前，实行的是计划经济体制、公有制，工厂、企业等经济组织均按照国家计划开展生产活动，没有独立的市场主体地位，公民的财产也仅限于一些少量的生活资料，不允许其拥有生产资料，因此民事争议仅限于公民之间的婚姻、家庭关系和涉及少量生活资料的财产关系。在那样的情况下，民事案件极少，涉及财产的金额也很小，民事判决的执行也不是问题。在市场经济体制改革后，随着市场化程序的提高，民事判决"执行难"的问题才由此产生。[1]我国目前面临的执行难，归根结底，是国家对社会的管理能力远落后于社会经济发展的集中反映，是国家的强制能力和激励守法的能力不足的突出体现。[2]也就是说，我国的执行难问题是阶段性问题，是可以随着社会改革的全面推进、国家管理能力的逐步提升得到解决的。如果彻底外分模式需要历时 5～10 年，才能输出稳定的执行工作秩序，无疑与社会大众对尽快结束执行难、执行乱的普遍预期相背离，其改革的价值和必要性都大大降低。

（二）彻底外分模式徒增当事人的负担和诉累，无法有效解决执行难

第一，不能克服地方保护主义。我国当前存在执行难问题的原因和表现形式多种多样，其中之一是地方政府干涉执行。当前全国法院执行案件实际执行到位率虽然不高，但外分后导致执行到位率进一步降低的可能性很大，执行体制改革关乎每年上千万件案件当事人的切身利益，如果外分模式的执行体制改革失败，后果不堪设想。从司法独立的视角，执行机构保留在司法机关，尚存人情案和关系案以及地方保护主义，如果执行机构脱离人民法院成为行政机关的下属部门，地方政府干涉执行工作将因更为"便利"而愈发严

---

〔1〕　米良：《当代越南民事判决执行制度评析》，载《亚非研究》2018 年第 1 期。

〔2〕　江必新，刘贵祥：《审判权和执行权相分离的最优模式》，载《法制日报》2016 年 2 月 3 日，第 012 版。

重，民事执行工作，特别是对于地方党政机关作为被执行人的案件及涉及地方利益的案件，执行难度将进一步加大。破除司法地方化，减少地方行政权力对司法权的影响，维护法律权威，是司法改革的目标之一。执行实施权外分的结果，可能会与司法改革的该目标背道而驰。[1]

第二，无法实现审执协调。执行机构脱离人民法院，就可能形成执行机构与审判机关之间的对立关系，特别是出现判决主文不明确、不清晰的情形时，执行机构就可能直接拒绝执行，从而加重当事人的负担。执行中一些需要法官裁决的事项，如变更、追加主体、决定罚款拘留、审查处理异议等，将在两个完全独立的部门之间的移交、协调，从而降低了执行效率，增加了当事人负担。

第三，人民法院的案件数量将大幅增加。在外分模式下，对于民事执行中采取的查封、扣押、冻结等控制性措施，拍卖、变卖、以物抵债、参与分配等处分性措施，都属于行政诉讼法上的具体行政行为，应当纳入人民法院司法审查的范畴，并适用两审终审制。如果每个民事执行案件可能提起一宗行政诉讼案件，按每年约940万宗执行案件计算（2021年，全国法院受理执行案件949.3万件，执结864.2万件），将同步增加940万宗行政诉讼案件。而2021年全国各级法院审结一审行政案件仅29.8万件，那么需要全国各级法院行政审判庭增加数十倍的编制。[2]

（三）彻底外分后严重损害司法权威和司法公信力

司法权属于国家权力结构中较为薄弱的环节，其权威一是来自宪法法律的确认，二是来自行政权的配合，而行政权一般比较强势

---

〔1〕 马登科：《审执分离运行机制论》，载《现代法学》2019年第4期。

〔2〕 周强：《最高人民法院工作报告——2022年3月8日在第十三届全国人民代表大会第五次会议上》。

且难以制约。执行机构脱离人民法院，人民法院作出的裁判确定的内容能否实现只能依赖行政机关，必然导致行政权的再度膨胀，同时会消减人民法院作出的裁判的权威性和公信力。外分后需要通过地方行政机关实现裁判文书确定的民事权益，如不能及时兑现，司法权威将会受到严重削弱。对于民事诉讼中的财产保全、妨害诉讼的强制措施、知识产权诉讼临时禁令、海事诉讼中的海事保全和海事强制令等的实施和成效，均需行政机关的配合，尤其是如果其他机关执行效果不好或故意推诿，司法的权威性和公信力将受到更多的质疑。

（四）民事执行机构脱离人民法院违反民事执行的基本规律

民事执行权的"行政权说"，以偏概全地将执行实施权能作为判断民事执行权性质的基础，显然是不能成立的。民事执行权的执行命令权能、执行裁判权能和执行实施权能构成一个整体。其中，执行命令权能和执行裁判权能只有法官才能行使，执行机构脱离人民法院，该两项权能如果随着执行机构脱离人民法院，就会产生非法官越位行使法官权力的问题；如果认为该两项权能不随着执行机构脱离人民法院，那么脱离人民法院的执行机构行使的是不完整的民事执行权，民事执行的效率和效果都将无法保障。[1]

彻底外分模式存在诸多不足，并且从公开情况来看，各试点地区法院均着眼于审判权与执行权在法院内部的深化分离，难以确立"彻底外分"的改革试验样本。[2]

---

〔1〕 谭秋桂：《执行机构脱离法院违反民事执行基本规律》，载《人民法院报》2014 年 12 月 3 日，第 005 版。

〔2〕 谷佳杰：《中国民事执行年度观察报告（2017）》，载《当代法学》2018 年第 5 期。

第二节 深化内分模式优劣分析

一、深化内分的方案

深化内分方案到目前并没有定型，而是处于不断发展完善中，从最初的独立设置执行裁判庭、执行警务化到现在倡导的执行管理体制改革，经历了一个逐步认识、不断演进的过程。

（一）深化内分的最初方案

深化内分方案就是主张将法院现在行使的民事、行政和刑事涉财产部分的执行权继续留在人民法院，即民事、行政执行权和刑事财产刑执行、刑事附带民事执行和仲裁执行、具有强制执行效力的公证债权文书的执行等全部由人民法院负责，在法院内部，可以归纳为横向分权模式以及纵向分权模式。横向分权模式是在某个法院内部单独进行，包括横向静态分权和横向动态分权。横向静态分权是指执行机构与审判机构等其他部门之间的分权以及执行机构内设机构相互之间的分权，横向动态分权则是将执行程序区分为若干环节并分别设置不同的内设机构进行集约执行。

纵向分权模式是在上下级法院联动进行，包括集中裁决型纵向分权（由中级人民法院集中行使裁决权，基层人民法院保留执行实施权）、集中实施型纵向分权（由中级人民法院设置执行机构集中行使执行实施权，基层人民法院保留执行裁决监督权）以及双重集中型纵向分权（中级人民法院集中行使执行裁决权与执行实施权）。[1]

---

〔1〕 黄忠顺：《民事执行机构改革实践之反思》，载《现代法学》2017 年第 2 期。

横向分权模式以对执行权能的划分为理论基础，[1]最高人民法院及学理通说均认为，执行权包括执行裁决权和执行实施权，执行实施权又包括执行命令权和实施事务权。[2]我国执行机构的改革历程集中在将具有执行审查、执行裁判性质的执行权能从执行局中分离出来，成立专门的裁判机构或交由审判部门（团队）负责，执行局专司执行实施权能。也有的将执行实施权再细分为执行命令（决定）权和事务性实施权，将这两项权能分别交由不同部门行使。横向动态分权以北京市二中院为代表，其率先开启分段集约执行模式，将执行划分为"执行启动""执行财产查找查封""执行财产变现""执行结案"四个阶段，实行流水化作业。该模式迅速在全国范围内得到推广，改革的进程已经从分段集约推进至节点集约。例如，大连市开发区法院将执行程序分为37项流程节点，北京门头沟区法院则划分为60项流程节点。[3]严格的流水化作业让抗拒执行、外界干预执行没有了对象，最大限度地减少了权力运行弹性，遏制了被执行人规避执行的现象。[4]

内分模式在纵向分权上也在不断探索实践，例如，以绍兴中院为代表的集中裁决型纵向分权模式，[5]以山东东营中院为代表的集

---

〔1〕 黄忠顺：《民事执行机构改革实践之反思》，载《现代法学》2017 年第 2 期。

〔2〕 肖建国、庄诗岳：《论民事执行实施权的优化配置——以我国的集约化执行改革为中心》，载《法律适用》2019 年第 11 期。

〔3〕 同上注。

〔4〕 谭世贵：《中国法院改革的"临沭模式"研究》，载《法治研究》2021 年第 4 期。

〔5〕 绍兴市各基层人民法院的下列裁决由绍兴市中院行使：（1）案外人异议；（2）变更追加被执行人；（3）不予执行仲裁裁决、公证债权文书；（4）对控制性和处分性的执行裁决提出的异议。

中实施型纵向分权模式，[1]以唐山中院为代表的"两分一统"模式。该模式的"两分"是指执行机构设置在横向和纵向上的两次分离，横向上将执行裁判权与实施权相分离，将原本属于执行局的裁决权完全剥离，在法院审判部门中单独新设立执行裁决庭；[2]在纵向上，撤销基层人民法院执行局，中院辖区内组建跨区执行分局，分局下设执行大队，执行大队由法院执行局改设而来，并脱离原基层人民法院，实现独立办公办案。所谓"一统"是指市中院执行局对全市范围内的执行人员、编制、经费、装备、案件实施垂直统一的管理，此举可以实现跨区域联合、交叉执行，有效降低地方保护主义的干扰。中院执行指挥中心统一负责全市执行实施案件立案工作，统一办理法律文书制作、送达，统一进行财产查控后，按照繁简分流原则，简单案件由执行指挥中心直接办理，复杂案件分案至相应执行实施部门办理，统一处置涉案财产，统一开展全流程调度管理。[3]

（二）深化内分方案的后期演变

经过实践改革样本的积累，《最高人民法院关于深化人民法院司法体制综合配套改革的意见——人民法院第五个五年改革纲要（2019—2023）》提出改革的重心在于强化垂直管理，统一管理、统一指挥、统一协调。一是市（地）中级人民法院对区（县）人民法院执行机构垂直领导；二是区（县）人民法院执行机构接受本级人民法院和中级人民法院级执行机构双重领导，在执行业务上以上级

---

〔1〕 东营中院通过将下辖的五个基层人民法院执行局的办公室设置在东营中院执行局，实现对案件执行的监督。

〔2〕 董秀军，张海亮：《执行内分改革的实践探索与路径突破——以唐山试点经验为样本的考察》，载《中国应用法学》2021年第1期。

〔3〕 马竞，周宵鹏：《"体系重构建'最强大脑'"——唐山法院探索执行体制改革再树标杆"》，载《法治日报》2021年9月21日。

执行机构领导为主。[1]对执行局长在案件监管、事项督办、工作协调、资源统筹等方面的作用和能力提出了更高要求。最高人民法院指定的两家试点法院中，试点方案明确，执行局长一般应为党组成员，专职领导和管理所在法院执行和执行裁判工作，具体人选由市中院党组会同当地组织部门酝酿、提名、考察。成都中院、苏州中院和惠州中院三家法院成为"双重领导"改革试点的首批法院。

惠州中院在成为改革试点法院之前，已经建立了"统一立案、集约管理、分散实施"的"大执行"模式，执行质效提升显著。"双重领导"模式突破了"大执行"模式下仅仅对"事"的管理这一点，上升到"管人、管案、管事、管财"。"管人"体现在基层人民法院执行局局长的任免、交流、培训、轮岗、考核评价均以市中院的意见为主，日常监督管理工作仍由当地法院党组领导。"管案"体现在对执行全过程的关键节点进行梳理，加强对关键性、风险性节点的监督管理。以财产处置变现为例，过去财产处置分散在各个执行法官手上，现在这个环节交由专门的团队负责。团队在处置财产的过程中须法官审核，对法官审核结果有疑问的，可以向执行局长汇报。再以执行款流转为例，中院对超过 6 个月、超出 50 万元以上的执行款进行监管，常态化开展执行款清理工作，同时联合惠州公证处设立专门子账户，用于归集管理全市不明执行款，实现不明执行款统一监管、处理。再如将 5000 万元以下的案件，包括中院一审的案件、仲裁执行案件，全部交由基层人民法院执行；5000 万元以上的案件、疑难复杂案件以及受到执行阻力的案件全部提级由中院执行。"管事"的目的是厘清"双重领导"模式下管理事务权限

---

〔1〕　参见《最高人民法院关于深化执行改革健全解决执行难长效机制的意见——人民法院执行工作纲要（2019—2023）》。

的边界，提升管理水平和效能，避免出现重复管理或无人管理的真空地带。"管财"是建立基层人民法院执行专项经费统筹制度，真正做到上下级法院间的垂直管理、上令下从、令行禁止。[1]

苏州中院的改革试点取得了积极成效，2021 年，苏州法院以全省法院 10% 的执行人员，办结了全省 17% 的执行案件，执行到位金额占全省法院的 19.3%，执行员额法官人均结案 1240 件，在全省执行工作单独考核中连续两年名列第一。苏州中院的经验可总结为"机制创新"和"技术引领"。"机制创新"即构建"案件的统一管理、行动的统一指挥、事务的统一协调"的三统一平台，在全市范围内统筹张家港、常熟、太仓等 10 家法院的执行案件、执行人员、执行装备等资源。凡是执行案件非核心的辅助事项，原则上都交给属地法院办理，也就是各市、区基层人民法院的执行法官，无须为辅助事项异地出差，节省了大量人力、物力、财力。高效的信息化建设为机制创新提供了有力保障，电子卷宗信息在平台共享，无论是中级人民法院与基层人民法院，还是基层人民法院之间，均可以通过"三统一"案件管理平台发出执行工作指令。参与分配、处置权移交、协助执行、指定执行、交叉执行、提级执行等事项，均通过平台以指令交办方式完成，线下不再流转纸质卷宗，做到全流程网上办理、流转和留痕。资源集约供给、统一调配彻底打破了"一人包案到底"的传统模式，取而代之的是流水线、扁平化、并联式的工作模式，极大地提升了执行工作质效。[2]

---

〔1〕 卢慧、卢思莹：《"执行排头兵"跃进为"改革先行者"》，载《南方日报》2020 年 12 月 8 日，第 A01 版。

〔2〕 丁国锋：《基层院执行工作怎么干中院说了算?》，载《法治日报》2022 年 1 月 13 日，第 04 版。

（三）深化内分方案对执行机构、职责和人员配备的考量

执行机构设置方面，理论上存在多种选择，但必须考虑机构设置的三个前提，第一是符合法律规定的范围，第二是不增加编制，第三是试点改革的政治风险。

1. 机构设置

关于执行机构有以下两种模式可供选择：

（1）执行总局模式。最高人民法院成立执行总署，统管全国执行工作，将各高级人民法院、中级人民法院和基层人民法院执行局从法院剥离，形成垂直管理的单独序列。这样既保证了审判权和执行权的彻底分离，也符合深化内分的要求。执行总局负责统一管理、监督、指导、协调全国法院执行工作。高级人民法院执行局负责统一管理、监督、指导、协调辖区执行工作。执行总局与高级人民法院执行局不负责具体案件的执行，下设执行裁决机构、执行监督机构和综合管理部门。各地执行分局负责具体案件的执行及对辖区支局的管理、监督、指导、协调，下设执行裁决机构、执行实施机构、执行监督机构和综合管理部门。执行支局负责具体案件的执行工作，下设综合部门和执行实施部门。

（2）执行法院模式。是将执行裁判权和执行实施权等全部民事执行工作从现有法院剥离，成建制设立对口或跨区域的执行法院，专司执行工作。在最高人民法院设立执行局，负责统一管理、监督、指导、协调全国执行法院的工作，下设执行裁判机构、执行裁决机构、执行监督机构和综合管理部门；高级人民法院在现有执行局的基础上组建执行法院，负责统一管理、监督、指导、协调辖区执行工作，设执行裁判庭、执行决定庭、执行实施庭、执行监督庭和综合管理部门；中级人民法院在现有执行局的基础上组建执行法院，分设执行裁判庭、执行决定庭、执行实施庭、执行监督庭和综合管

理部门，并可根据工作需要设立跨区域的执行实施机构，负责辖区具体执行工作；不设基层执行法院。

2. 职责和职能

职责范围包括两个层面：首先是执行裁判机构职责范围，本方案将执行裁判权定位于民事审判权，负责执行衍生实体争议事项的解决，具体负责与执行案件有关的诉讼，通过诉讼实现对执行权的有力监督。其次是执行机构的职责范围，执行机构不仅负责案件执行实施工作，也负责执行程序争议解决，将执行异议和复议权配置在执行机构。因此，执行机构职责是两大块，一是纯粹执行实施事项，二是带有裁决性质的执行程序解决权。本方案将执行程序事项的解决放在执行机构，有如下理由：第一，顺应执行规律，符合执行效率的要求，执行程序争议伴随整个执行程序随时发生，将执行异议、复议权配置在执行机构，可以迅速解决执行争议，实现执行机构内部上下级之间的监督，这参考了行政机关的监督模式，有现实的必要性和可行性，而执行裁判庭所在法院已与执行机构彻底分离，如果执行异议和复议事项仍由裁判庭行使，必然影响执行效率；第二，与执行有关的诉讼事项解决权力已经配置在裁判机构，执行中的异议和复议事项是同诉讼相承接的，如果程序争议事项由裁判机构裁决，必然出现执行裁判庭裁决同一案件的异议、复议，又审理对该案件异议、复议不服提起的诉讼。

3. 人员定性与配备

无论选择何种方案，人员配备始终是一个核心问题。（1）执行员系列。全国法院执行局执行案件的承办人实际上多数都是具有审判职称的法官，法官充当执行员是普遍现象，虽然《民事诉讼法》对执行员作出了相应规定，但法院系统一直没有设置执行员系列。（2）执行警务化和执行员序列相比较，警务化后的执行警察序列更能调动执行人员的积极性，保障执行工作平稳过渡，而将执行法官直接转化为没有审判职称的执行员，波动较大，存在相当大的政治风险。警务化也是各地法院试点普遍选择的模式，认识上比较统一。

二、深化内分方案的理由

（一）深化内分契合中国语境下执行权运行的规律

民事执行权由法院行使符合民事执行权的基本运行规律。[1]首先，如前所述，权力分离与机构分设是两个完全不同的问题，权力分离并不一定要求机构分设，尤其并不意味着应当分离的权力不能由同一机关行使。其次，作为一种强制债务人履行义务的公权力，民事执行权兼具执行命令、执行裁判和执行实施等多项权能，明显具有复合性。不重视民事执行权的复合性，简单地以某种具体权能为民事执行权定性，就会犯以偏概全的逻辑错误而使结论失去可靠性。外分主张民事执行机构应当脱离人民法院，其"重要理由"之一正是民事执行权是行政权而不是司法权。民事执行权的"行政权说"以偏概全地将执行实施权能作为判断民事执行权性质的基础。再次，民事执行权的执行命令权能、执行裁判权能和执行实施权能构成一个整体，如果人为地将其割裂开来，民事执行权的配置目的就难以实现，以此为基础构建的制度就会因违反规律而走偏。

彻底外分模式是建立在执行权属于行政权的理论基础上的，因此，只有论证执行权属于行政权才能论证彻底外分模式的合理性，但从党的十八届四中全会《决定》中并不能得出执行权应定义为行政权的结论。党的十八届四中全会《决定》提出的是"完善司法体制，推动实行审判权和执行权相分离的体制改革试点"，并非直接指

---

〔1〕　谭秋桂：《执行机构脱离法院违反民事执行基本规律》，载《人民法院报》2014年12月3日，第005版。

向审判机构与执行机构的分离，审判权与执行权的两权分离并不一定要求两种权力的运行机构完全分设，在人民法院系统内部进行深化内分，完全有可能完成两种权力相对独立运行的目标。从党的十八届四中全会《决定》的体例结构来看，审判权与执行权相分离的论述位于"优化司法职权配置"部分，位置的安排表明，党的十八届四中全会《决定》是将执行权作为司法职权、执行体制作为司法体制的组成部分来论述的，因此提出将执行机构彻底外分出人民法院缺乏理论依据。

执行权的性质固然重要，然而作为程序法和实体法共同作用的场域，执行权的运行过程颇为复杂，直接定性思路可能以偏概全，[1]最重要的是，对执行权定性的目的是找出执行权运行不畅的问题节点，而非单纯的理论之争。即便不对执行权的性质进行过多的论证，也同样可以基于执行权与司法权存在密切关联，因而将执行机构设置在人民法院系统内以便于审判权与执行权相互协作。深化内分模式可以搁置执行权的法律性质之争，不以民事执行权明确归属于民事司法权或行政权为必要，因而理论层面的论证难度相对较小。

（二）深化内分改革成本和承担的风险最低

执行机构设于法院是我国的传统，近年来人民法院运用系统思维，坚持以信息化建设为抓手，以规范化建设为保障，建立和完善全国四级法院执行工作统一平台，实现执行工作领域的深刻变革，执行效率和规范化水平显著提高，执行工作取得显著进步。继续在法院内部深化执行改革，一方面可以调整局部不适应的体制机制，另一方面也可以避免彻底外分造成的剧烈动荡。

---

〔1〕 马登科：《审执分离运行机制论》，载《现代法学》2019 年第 4 期。

深化内分模式有助于节约改革成本。如上所述，彻底外分模式，或完全废弃现有司法执行体制而建构全新的行政执行体制，或将司法执行体制内的执行资源完全剥离出法院系统并入或成立新的执行机构体系，无论采取哪种方案，均会造成执行资源的浪费而不具有可行性。

审判权和执行权分离的体制改革的关键，就是通过权力的重新界定、组合、运作，构建一套现代化的执行制度体系，因此，执行模式不应脱离其生存的国情土壤。[1]执行员主导的一元体制，如果不适应国家民族传统和法律习惯，就会像越南一样出现改革后反而加剧执行难的负面效果，无论世界上其他国家采用何种制度构建方式，都不构成我国全然效仿的理由，贸然照搬势必加大改革成本。深化内分模式发源于我国改革实践的现实，契合我国执行模式的本土成长性需求，能够激发体制固有的强大驱动力。

深化内分模式改革代价小，具体体现在以下几个方面：其一，立法、修法的成本低，与彻底外分模式相比，深化内分只调整法院内部的分工，修法位阶低且成本低廉。其二，节约改革的人力和物质保障成本，有别于彻底外分模式需要在全国范围内重新组建机构、培训人员、开发办公系统等准备工作，深化内分更容易实现在短期内建立业务精良的执行队伍的任务。其三，减少当事人权利实现的成本，当事人无须因为审执机构的职责分工不同而来回奔波，无须承担执行效率低下的风险。

（三）以现有的改革试点作为基础改革效果更加突出

在人民法院系统内部建立执行局系统更有利于审判权和执行权

---

〔1〕　曹凤国：《审判权和执行权"深化内分"模式研究》，载《法律适用》2016年第8期。

之间差异性和共通性的平衡，有利于执行手段和资源利用效率的提升，并且可以避免彻底外分模式导致的当事人便利性和司法公信力降低等不良后果的发生，符合程序使用者的利益。

第一，深化内分模式已经实现基本解决治理执行难的目标。从苏州中院、惠州中院及其他部分法院改革试点三统一平台及垂直执行管理体制的成果来看，依托信息化手段，结合执行体制改革，可以有效统筹辖区内的执行资源，在避免人财物浪费的同时，做到对现有资源的高效利用，能有效缓解案多人少的压力。此外，信息化平台还可以有效利用行政机构现有的资源，解决查人找物等执行难题。例如，苏州法院就借力公安监控网，有效解决了"人难找"问题，借力财产查控网，实现不动产、公积金、车辆的网络查控，基本实现了主要财产形态的网络查控全覆盖。[1]而随着深化内分改革的不断推进，目前覆盖全国的法院网络执行查控系统已经基本建立，法院便可借助执行信息化建设对被执行人及其财产实现高效查控，将执行工作交由这样具备建设、利用网络执行查控系统条件的法院部门来负责，可以实现治理执行难的目标。

第二，深化内分可以实现类似外分的效果。从改革效果上看，彻底外分模式并不能带来深化内分模式所不能实现的改革效果，同时又会造成审判权与执行权难以协作的局面。[2]只要执行局系统整体上采取类似于海关系统的运作模式，改革机构向跨行政区划和跨司法管辖区域的法院系统内部发展，人民法院内设机构受地方保护主义影响的状况就会有所改善，完全可以实现类似于彻底外分模式

---

〔1〕《基层院执行工作怎么干中院说了算?》，载《法治日报》2022年1月13日，第04版。

〔2〕肖建国，黄忠顺：《论司法职权配置中的分离与协作原则——以审判权和执行权相分离为中心》，载《吉林大学社会科学学报》2015年第6期。

所能实现的改革效果。

（四）深化内分符合多数国家或地区的通常做法

从目前学术界对国外及我国港澳台地区执行体制研究情况看，将执行职权赋予法院是主流做法，如德国、奥地利、意大利、西班牙、秘鲁、日本、澳大利亚、我国澳门和台湾地区。其优势在于审执协调顺畅，程序相对简便，权威性高。而以瑞士、瑞典、越南为代表的国家将执行机构设置于法院外部，其效果尚不明确，存在较大争议。根据我国学者的研究，20世纪90年代，蒙古国在法院外设立独立的执行机关，以解决执行难、提高执行效率，但改革后执行机关及执行员的公信力受到挑战。以美国、加拿大为代表的国家，执行实施中的重要命令由法院发出，行政机关负责具体实施，这种混合式的权力配置效率较低。

三、深化内分模式的优势

（一）深化内分有利于实现"审执兼顾"，避免审执脱节造成执行困难

实践证明，审执协调不够是执行难的原因之一。全国每年约有100多万件无财产可供执行的案件，多年来累计沉淀了一千余万件，审执脱节导致此类案件不能顺利通过破产程序或其他方式退出执行环节，加剧了执行难。深化内分后，立案、审判部门可以更加注重诉前保全和诉讼保全，将执行阶段的信息化查控手段前移到立案、审判阶段，及早依法控制当事人财产，以保全促和解、促自动履行。执行部门可以及时将符合破产条件的案件移送审判庭，充分发挥破产法律制度消化执行积案、缓解执行难的功能，促进市场经济按照规律健康有序发展。只有保全、调解、审判、执行、破产等环节环环相扣，协调一致，才能真正实现定分止争，案结事了。另外，对一些执行内容不明的执行依据，通过执行环节的积极协调，使其得

到落实，有利于保持判决的稳定性。由法院负责执行工作，具有审执兼顾的天然优势。如果执行机构独立出法院，可能出现执行机构为了开脱自己的责任，有意放大判决瑕疵对执行的影响，动辄要求对生效判决再审，这与司法改革旨在提高司法权威的目的背道而驰。

（二）深化内分有利于平衡效率和公正两种价值

人民群众迫切希望通过法院机构和人员的调整，科学划分职能，强化执行保障，充分发挥信息化查控手段作用，提高执行效率。在案件量成倍增长的形势下，如果行政机关设立专门的执行局，查封、扣押等 63 项命令权均由行政机关作出，则需要通过行政诉讼的方式保障其公正性，而民事执行案件中可能衍生的行政诉讼也会有数十项，数量巨大，势必造成执行效率低下。而在人民法院内部深化内分，由法官作出 63 项命令，多数通过快捷的异议、复议程序救济，部分涉及实体权利的重大争议通过异议之诉解决，可以实现公正与效率的平衡，有效维护司法公信。

执行权是依法强制那些拒绝履行生效法律文书确定义务的债务人履行义务、实现债权人权利的行政性权力，无论是基于行政权的共性要求，还是执行工作的特点，执行都必须追求效率，要求快速、不间断地进行。如果采用"外分"模式，因执行中的变更追加主体、决定罚款拘留、审查处理异议等裁决事项属于司法权的范畴，只能由法院负责、法官行使，就经常会出现两个完全独立的部门之间移交、等待、解释、磋商等情形，浪费在途时间不说，扯皮也不可避免。而采用"内分"模式，执行中需要裁决时，流转和沟通就会快速、顺畅许多。

从改革试点的实践经验来看，集中办理法律文书制作、送达、财产查控、限制高消费等事务性工作，切实落实繁简分流原则，中院执行局跨区均衡分案、集中力量办案，结案数量和结案率都得到了大幅提升，执行工作效率显著提高，改革成果颇丰。

（三）深化内分有利于形成稳定的执行保障力量

在深化内分改革执行队伍建设方面，《最高人民法院关于深化执行改革健全解决执行难长效机制的意见——人民法院执行工作纲要（2019—2023）》提出以法官为主导的"法官＋法官助理（执行员）＋法警＋书记员"团队办案模式，以及将司法警察纳入执行队伍，赋予司法警察在执行警务保障中体现执行工作要求的执法权限，发挥司法警察在采取强制措施、打击拒执行为、收集证据等方面的作用。[1]其目的是在法院内形成专业、稳定的执行力量。以该纲要为精神，在各地深化内分改革实践中，更加强调对执行工作人才的选拔和培养。例如，苏州中院在2021年初组建成立执行专业委员会和执行人才库，打破编制层级限制，无论法官、法官助理还是书记员，只要在执行指挥、实施、信息化等方面确有所长，都是遴选对象。惠州中院在人员管理方面，完全主导对基层法院执行局局长的任免、交流、培训、轮岗、考核评价。深化内分改革的推进、重审判轻执行理念的转变、对执行工作重视程度的提升，能有效地团结执行队伍及吸引更多专业法律人才加入，为执行工作提供充足的人力保障。

深化内分有利于打造高素质、高水平的执行队伍。近十多年来执行工作之所以取得了长足的进步，特别是执行规范化水平明显提高，一个重要的原因就是大批在高等院校受过系统法律训练、又有从事审判工作背景的人员进入了执行系统，这些人都已是各个法院的执行骨干。我们同样需要看到的是，这批人都有很深的法院或法官情结，一旦将执行机构独立出法院，他们大都会选择留在法院。

---

〔1〕《最高人民法院关于深化执行改革健全解决执行难长效机制的意见——人民法院执行工作纲要（2019—2023）》。

如果让一支缺乏法律素养的队伍来从事执行工作，完全可能出现"执行难"问题得不到解决、"执行乱"问题死灰复燃的情况。

（四）深化内分更有利于解决执行难和执行乱问题

执行难的成因复杂多样，执行资源的配置不合理便是其中之一。受传统"重审判轻执行"的错误观念影响，执行机构在人力、物力等资源配置上都处于匮乏状态，无论是执行人员的数量还是素质均呈现不足的局面。[1]在执行案件受理量快速攀升的大背景下，执行难问题越发凸显。但随着国家层面对执行难问题的重视，各项改革举措和政策的出台，执行机构的人力物力状况已经逐步得到改善。从这个角度来看，相较于"脱胎换骨"且前路未知的彻底外分模式，成本少、见效快的深化内分模式更能在较短的时间内使执行难问题得到有效改善，实现秩序价值。[2]

支持彻底外分模式观点的一个重要理由是执行权在法院内部，未形成有效的外部制衡、执行救济不充分，这是导致执行乱的重要原因。一人包案到底的传统办案模式确实会导致执行权过分集中，进而引发执行腐败。深化内分改革的重点正是在于通过分离执行权能达到分权制衡的目的。显而易见，分权运行模式克服了以往执行法官对案件全程包揽的弊病，可以有效解决执行权过分集中的问题。在执行权能横向分权模式下，一个执行案件从立案到结案可能会经手几十个执行团队或执行法官，此种情况下，执行裁判权对执行实施权的监督不再指向具体人员，可避免人情干扰，与法院对专门执行机构的监督并无实质差别。从审查和沟通成本来看，在法院内部

---

〔1〕 王立新：《审判团队模式：我国民事执行权配置的困境与出路》，载《昆明理工大学学报（社会科学版）》2019年第2期。

〔2〕 江必新、刘贵祥等：《审判权和执行权相分离的最优模式》，载《法制日报》2016年2月3日，第12版。

进行程序流转的效率无疑更高。

有人认为，彻底外分模式可以有效解决以行政机关、地方重点保护企业为被执行人案件的执行难问题，这一观点值得商榷。没有任何现实依据能够证明，完全独立的执行机关比享有司法权的法院更能够推进对行政机关的强制执行。如果法院的司法权尚且不能对行政机关履行生效法律文书确定的义务形成威慑，其他独立机构又能通过何种权力达成这一目的？事实上，涉党政机关、涉军、涉民生等特殊案件的执行，无论是由司法机关行使执行权还是由行政机关行使执行权，都可能遭遇执行难问题。《最高人民法院关于深化执行改革健全解决执行难长效机制的意见——人民法院执行工作纲要(2019—2023)》提出对此类案件要形成常态化专项执行机制予以解决。在避免地方干预方面，深化内分中的执行交叉执行、提级执行恰好可以规避地方和部门保护的弊病，执行局跨行政区域分案，定期组织集中执行活动，能够做到主动预防地方保护和部门干预的情形，可以有效减少人情案、关系案。

四、深化内分模式的不足

（一）执行机构内置于法院导致执行力量难以强化

在民事执行中，必须先由执行庭对执行标的物的权利状况、属性、权利位阶作出判断。此类工作，只有专业并有丰富实践经验的法官才能恰当处理，属于司法判断权部分。[1]但是由于法院系统内部可用于执行的资源有限，并且由于对执行工作的不重视，导致执行力量薄弱。

目前，大部分法院未设立专门的执行员岗位，而是由其他审判

---

[1]　马登科：《审执分离实施方案需慎重考量》，载《人民法治》2015年第7期。

庭轮岗到执行局的法官负责执行，这一方面占用大量审判人力资源，另一方面执行人员的专业化水平、能力不足。法官作为文职人员，并不适合从事一线的直接行使强制执行权的工作。由于执行在法院体系内较为边缘且人员上升空间有限，执行法官与审判法官相比，总体上年龄偏大、学历偏低、综合素质偏低。与当前执行工作的实际需求相比，法院系统更缺乏具有行政管理知识和专长的管理人才。

（二）深化内分导致执行自由裁量权运行容易越轨和失范

执行机构内设于法院，缺乏外部监督和权力制衡，使得执行机关的权力过于集中，容易导致法官在审判和执行中进行权力寻租，滥用职权、以权谋私，严重侵蚀司法公信力。在执行领域中的寻租主要体现为：利用执行权索贿受贿、徇私舞弊、违法执行、拖延办案；接受请托加大执行力度或拖延、暂缓、中止执行；在执行案件的债权分配上为请托人谋利；滥用执行权，违法查封、扣押、解冻或者重复冻结，擅自发出协助执行通知书等；违法变更、追加执行主体等。民事执行体制的监督力量为内部的"自己裁判、自己执行、自己监督"模式，当事人只能向执行机构所在的法院提出执行救济请求，要求法院自己纠正自己的错误，难度之大是可想而知的。法院集多重权力于一身，极易导致权力失控，这样权力高度集中的模式必然会导致执行队伍缺乏长期有效的制约，从而容易滋生腐败问题。深化内分的分权模式，只是民事执行权在同一个法院内部不同人员和机构之间的分配，实际上法院仍然是集审判权和执行权于一身，即集裁断性的权力与实施性的强制权力于一身，在权力结构上，并没有消除权力寻租的制度空间。

（三）深化内分不能实现真正的"审执分离"，改革实质意义不彰

深化内分依然遵循的是执行权和审判权的共通性原理，认为执

行是审判的延伸，这一观念没有根本扭转。法院系统内部的审执分离只是表面上的分离，而不是实质上的分离，不是体制方面的改革。目前，全国范围内基本完成的"审执分离"改革只是流于形式，虽然有单独的执行部门，但其却没有真正独立的执行权力，有分离之名但是无独立行使权力之实。当事人无法对侵害其权益的违法的、存在争议的执行行为获得有效的权利救济。内置式改革模式在实践中已经运行多年，却未从根本上解决执行难题，"外放"的呼声并不是毫无针对性。[1]深化内分改革下的"审执分离"只是业务庭与执行局的分离，即业务庭负责审理案件，执行局负责执行，空有"审执分离"其名而无其实。

首先，权力行使主体不能实现彻底分离。执行机构作为法院的众多职能部门之一，法官作为执行人员，属于司法人员，由于法院内部各庭法官之间采用轮岗制，导致执行员和法官的身份时常调换，将执行权视为完全的司法权。其次，执行程序和执行法官难以独立办案。法院院长对各庭法官行使领导权，审判员和执行员均受其指挥，审判与执行实际无法分开，执行不可能独立。再次，人财物受制。深化内分模式的推行过程遭遇重重困境与阻力。唐山中院从2009 年开始探索深化内分模式，但其下属的执行分局与基层人民法院仍存在千丝万缕的联系，唐山中院模式中的执行大队由原基层人民法院执行局改设而来，无法摆脱"一套人马，两块牌子"的困境。

（四）深化内分造成法院上下级关系混乱局面难以改变

在法院内设置执行局模式，与法院司法管理体制改革的大方向背道而驰。法院上下级之间是审级监督的关系，作为法院组成部分的执行局则与法院上下级之间的关系模式不同，其在上下级之间是

---

〔1〕 马登科：《审执分离运行机制论》，载《现代法学》2019 年第 4 期。

领导和被领导的行政关系。当下司法改革重点要解决的问题，就是淡化和消除司法的行政化色彩，保障法院依法独立行使审判权，而上下级法院之间的领导与被领导的关系，就是这一问题的核心所在。所以，在法院内部设立执行机构的模式与司法改革的大趋势相悖逆。另外，双重管理和领导不可避免产生冲突。执行局内部实行垂直管理模式，执行局下级要服从上级的领导，但同时又要受法院的整体领导，这种双重领导模式将会不可避免地发生矛盾冲突，在上级执行局局长与本级法院院长的命令出现不一致的情况下，下级执行局将会陷入两难的困境。

第三节　深化内分、适当外分模式优劣分析

一、深化内分、适当外分模式的方案

该方案是最初在执行体制改革试点过程中最高人民法院提出的审执分离模式。所谓适当外分，是在现有司法执行体制的大框架下，遵循执行工作规律，理顺执行工作机制，将性质相同的执行工作归入对口部门行使。具体而言，是将人民法院目前执行的罚金、没收财产、刑事附带民事等财产刑事案件的执行工作交给司法行政机关负责，将行政诉讼、行政非诉等行政执行案件交由对口行政机关负责。所谓深化内分，是在深刻认识目前人民法院执行机制体制特点的基础上，根据执行权运行的规律，在人民法院内部落实执行裁判权和执行实施权的内部分离，将执行裁判权交由单独设立的执行裁判庭行使，执行实施权由执行局行使。

在适当外分方面，存在两种设想，一是只将行政非诉案件执行权分离出去，交由行政机构办理，保留法院的财产刑执行权和刑事

案件涉财产部分执行权；二是将两种执行权都分离出去。比较两种方案，第一种方案更具可取性。将财产刑执行和民事执行在机构改革方面一并考虑，基于执行标的同质性和执行程序的近似性，如果民事执行仍由法院负责，财产刑执行也应一并由法院负责；如果民事执行从法院外分，则财产刑执行也应一并外分。两者共同实行从法院外分或深化内分的改革，不再分开进行。

二、深化内分、适当外分模式的主要理由

深化内分、适当外分模式主要观点就是在深化内分的同时，将执行工作的一部分交由法院以外的其他部门来做。理由如下。

（一）刑事和行政执行的权力属性更类似于行政权，回归统一的行政执行体系才能实现与现有执行体制顺利衔接

目前，我国刑罚执行权由多个机关分别行使。其中，死刑立即执行、罚金刑、没收财产刑的执行，由人民法院负责；死刑缓期二年执行、无期徒刑、有期徒刑由司法行政机关管理的监狱执行；管制、缓刑、假释或者被暂予监外执行的，由司法行政机关的社区矫正机构执行；拘役以及余刑不足一年的，由公安机关执行。刑罚执行权过于分散，不利于统一刑罚执行标准。将刑事财产刑执行（包括追缴非法所得等）交给司法行政机关，有利于刑罚执行权的统一。

行政非诉案件是执行部分行政机关作出决定而非法院裁决的案件，行政决定作为执行依据且不停止执行是行政法治的基本原则，也是行政强制的基本属性，行政机关应调动强制力量保障行政行为效力的实现。根据现有的法律，部分行政机关拥有行政强制执行权，而部分行政机关没有行政强制执行权，需要强制执行其决定时交由法院执行，造成行政强制执行权的分散和不统一。如果将没有行政强制执行权的机关作出的行政决定交由有强制执行权的行政机关负责执行，或由政府成立专门的行政强制执行局负责执行，就可避免

同是行政非诉案件有的由行政机关自己执行、有的又由法院执行的混乱局面，实现行政强制执行权的统一。

（二）相对于深化内分，部分外分更贴近关于审判权和执行权相分离的体制改革要求

党的十八届四中全会《决定》提出审判权和执行权相分离的体制改革要求，将刑事财产刑的执行交给司法行政机关是落实会议精神的具体举措，可以充分实现刑事审判与刑罚执行的彻底分离。法院的主要职责是审判，非诉行政案件的执行既增加了法院的工作量，又导致了法院职能定位混乱，将此类案件交回行政机关执行，可以使法院集中精力做好审判工作。而很多民事判决和调解的执行涉及对文书内容的理解和判断，留在法院执行更加方便，且很多调解案件，法院可以通过督促引导，促使案件即时执行或结案后很快执行，如果法院不负责执行，则调解案件可能大量进入执行程序，造成低效率和丧失诚信。国外很多国家的调解都是在法院之外或者不是由法官主持，当事人基本会自动履行；我国民事案件 60% 以上都是以调解结案，且自动履行率只有 50% 左右，执行外分会造成更多案件进入执行程序，不符合中国国情。行政判决因为执行的内容多数是要求行政机关作出一定的行为或给予行政补偿，不适合由行政机关自己执行。仲裁裁决和具有强制力的公证债权文书的执行，由于法院负有对上述两类法律文书进行司法监督的义务，故由法院负责执行更为合适。

（三）深化内分、适当外分符合民事执行权运行规律的客观要求

民事强制执行是一种具有行政性和司法性双重特征，以保证法院完成审判职能为基本任务的司法行政行为，在人民法院内部分别由执行实施机构、执行裁判机构、执行监督机构等行使。执行实施机构办理财产调查、控制、处分及交付和分配，采取罚款、拘留强

制措施；执行裁判机构负责办理各类执行异议、复议、案外人异议及变更执行法院的申请事项；执行监督机构负责执行申诉信访案件的审查与督办事项；综合管理机构负责辖区执行工作管理部署、巡视督查、评估考核、起草规范性文件、调研统计等各类综合事项。可以说，这样已就民事执行权的科学配置、运行及监督形成了符合客观实际的规范及机构，执行分权运行的界限较为明确，当事人的权益有所保障，效率逐步提高。

（四）部分外分可以实现权利互相制约，充分保障当事人救济权

审判机关既行使刑事审判权又行使刑罚执行权，不符合司法机关分工负责、互相配合、互相制约的原则，交由司法行政机关统一行使有利于统筹解决执法效能低下、资源浪费、主体多元标准不统一等问题。行政相对人不服行政机关强制执行行为，仍然可以提起诉讼。如由人民法院直接执行出现执行范围、执行对象错误等问题，被执行人只能申请司法赔偿或者信访、申诉，不利于其权益的有效保护。

（五）对行政和刑事案件的执行权外分有国际通行做法为先例

统一执行刑罚符合多数国家和地区刑罚执行的通常做法。如美国、法国、英国、俄罗斯、日本、韩国的刑罚执行权均由司法行政机关等部门统一行使，死刑执行场所基本都在监狱，审判机关不负责执行刑罚。虽然德国是检察机关行使刑罚执行权，但其检察机关的性质是行政机关。[1]而从域外行政强制执行的体制来看，以德国、奥地利为代表的大陆法系国家都将行政执行的强制力量配置于行政机关而非法院。[2]

---

〔1〕　高一飞，贺毓榕：《构建统一刑罚执行体制的若干问题的研究》，载《应用法学评论》2020年第1辑。

〔2〕　詹福满：《论行政强制执行制度的完善》，载《政治与法律》2000年第4期。

三、深化内分、适当外分模式的优势

强制执行既包括民事强制执行，又包括行政强制执行和刑事执行，民事强制执行应当继续深化在法院内部的"审执分离"，不宜从法院分离出去。而行政执行和刑事执行与民事执行有很多不同之处，特别是刑事执行，将这两者从法院分离出去，交由行政机关有合理性。[1]深化内分、适当外分模式的有利之处在于以下几个方面。

（一）有利于减轻法院的执行压力

将上述两类案件外分可在一定程度上减少法院的执行压力。目前全国法院执行案件约占全部案件的四分之一，有的地方甚至占到三分之一，并且每年都在大幅上升；其中刑事裁判涉财产部分执行案件和非诉行政案件上升更快，并且有些非诉行政案件尚未被法院全部受理，随着今后政府管理力度的加大和严格执法，非诉行政案件还会大幅增加，如果都由法院来执行，将会使法院不堪重负。对于刑事案件的财产追缴、没收，相比人民法院的执行机关主要采取的非强制性执行手段，公安机关可采取的刑事侦查等手段，无论是对被执行人的威慑力还是执行效率，都有质的提升。行政案件的执行需要动用的人力物力较大，有时需要多个行政部门的相互配合，交给政府部门执行更有利于协调调动各方面的力量，执行效率更有保障。

（二）部分执行事项外分给行政机关更有利于提高执行效率

司法行政机关拥有职业化的司法警察队伍，监狱作为特殊的国家机器，法律地位特殊，便于开展死刑执行工作。司法行政机关可将被告是否配合追缴非法所得和提供自身财产线索，作为被告是否

---

[1] 关月、林平：《落实四中全会精神在法院内部深化审执分离改革——专访中国政法大学教授、博士生导师宋朝武》，载《人民法治》2015 年第 7 期。

有积极悔改的表现之一，从而作为减刑假释的参考条件；同时司法行政机关每天都在做被告的教育改造工作，便于从被告处了解更多的案件情况和财产线索，有利于案件执行，解决财产刑大量"空判"的问题。此外，由司法行政机关统一执行刑罚，也能够更好地发挥刑罚教育人、改造人的功能，保障罪犯的合法权益，实现刑罚预防犯罪的目的。

非诉行政案件申请的执行周期过长，不利于行政管理的连续性和有效性，削弱了行政管理的主动性和能动性。行政管理涉及的范围和领域非常广泛，行政行为的种类也复杂多样，行政执法中需要强制执行的事项更是层出不穷，当前出现了法律规范与现实执法相脱节的现象，即法律规范未赋予大多数行政机关强制执行权，但在现实中这些行政机关又是最多涉及行政强制执行的主体。这就造成了行政执法困难、执行效果滞后等诸多问题。[1]例如，部分行政案件涉及强拆，需要公安、消防、卫生、街道等多部门的配合，由法院去协调通知每个部门，会浪费大量时间和人力物力，而交予政府部门执行，由政府领导出面协调相关部门就容易得多，可以随时调配各方面资源；又比如对一些停止违法行为（如停止排放油烟等）或纠正违法行为的执行，法院很难判断是否执行到位，也没有时间进行天天监督，而这些工作恰恰就是相关政府部门的日常工作，由他们执行比法院执行更专业，更可以与日常工作结合，提高效率。按照"深化行政执法体制改革"的要求，行政机关正逐步建立起统一的综合执法机构，其将具备更强的执行力量。

（三）有利于保障民事执行的队伍稳定

深化内分改革能有效团结执行队伍，在深化内分部分已有论述，

----

[1]　王华伟：《行政强制执行模式改进分析》，载《武陵学刊》2022年第1期。

此处不再赘述。而部分外分在深化内分的基础上，能够进一步维持执行队伍稳定。第一，将部分案件的执行分离出法院，无疑在一定程度上能有效缓解法院案多人少的压力。第二，罚金刑和非诉行政执行结案难度大、结案率低，在将其分离出法院后，能有效缓释执行法官的结案压力。

（四）深化内分、适当外分模式改革成本比较低

适当外分方案，一方面可以在执行裁决权与执行实施权分离的基础上，进一步实现执行实施权与执行裁决权的整合，提高执行效率，实现当事人的利益保障；另一方面又可以避免"彻底外分"给当事人增加过高的执行成本。综上所述，与其他模式相比，深化内分、适当外分模式在理论上更符合法律的正义价值和效率价值，更有利于形成审判权和执行权之间差异性和共通性的平衡；在功能上更有利于消解目前造成"执行难"的主要因素，更有利于执行手段的完善和资源利用效率的提升，也更有利于使执行机关获得充足且可控的资源；在操作上则更易于衔接目前的执行体制，更加契合执行工作的未来发展方向，具有其他模式无可比拟的成本优势。[1]

四、深化内分、适当外分模式的不足

深化内分、适当外分虽然是最高人民法院最初拟定的改革方案，但该模式也有不足之处。

（一）执行工作由多个机关负责，不利于统一工作标准、统筹执行力量

自 2015 年启动审执分离改革试点以来，不少地区的高级人民法院如江苏、河南、吉林等在执行局外组建了执行裁判庭，这主要体

---

〔1〕 江必新，刘贵祥等：《审判权和执行权相分离的最优模式》，载《法制日报》2016 年 2 月 3 日，第 12 版。

现在民事执行权的内分上，按照部分法院的改革思路，执行裁判权由单独设立的执行裁判庭行使，执行决定权由执行决定庭（处）行使，执行实施权由执行局及下设的执行分局部门行使。在机制上体现了执行权分权运行的目的，但人为割裂了执行决定和执行实施的紧密联系，造成执行人员要么有权无责，要么有责无权，不仅不利于调动执行人员的积极性，而且有损于执行效率。例如，执行法官作出查封房产的决定后交由执行人员实施，执行人员到房管部门后，房管部门可能以经办人休假等原因拒绝接收查封裁定及协助执行通知书，或可能以相关窗口不办公为由拒绝执行人员进入办公区域。对此极端情况，如果执行决定和实施由同一部门行使，执行人员完全可以作出处罚决定，体现执行威慑力。在执行决定和实施分权的情况下，执行人员仅有实施权而无决定权，无法就此作出处罚决定，自然不会强行采取措施。理性的选择是折返要求执行决定法官作出进一步执行决定。作执行决定的法官面临两难境地，若选择相信执行人员的陈述作出处罚决定，则面临当事人的异议；若不相信执行人员的陈述，则执行工作无法推进。

目前法院内部组建的执行裁判庭，既审理案外人基于权属争议提出的异议，也审理该异议驳回后案外人提起的执行异议之诉，导致两种程序的裁判标准高度趋同，执行裁判庭对本部门作出的案外人异议裁定很难进行纠错。

（二）执行工作由多个机构负责，可能造成资源浪费

将刑事案件的执行工作交给司法行政机关，将部分行政案件执行工作交给对口行政机关，这些机关除了整合现有的行政执法资源，同样需要组建和人民法院职能重叠的机构，如人民法院经过多年建设，已形成成熟的办公办案系统、执行指挥、查控系统、信用惩戒系统等，进行重建无疑会造成资源浪费，而且执法主体的多样复杂

对当事人及协助执行机构而言，均会增加沟通协调成本，影响执行效率。比如执行程序中变更追加当事人案件，有的法院由立案庭编立执异字号，然后移送执行裁决庭审理；有的法院认为该模式效率过低，仍然坚持变更追加事项由承办案件的执行实施法官审理，不再单独编立案号。

（三）部分外分可能导致部分案件审执不协调

刑事和行政案件裁判生效后，当事人申请执行的，首先面临日益复杂的选择执行机关的困惑。审判权和执行权均由法院行使时，由于法院长期的传统，审判法官必然会考虑行政和刑事裁判的可执行性。部分外分后，法院在作出行政和刑事裁判时不再会考虑可执行性，或者考虑可执行性的沟通成本巨大，法律依据不足。执行过程中，如执行机关或当事人对执行依据提出异议，仍需作出执行依据的法院审查，有损执行效率。执行机关拒不执行生效裁判的，基于目前的体制机制，会导致"法律白条"成倍增加，有损人民法院司法权威。对执行中的争议问题，当事人需要反复在人民法院和执行机关奔波，增加经济负担。

第五章
内分改革的最佳路径设计

第一节　执行内分改革应当遵循的基本原则

　　执行权交由何种机关行使，更多是法律政策上的考量。在多种分离模式中，要基于现有基础与改革需求进行权衡。哪种方案的现实基础相对稳固，改革成本较低，改革存在的不确定性小，哪种方案就能取得较多的共识。除此以外，还要让在法院从事执行实践的法官普遍能够接受，从而减小改革阻力，取得法官乃至全社会的支持。顺应执行改革的潮流，保留中华人民共和国成立以来固有的法院主导执行的传统，扬弃几十年积累的经验教训，利用法院现有的人力资源和系统资源，集中精力通过信息化和规范化建设解决执行难和执行乱问题。在此基础上，要构建现代化的执行制度、体制、机制，应遵循下列几个原则。

一、遵循执行规律的原则

任何改革方案的设计都要符合基本的逻辑、符合相关领域的基本理论、符合该项权力运行的基本规律。否则，就不能自圆其说，就会出现逻辑混乱、自相矛盾，就没有说服力，也无法真正得到实施。

遵循执行权的运行和发展规律，要深刻认识审判权与执行权的共同性原理。审判权具有被动性、居中性、判断性、终局性的特点，是典型的司法权；执行权具有主动性、管理性、强制性、单向性的特点，其既有司法判断权性质，又有行政权性质。但两者之间联系非常紧密，有一定的共通性。如民事诉讼和民事执行都是当事人为保护自己的民事权利而采取的法律手段，前者是为了确定民事权利，后者是为了实现民事权利，是当事人保护自己民事权利的两个阶段；审判权和执行权不仅在程序开启上具有共通性，裁判请求权与执行请求权两者在性质上也具有共同性。民事审判程序与民事执行程序的产生、推进、终结都离不开实体权利要素，审判程序与执行程序之中贯彻始终的都是当事人一方的实体性权利，且在两种程序中表现为一种连续性的保护性救济。执行程序和审判程序互相依存，在一定情况下可以融会贯通，同步或交叉进行。如在程序运行过程中均可以采取查封、冻结、扣押措施，都可以对不服从法院指令的行为采取罚款、拘留，都可以通过主动调查或开庭、听证等措施查清案件相关事实。这些措施也具有共通性。最后，民事执行职能是一项复杂职能，它既有判断事项又有实施事项，而且判断事项与实施事项之间存在交叉与重叠。[1]如附条件执行依据申请执行后所附条

[1] 谭秋桂：《论我国民事审执分离体制改革的模式选择》，载《实证法学研究》2017年第1期。

件是否成就，补充责任人承担责任的临界点是否到来，恢复原状的判项是否执行完毕，对执行财产的选择和变现方法，均需要在执行过程中随时进行判断。

审判程序和执行程序无论各自具有怎样的权利特点，在最终着眼点上都不能背离司法权固有属性的基本要求。就"审执关系"原理而言，一方面，"审执关系"的差异性原理提示：在改革方向上，不仅要在整体上强化执行权，同时也需要将执行程序所处理的实体争议部分返回给审判程序。只有将执行的归执行，审判的归审判，才能真正体现审执关系的差异性原理，理顺"审执关系"。另一方面，"审执关系"的共通性原理提示：两者共同服务于保护当事人权利的目的。过分强调两种程序的差异性并进行彻底两分，会割裂两者的关系，损害共同的目的。

二、适合国情原则

任何改革方案的选择都必须考虑国情和历史文化传统，否则就会成为无源之水、无本之木，也不可能成功。

审执分离改革模式的设定要遵循我国固有的历史传统。自清末改革以来，我国的民事执行权一直由法院行使。中华人民共和国成立后，民事执行权配置给人民法院的制度也从未有过改变，与执行有关的法律制度也都是建立在民事执行权配置给人民法院这一基础之上。

审执分离改革模式的设定要立足人民群众日益增长的司法需求与司法能力相对不足之间的矛盾现实。我国当前执行权运行效率不高、执行到位率低位的根本原因不在于执行机构外分至行政机关还是内置于法院系统，而在于司法资源配置的不均衡状态未从根本上改变。因此，当前的主要任务应当聚焦在强化民事执行权与审判权相互制约与协调，坚持执行权的司法权属性，突出专业化，合理配置执行权，以审判权的运行方式实现对执行权的监督制约，通过审理案件对执行案件当事人进行权利救济，确保执行权高效运转。在优化审执权力配置、解决执行乱的同时，将审执分离体制改革与切实解决执行难结合起来，处理好执行工作的合目的性、合规律性与合法性的关系，通过优化执行权力配置，整合执行力量，增强执行工作抗干扰能力，解决"主客场"现象，重点解决执行不力和消极执行问题。

世界各国执行体制的改革设计都是建立在本国国情基础上的。很多国家将执行权留在法院或者部分留在法院，也没有产生执行难。有的国家将执行权从法院分离出去，不但没有解决执行难，反而造成执行更难。世界各国的执行模式比审判模式更加复杂，即使是同为英美法系或同为大陆法系的国家，执行模式都有很大不同，这是因为各国的政治体制、法律文化传统、公民法治意识、道德意识以及社会经济、国土面积、人口都大不相同。执行模式比诉讼模式更难移植和借鉴，更需要与本国的国情密切结合。

三、效益最大化原则

不同的审执分离改革模式虽然差异巨大，但均有其理论、逻辑和实践上的合理性。最终选择哪种模式，要看该模式在理论上是否更符合法律的正义价值和效率价值，更有利于保持审判权和执行权之间差异性和共通性的平衡；在功能上更有利于消解目前造成"执行难"的主要因素，更有利于执行手段和资源利用效率的提升，也更有利于使执行机关获得充足且可控的资源；在操作上则更易于衔接目前的执行体制，更加契合执行工作的未来发展方向，符合经济原则，具有其他模式无可比拟的成本优势。

执行权的效率优先原则要求改革成本最小。民事执行审执分离模式的选择，除需要考虑与现行执行体制和今后执行工作发展趋势进行衔接的成本外，还必须考虑其他成本因素。效率价值提示，执行程序中对于实体权利的救济应纳入审判程序，以更为完善的程序来保障当事人的实体权利，而当需要救济的是对当事人影响不大的程序性权利时，则可以在执行程序中解决，以体现效率价值；同时，法的形式正义所体现的秩序价值优先性提示，对执行中的疑难问题及时给出处理规则，以尽快结束缺乏规则所引起混乱，恢复执行工作秩序，对于已经形成了社会普遍预期的改革而言，应尽快实施并完成，故对改革的幅度和成本应根据所要解决问题的重要性及紧迫性进行控制。[1]人民法院经过多年的探索，在深入分析我国当前司法国情和发展走向、深刻把握执行权运行规律的基础上，已经逐渐探索到了解决"执行难"问题的长效机制，这一突破性的探索，已经使"脱胎换骨"但成本较高的"彻底外分"模式的价值和必要性大为降低，渐进式、步幅较小但成本较低的"执行内分"尽管面临着理论上的挑战，但可以满足人民群众日益增长的对提高执行效益的时代需求。在信息化条件下，传统的执行体制机制、方式方法、法律制度等也一定能得到调整和升华。一项权力分别由不同的机关行使时，由于权力划分的不清晰性和不确定性，极易发生相互推诿或者相互争夺的现象，其结果必然是权力运行的错误成本增大。[2]

执行权可诉性的制度设计必然使得案件办理形成巨大司法资源透支。如果执行权外分行政机关，执行权的可诉性制度必然进行结构性改革。从有形成本上看，需付出巨大的立法修法的成本、机构组建和人员培训的成本、新的机构理顺工作管理体制和运行机制的

〔1〕 江必新，刘贵祥：《审判权和执行权相分离的最优模式》，载《法制日报》2016 年 2 月 3 日，第 12 版。

〔2〕 谭秋桂：《论我国民事审执分离体制改革的模式选择》，载《实证法学研究》2017 年第 1 期。

成本、新增物质保障的成本、当事人熟悉新规则和今后在审执两个机构奔波的成本等，这些人力物力财力和时间成本非常巨大。另外，完成过渡的时间也无法科学预测，理顺相关体制机制能否成功或真正解决执行难都是未知数，老挝和蒙古执行权外分改革失败就是例证。从无形成本上看，全国法院执行案件收案数每年以两位数的百分比持续增长，2019 年至 2021 年，全国法院共受理执行案件 2245.3 万件，其中 2020 年收案 652 万件，2021 年收案 949.3 万件，呈现出爆发式的增长趋势。如果将执行实施权交给法院以外的行政机关行使，查封、扣押等 63 项执行实施命令权均由行政机关作出，则需要通过行政诉讼的方式保障其公正性，从理论上讲，每一件民事执行案件都可能衍生出数十项行政诉讼。同时，大量涉及执行争议的裁决权仍需法院行使，如此，将造成当事人在行政机关和人民法院之间来回奔波，对当事人来说增加了执行的成本和负累，对于行政机关来说也降低了执行效率。

第二节　审执分离的基本模式选择

客观地说，理论和实践中提出的审执分离的三种模式各有优劣。根据此前的理论分析，结合我国立法和实践的传统，我们认为，我国审执分离的最佳模式选择应当是坚持法院内分的基本方向，完善民事执行权配置，重新设计民事执行权的运行体制。

一、坚持法院内分的基本方向

民事审执分离模式的选择事关国家司法体制大局，必须给予高度重视。只有经过全面、深入、细致的分析论证，解决为什么要审执分离、如何进行审执分离以及审执分离后如何确保各制度的协调运行等问题，才能确定审执分离的最终方案，切忌草草行事。因此，目前正在进行的理论争议和试点工作十分必要。从目前我国的现实情况来看，将民事执行权完整地配置给人民法院，应当是我国民事审执分离体制改革的最佳方案。法院内分模式有利于确保和提高民事执行机关的独立性，有利于提高民事执行的公正性和权威性，有利于彻底解决"执行难"和治理"执行乱"。可以说，只有法院内分模式才能实现"保证公正司法，提高司法公信力"的改革目标与任务。

（一）法院内分符合民事执行权运行的基本规律

党的十八届四中全会《决定》提出的"推动实行审判权和执行权相分离的体制改革"，核心是要实现民事审判权与民事执行权分别按照各自规律相对独立地运行，以"保证司法公正，提高司法公信力"。从理论上看，民事审判权与民事执行权配置的目的和任务各不相同，其具体权能也有所差异。根据其各自的规律使其分别独立运行是完全必要的。如果审判权不与执行权相分离，审判人员既行使审判权又行使执行权，一方面，审判人员在审判过程中因顾忌裁判能否顺利执行而在适用法律时会打折扣，从而危害司法公正；另一方面，审判人员在执行过程中专业性不够而影响执行的效率，使得案件难以顺利执行，从而破坏司法公信力。相反，如果实现民事审判权与民事执行权的分离，司法公正和执行效率都得到了保障，提高司法公信力也就有了保障。实现民事审判权与民事执行权的分离运行，是符合规律且完全必要的。

但是，民事执行机构脱离人民法院并不符合民事执行权运行规律的要求。首先，权力分离与机构分设是两个完全不同的问题，权力分离并不一定要求机构分设，尤其并不意味着应当分离的权力不能由同一机关行使。其次，作为一种强制债务人履行义务的公权力，民事执行权兼具执行命令、执行裁判和执行实施等多项权能，明显具有复合性。不重视民事执行权的复合性，简单地以某种具体权能为其定性，就会犯以偏概全的逻辑错误而使结论失去可靠性。目前某些人主张民事执行机构应当脱离人民法院，其"重要理由"之一正是民事执行权是行政权而不是司法权。民事执行权的"行政权说"，以偏概全地将执行实施权能作为判断民事执行权性质的基础，显然是不能成立的。再次，民事执行权的执行命令权能、执行裁判权能和执行实施权能构成一个整体，如果人为地将其割裂开来，民事执行权的配置目的就难以实现，以此为基础构建的制度就会因违反规律而走偏。执行命令权能和执行裁判权能只有法官才能行使，执行机构脱离人民法院，必然产生该两项权能是否随着执行机构脱离人民法院的问题：如果认为该两项权能随着执行机构脱离人民法院，就会产生非法官越位行使法官权力的问题；如果认为该两项权能不随着执行机构脱离人民法院，那么脱离人民法院的执行机构行使的就是不完整的民事执行权，民事执行的效率和效果都将无法保障。

总之，执行机构脱离人民法院，既不是民事审判权与民事执行权相分离的要求，也不符合民事执行权的基本运行规律，是缺乏理论基础的。从世界范围来看，没有一个国家的民事执行工作完全脱离了法院。在大陆法系国家，不动产和债权的执行由法院主管，动产多由法院的执行官执行；在英美法系国家，法院作出的民事判决也是先由法官发出执行命令，然后交专业的执行官或者执法官采取执行措施迫使债务人履行义务的。可以说，在其他国家和地区，民事执行中的执行命令权能和执行裁判权能牢牢掌握在法官手中，执行实施权能则由司法职业人员行使，完全由与法院无关的行政人员负责民事执行的情况极为罕见。这就进一步证明执行机构脱离法院是不符合民事执行的基本规律的。

（二）法院内分有利于提高民事执行的效率

如前所述，民事执行权具有复杂性和整体性。在配置民事执行权时，应当将其应有权能全部配置到位，而不能遗漏某些权能，否则就可能割裂民事执行权而破坏民事执行权配置的科学性。只有具有足够的权力，才能确保民事执行的效率并发挥其应有功能，否则民事执行不但应有功能无法发挥，效率也会显著降低。无论是判断性的执行权能还是实施性的执行权能，都是民事执行权不可分割的部分。如果将其分开分别配置给不同的机关，其中执行实施权能配置给人民法院以外的行政机关，执行裁判权能配置给人民法院，必将割裂民事执行权。其后果必然是每一执行案件不得不在行政机关和人民法院之间移来移去，执行当事人不得不在人民法院和行政机关之间来回奔波，执行效率必将显著降低，这与效益优先的价值目标背道而驰。由人民法院统一行使执行裁判权能和执行实施权能，执行案件统一由人民法院处理和解决，案件和当事人都不会在人民法院和行政机关之间反复，相对于执行权法院外分的执行实施机构外分模式而言，效率必然更高。

（三）法院内分有利于降低民事执行成本

一方面，相对于分别由两个机关行使而言，一项权力统一由一个机关行使而耗费的人力、物力、财力、时间等直接成本肯定更低。法院内分模式的基本特点是人民法院完整地行使民事执行权。相对于民事执行权分别由人民法院和行政机关行使的外分模式而言，法院内分模式实现了一项权力由一个机关行使，因此其直接成本更低。另一方面，一项权力分别由不同的机关行使时，由于权力划分的不清晰性和不确定性，极易发生相互推诿或者相互争夺的现象，其结果必然是权力错误运行的成本增大。法院内分模式将民事执行权统一由人民法院行使，即使存在权力划分不清晰的情形，也可在人民法院内部协调解决，相对于民事执行权分别由人民法院和行政机关行使的外分模式而言，有利于降低错误的成本。此外，根据法院外分模式的设想，当事人不服执行机构的执行行为的，可以提起行政诉讼寻求救济，此时就会涉及两个不同的机关；而在法院内分模式下，当事人不服执行机构的执行行为的，可以通过执行异议、复议等方式寻求救济，则只涉及一个机关。行政诉讼的成本显然更高，更不便于当事人获得救济，而执行异议和复议的直接成本显然更低，更方便当事人获得救济。总之，法院内分模式有利于降低执行成本。

（四）法院内分有利于防止民事执行错误

根据分权理论，制约是防止权力滥用的有效手段。根据分权理论，制约的基本方法是在一定程度上保持权力的混合与重叠。在理论界普遍认为民事执行权具有执行实施权能和执行裁判权能的基础上，笔者认为民事执行权还具有执行命令权能。如果将民事执行权完整地配置给人民法院，就可实现执行命令权能、执行实施权能和执行裁判权能在一定程度上的混合与重叠，从而发挥权力制度的功能，减少执行错误，预防执行乱。[1]如果将民事执行权的执行实施权能外分到行政机关，就无法形成有效的制约机制。缺乏制约，或者制约机制不健全，民事执行错误必然就会增多，执行乱就不可避免。

只有将民事执行权完整地配置给人民法院，才能形成上述有效的权能制约机制。如果将执行实施权能配置给人民法院之外的其他机关，上述制约机制就无法形成，通过制约确保权力规范运行、预

---

[1] 谭秋桂著：《民事执行权配置、制约与监督的法律制度研究》，中国人民公安大学出版社 2012 年版，第 204—206 页。

防执行错误的目的就会落空。因此，法院内分模式有利于防止执行错误。

（五）法院内分有利于树立民事执行权威

执行事项的复杂性决定了，只有由既方便行使执行判断权又方便行使执行实施权的法院行使民事执行职能，才能在民事执行程序中顺畅处理执行裁判和执行实施事项，从而确保民事执行工作顺利进行并维护民事执行的权威性。如果实行"外分"方案，也就是将民事执行权能全部或者部分配置到法院之外，要么会造成国家体制的混乱，要么会使民事执行工作难以顺利进行。如果将民事执行权的裁判权能和实施权能全部外分，就面临由法院之外的机关行使司法性裁判权的问题，造成国家体制的混乱；即使只是将执行实施权能外分，也必然造成执行实施与执行裁判工作脱节而导致执行工作难以顺利进行，降低执行效率、加大执行成本。在现有执行效率尚不能满足人民群众需要的背景下，若再降低执行效率，民事执行的权威性和民事权利公力救济制度的权威性必然受到损害。

（六）法院外分模式具有自身无法克服的难题

法院外分模式以民事执行权的"行政权说"为理论基础，而"行政权"说并没有揭示民事执行权属性的全貌。因此，若将法院外分模式作为我国民事审执分离体制改革的方案选择，未来的民事执行实践可能面临一些难以解决的问题。

1. 对治理"执行乱"、克服执行腐败问题作用有限

主张法院外分模式的主要理由之一是"现行执行制度缺乏分权和制衡"，"执行机构内设于法院，法院自审自执、裁断性的权力与实施性的强制权力合一"，不仅易产生权力寻租现象，而且导致执行救济难的问题，在缺乏外部监督的情况下，执行乱和执行腐败的问

题无法解决。[1]笔者认为，这一理由存在难以自圆其说的地方。首先，任何拥有权力的人都想把权力用到极致。即使将民事执行权从法院分离出去，也难免产生权力滥用和权力寻租的问题。通过民事执行权外分就能够确保民事执行工作的廉洁性，由行政机关行使民事执行权就可防止权力滥用和权力寻租，这种想法未免过于天真。其次，根据外分模式的设想，执行实施权外分后，执行救济裁判权仍留在法院。笔者认为，在执行裁判权的行使主体没有变更、执行救济制度没有变化的情况下，很难想象执行救济裁判的公正性会因执行实施权外分而突然提高。外分模式主张者似乎存在下列假设：当执行实施权与执行裁判权均为法院行使时，执行裁判权是执行实施权的"帮凶"；当两者分别由不同机关行使，尤其是执行实施权由行政机关行使时，执行裁判权就会成为执行实施权的"死敌"。这种假设显然没有任何依据，也不符合实际情况。再次，法院外分模式的支持者将权力制约与权力监督等同起来，将执行救济与执行监督等同起来。制约、救济与监督不分，必然难以充分发挥各项制度的不同功能。就监督而言，将执行实施权配置给行政机关，并不会增加执行监督的方式，也不会增强监督的效力，因此很难突然提高监督的效果。那种认为民事执行权法院外分有利于强化执行监督、确保执行公正的想法，其实没有任何根据。总之，认为执行实施权外分更有利于治理执行乱、克服执行腐败问题，纯属偏见与误会，既没有逻辑基础，也没有实践基础。

2. 改革成本高且必然降低民事执行效率

将民事执行实施权分离到法院之外的行政机关，一方面，不可

---

[1] 徐卉：《论审判权和执行权的分离》，载《中国社会科学报》2016年12月14日，第5版。

避免地要进行人、财、物等的重新调配，甚至可能要增加更多的人、物和财，改革成本必然相当高；若要新设行使民事执行权的行政机关，改革成本将更高且不符合我国精简政府机构的基本方向。另一方面，民事执行实施权外分之后，执行实施权和执行裁判权分别由行政机关和司法机关行使，案件执行和裁判的效率必然降低。举例来说，按照外分模式的思路，当事人对消极执行行为不服的，必须向法院提出异议甚至提起行政诉讼；法院为了审查执行行为是否违反法律规定，就必须赴行政机关调取执行案卷。在这种情况下，当事人就不得不在行使执行裁判权的法院与行使执行实施权的行政机关来回奔波，行使裁判权的法院和行使实施权的行政机关不得不反复交换信息，案件也不得不在法院和行政机关反复进出，执行效率必然严重降低。有学者甚至预言：由行政机关实施强制执行措施，"对于被执行人或利害关系人而言，这些措施都属于行政诉讼法上的具体行政行为，该当纳入法院司法审查的视野，而且适用两审终审制度。如果按一个民事执行案件可能提起 5 个行政诉讼计算（保守估计），那么我国每年 200 多万件民事执行案件会带来至少 1000 万件行政诉讼案件，那么各级法院行政庭至少还要添加数十倍的人事编制"[1]。尽管最终是否会因执行实施权外分而导致行政诉讼案件"爆炸"目前还不得而知，但是这种担心并不完全是多余的。

3. 必然加重当事人负担、造成执行难

执行实施权外分，执行案件将会在行政机关和法院之间往返"旅行"，造成当事人的不便、增加当事人的成本，案件执行必然会所耗时间增加、周期加长，甚至可能遭遇行政机关和法院"相互推

---

〔1〕 肖建国：《民事执行权和审判权应在法院内实行分离》，载《人民法院报》2014 年 11 月 26 日，第 5 版。

诱",加上地方保护主义的干扰,当事人会感觉民事执行更加困难。换言之,执行实施权外分不但会加重当事人的负担,而且可能造成更为严重的执行难问题。如果产生了这样的结果,决策者预设的审执分离体制改革的目标和任务必然无法实现,甚至可能与改革的初衷完全背道而驰。

4. 可能引起严重的制度冲突,造成秩序混乱

法院外分模式的基本观念是将民事执行实施权外分给行政机关。按照这种思路,民事执行程序可能带来一系列依现行法律制度无法解决的问题。其中最为困难的是执行裁判事项与执行实施事项的协调问题。包括执行实施程序如何启动,责任财产如何认定,保全措施与执行的关系如何处理,执行实施程序与执行救济程序如何衔接,执行行为的物权变动效力如何体现,等等。若民事执行机关无权处理这些事项,民事执行程序显然无法顺利推进;若为了顺利推进民事执行程序而赋予民事执行机关处理这些事项的权力,又会与现行法律规范形成强烈冲突。在民事执行权外分模式下,无论怎样做,民事执行机关都可能陷入两难境地,极易带来民事执行秩序的严重混乱。

5. 将加剧行政权过大的问题

笔者认为,我国行政权过于强大,政府习惯于"大包大揽",民众也习惯于"有问题找政府",这些"习惯"已经严重影响社会的健康发展。造成行政权过大的原因,除了文化传统和经济体制的影响等因素外,国家权力的分类过于粗疏、笼统,进而导致权力配置不科学也是不可忽视的因素。如前所述,民事执行权是一种复合性、边缘型权力,如果简单地将其全部或者部分配置给行政机关,不但不符合民事执行权的基本属性,而且必然因复合性权力的行政化而造成行政权更加臃肿,带来更多、更为严重的社会问题。最为明显

的是，若实行民事执行权的法院外分模式，地方保护主义就更容易"发挥作用"，行政干预司法有了更为方便和直接的路径，民事执行工作将更加困难，"执行乱"的问题将更加突出。

总之，法院外分模式在提高民事执行效率、降低民事执行成本、防止民事执行错误方面几乎难有积极效果。如果以该模式作为民事审执分离体制改革的方向，不但不能解决现有的"执行难"、治理现有的"执行乱"，反而会增加新的"执行难"、造成新的"执行乱"，决策者设定的通过推动实行审执分离体制改革"保证司法公正，提高司法公信力"的目标和任务必然无法实现。

当然，如果不考虑改革成本，可以设立独立的执行法院作为国家专门法院，将民事执行权完整地配置给新设立的执行法院。执行法院系统可以设三级：执行法院、执行上诉法院和最高执行法院。执行法院和执行上诉法院实行跨行政区划设立，最高执行法院可以单独设立，也可以作为最高人民法院的内设机构。一个执行法院管辖几个基层人民法院作为一审法院的民事、行政判决、裁定以及刑事判决、裁定涉财产部分的执行案件；执行上诉法院管辖中级人民法院、高级人民法院、最高人民法院作为一审法院的民事、行政判决、裁定以及刑事判决、裁定涉财产部分的执行案件，以及当事人、第三人不服执行法院作出的执行裁判而申请复议和提起上诉的案件；最高执行法院管辖不服执行上诉法院作出的执行裁判而申请异议和提起上诉的案件。在级别上，执行法院相当于中级人民法院，执行上诉法院相当于高级人民法院。执行法院配备执行法官和执行官两种身份的人员，执行法官行使执命令权能和执行裁判权能，执行官行使执行实施权能。如果设立独立的执行法院系统，就可实现审判法院与执行法院的彻底分离，全面实现"审执分离"。设立独立的执行法院，改革成本比较高，可以作为我国民事执行权配置体制改革的长远目标。

二、完善民事执行权配置

法院内分的实质就是要将民事执行权配置给人民法院，并且确保民事执行权的具体权能之间形成相互制约机制，确保民事执行权的科学运行。

（一）将民事执行权完整地配置给人民法院

如前所述，民事执行权具有复杂性和整体性。在配置民事执行权时，应当将其应有权能全部配置到位，而不能遗漏某些权能，否则就可能割裂民事执行权而破坏民事执行权配置的科学性。根据目前的认识和民事执行实践的需要，民事执行权的具体权能包括判断性权能和实施性权能，判断性权能又可分为执行裁判权能和执行命令权能两类。在讨论审执分离体制改革时，有人主张将民事执行权全部配置给司法行政机关或者公安机关，也就是将执行机构全部从法院系统分离出去；[1]有人主张将执行实施权配置给司法行政机关或者公安机关，也就是将执行实施机构从法院系统分离出去。[2]笔者认为，将民事执行权或者执行实施权配置给人民法院之外的其他机关的看法，既不符合民事执行的基本规律，也不利于我国民事执行实践的发展，我国应当将民事执行权的所有权能全部配置给人民法院。

首先，将民事执行权完整地配置给人民法院是民事执行基本规律的要求。民事执行权具有整体性，无论是判断性的执行权能还是实施性的执行权能，都是民事执行权不可分割的部分。如果将其分

---

〔1〕 王小刚：《审执分离不应"小步慢跑"》，载《人民法治》2015 年第 7 期。

〔2〕 王娅：《司法改革背景下的审执分离研究——以深圳前海合作区人民法院试点为切入》，载《福建法学》2015 年第 4 期。

开分别配置给不同的机关，如执行实施权能配置给法院以外的行政机关，执行裁判权能配置给人民法院，必将割裂民事执行权。其后果除了执行实施机关将更易受到行政权的干涉而使民事执行遭到更为严重的地方保护主义、部门保护主义的干扰，执行工作将更加困难，执行案件不得不在行政机关和人民法院之间来回"奔波"，执行效率必将显著降低，与效益优先的价值目标背道而驰。此外，民事执行权具有复杂性，既有判断性权能又有实施性权能。目前，世界各国的民事执行判断性权能无一例外都由法官行使。如果我国将民事执行权完全配置给行政机关，就面临着由行政机关行使司法性判断权的尴尬，显然不符合民事执行的基本规律，其结果同样是执行难和执行乱的问题更为突出。因此，将民事执行权完整地配置给人民法院是符合民事执行的基本规律的。

其次，将民事执行权完整地配置给人民法院有利于提高民事执行的权威性。有人认为，只有将民事执行权从人民法院剥离出去，赋予执行机构独立侦办相应犯罪案件的"讯问、询问、搜查、查封、扣押、拘留、通缉、侦查等一切权能"，才能解决执行乏力的问题。[1]笔者认为，执行乏力并非因民事执行权由人民法院行使而引起，而是由于我国司法权威不足、民事执行体制和机制不完善导致；依拒执罪追究被执行人刑事责任，是维护裁判和民事执行权威性的重要方面，但不是提高裁判和执行的权威性的根本途径。裁判和执行权威最终应当以公正为基础。就民事执行而言，只有完善民事执行体制和机制，强化民事执行权的具体权能之间的相互制约，解决执行难、治理执行乱，即实现公正、高效执行，才能提高民事执行的权威性。

〔1〕　桑本谦：《为新一轮司法改革所忽略的执行问题》，载《财经网》2016年7月24日。

仅仅依靠追究被执行人刑事责任提高民事执行的权威性，是一种治标不治本的方法，不但于事无补，还可能引发更多的副作用。将民事执行权完整地配置给人民法院，并通过完善机制，实现执行命令权能、执行实施权能和执行裁判权能的有效制约，就可提高民事执行的公正性和效率，最终提高民事执行的权威性。相反，如果不将民事执行权的全部权能配置给人民法院，而只是配置部分权能，势必割裂民事执行权，民事执行权的具体权能之间无法建立起有效的制约机制，民事执行的公正性和效率就没有保障，执行乱和执行难的问题无法解决，民事执行的权威性必将失去基础。

再次，将民事执行权完整地配置给人民法院有利于提高民事执行的效益。没有效率，无法发挥应有功能，当然也就谈不上效益。高效益的民事执行是满足人民大众对民事执行工作需求、解决从当事人角度看的执行难问题的重要保障。换言之，将民事执行权完整地配置给人民法院，是解决民事执行难的客观需要。

总之，从目前我国的现实情况来看，将民事执行权完整地配置给人民法院是最佳方案。它有利于确保和提高民事执行机关的独立性，有利于实现民事执行权的具体权能之间的相互制约，提高民事执行的公正性和权威性，有利于彻底解决执行难。

（二）确保执行命令权能、执行实施权能和执行裁判权能的互相制约

一切权力都容易滥用。分权和制约是预防权力滥用的重要手段。配置民事执行权，同样必须采取权力制约的方法，确保民事执行权规范运行。笔者主张将民事执行权的权能分为执行命令权能、执行实施权能和执行裁判权能，所以在配置民事执行权时必须考虑该三种权能的相互制约，具体方法是在一定程度上保持权力的混合与

重叠。[1]

　　民事执行权能之间的制约首先体现为执行命令权能与执行实施权能的相互制约。此种制约一般应通过保持权能的适度混合与重叠来实现的：执行实施的启动程序权掌握或者控制在行使执行命令权的人或者机构的手中，执行命令的实现权则掌握或者控制在行使执行实施权的人或者机构的手中。

　　实现执行裁判权能与执行实施权能的相互制约就要做到，执行实施权能对执行裁判权能具有服从性——执行裁判权能发生作用形成的结果，执行实施权能必须予以落实；执行裁判权能对于执行实施权能具有依赖性——执行裁判权能发生作用形成的结果，只有经过执行实施权能的作用才能落实，执行裁判权能不得自行落实自己作用的结果。例如，执行实施行为违反法律规定的，行使执行裁判权能的人或者机构有权责令予以纠正，行使执行实施权能的人或者机构必须纠正；但是，行使执行裁判权能的人或者机构不得自己采取纠正措施。也就是说，执行裁判权能具有最终决断权，但没有落实权能；执行实施权能具有落实权，但没有最终决断权能。

　　实现执行裁判权能与执行命令权能的相互制约就要做到，对于执行命令权能的作用结果（发出的执行命令），当事人或者利害关系人可以声明不服而要求裁判，使之进入执行裁判权能的作用范围。对于执行裁判权能的作用结果（作出的裁判），执行命令权能必须服从。执行裁判权能具有的最终决断效力，会促使行使执行命令权能的人或者机构审慎行使权力，从而确保执行命令权能的规范运行。也就是说，执行裁判权能对于执行命令权能的影响不只是事后救济

---

　　〔1〕　谭秋桂著：《民事执行权配置、制约与监督的法律制度研究》，中国人民公安大学出版社 2012 年版，第 204—206 页。

或者纠正，更是通过纠正机制的预设使其控制效力前移至执行命令权发挥职能作用之时。此外，执行裁判权能就执行命令有关事项所作的裁判最终要通过执行命令权能的作用实现，执行命令权反过来也制约执行裁判权。

（三）确保执行命令权能、执行实施权能和执行裁判权能的有效沟通

民事执行权的配置除了要解决民事执行权与民事审判权的关系问题，还要解决民事执行权的具体权能之间的关系问题。在人民法院内部处理执行命令权能、执行实施权能和执行裁判权能，笔者认为应当遵守"分而不离"的原则，确保三种权能的有效沟通。

所谓民事执行权具体权能的"分而不离"，主要有以下两层意思。首先，民事执行权的实施性权能和判断性权能"应当分立"，即分别由不同的人员按照不同的规则行使。由于民事执行权的具体权能的属性不同，为了实现民事执行权的具体权能之间的相互制约，执行命令权能、执行实施权能和执行裁判权能应当分别由人民法院执行机构不同的人员行使，甚至可以在人民法院执行机构内部设立三类机构分别行使上述三种权能。同时应当明确不同权能的运行和行使规则，从而确保提高执行效益。其次，民事执行权的实施性权能和判断性权能"不能分离"。如前所述，审执分离不涉及民事执行权的具体权能的配置。在民事执行权整体配置给人民法院的基础上，民事执行权的具体权能应当统一由人民法院执行机构行使，这既是民事执行权整体性的要求，也是提高民事执行效益的要求。将判断性权能交由民事审判机构行使，必将割裂民事执行权，降低民事执行的效益，造成民事执行难问题。

目前正在进行的绝大多数民事执行权法院内分模式改革试验方案都将判断性民事执行权能配置给民事审判机构或者专门设立的、

独立于执行机构的执行审判机构，人民法院执行机构仅负责执行实施工作，事实上已经成为"执行实施工作局"，民事执行权的实施性权能和判断性权能被完全割裂。笔者认为，这种做法具有以下几个方面的风险：一是降低执行效益。判断性执行权能脱离执行机构之后，其与实施性执行权能的沟通与配合更为困难，执行争议的处理效率和准确性都可能降低，最终导致民事执行的整体效益降低，甚至形成新的执行难。二是执行工作被误解。试点单位的执行机构仅行使实施性执行权能，但其名称仍为执行局，这就容易使人误认为查封、扣押、冻结、拍卖、变卖等实施性执行工作就是民事执行工作的全部内容，裁判性执行工作与民事执行无关，一部分人因此认为执行机构完全可以脱离人民法院。三是为债务人规避执行留下空间。执行实施机构和执行裁判机构完全分开后，一部分债务人利用其间的空隙"合法"地拖延执行，甚至利用其他不法因素规避执行，严重损害民事执行的权威性。四是一刀切的做法难以被执行人员理解。执行实施工作警务化是法院内分模式改革的重要内容。一些试点单位采取现有执行人员全部转为司法警察的做法，也不被现有执行人员理解，有的甚至产生抵触情绪，影响了改革的顺利推进。

面对实践中存在的问题，调整民事执行权具体权能配置的基本思路，贯彻"分而不离"的原则，确保民事执行权的各项具体权能有效沟通，是保证民事执行权具体权能配置科学性的重要内容。

（四）将民事执行事项整体纳入民事执行权的作用范围

首先，为了维护执行当事人和第三人的合法权益，确保程序公正，凡是执行标的为财产和行为（行为自由除外）的执行事项，均应当纳入民事执行的范畴，适用救济制度比较周全的民事执行程序执行。因此，刑事裁定涉财产部分、行政裁定涉财产部分，均应当适用民事执行制度执行。将该类事项"外分"其实并不适当，不但具有前述不足，而且不利于维护执行当事人和第三人的合法权益，不利于实现执行公正。

其次，法律规定，可以不经诉讼程序直接拍卖的事项，应当纳入民事执行的事项范围，不必先经审判机构裁定再实施执行。具体来说，根据《中华人民共和国民法典》（以下简称《民法典》）第410条第2款、第437条第1款、第454条的规定，请求人民法院拍卖、变卖担保财产的，应当由权利人直接向执行机构申请。通过执行命令权能的职能作用确定是否符合拍卖、变卖的条件而裁定是否启动拍卖、变卖程序，而不必先由人民法院审判机构裁定，再由申请人依裁定申请执行。现行《民事诉讼法》增加审判机构的审查程序，将"实现担保物权程序"作为非讼程序而不是执行程序，与《民法典》的规定相冲突，加大了实现担保物权的公共成本和私人成本，需要进行改革。

三、重新设计民事执行权的运行体制

在将民事执行权完整地配置给人民法院或者设立独立的执行法院的基础上，为了确保民事执行权的科学运行，应当在人民法院执行机构内部（如果设立独立的执行法院，则为执行法院内部，下同）再实行分权，具体方法是在执行机构内再分设不同的机构，分别行使一定的民事执行权，从而形成有效的权力制约与监督机制，同时有利于统一归口管理。根据民事执行权的构成理论，执行机构内部可以设立四个机构，即执行立案庭、执行裁判庭、执行实施处和综合事务处。在执行机构内部，各庭处独立行使职权和履行职责，不存在相互隶属的关系。

（一）重新构建执行机构的内部机构

1. 设立执行立案庭

执行立案庭的基本职能是行使执行命令权，审查执行申请，向执行实施人员发出开始执行的命令，向有关机关发出协助执行的命令，批准在夜间和节假日实施执行，受理执行异议、异议之诉及其他处理执行争议事项的申请，对执行程序中的非争议事项（包括执行担保的成立与生效事项，因执行和解引起的中止、恢复执行事项，执行当事人的变化事项，执行程序的暂缓、中止、终结事项，拍卖成交、以物抵债裁定事项，等等）作出处理结论。此外，与执行程序有关的来访、申诉的立案工作，也可交给执行立案庭处理。

　　之所以主张设立执行立案庭，从理论上看是为了与执行命令权的独立性相适应，从实践来看是为了实现以下三个目的：一是严把执行案件的入口关。在实践中，由于没有立案审查机制，一些缺乏执行力的生效法律文书或者不具备执行条件的案件进入执行程序，造成了执行工作的困难。例如，一些案件的生效法律文书的主文内容不清楚，义务人应当履行的义务的范围或者方式不明确。这类案件一旦进入执行程序，要么是执行人员根据自己的理解强制义务人履行义务，从而引起权利人和义务人双方的不满；要么是由执行人员与该生效法律文书的制作者进行沟通，从而增加执行人员的负担。设立执行立案庭后，通过对生效法律文书是否具备执行力进行初步审查，只允许符合条件的案件进入执行程序；不符合条件，可以补正的待补正后进入执行程序，不能补正的拒绝其进入执行程序。这样既可以防止审执交叉，又可以防止当事人将对裁判程序的不满带入执行程序，还可以防止执行人员滥用权力，通过增强执行程序的纯粹性确保执行程序的顺利进行。二是实现对执行实施权的制约。由执行立案庭向执行实施人员发出执行命令而开始，夜间和节假日执行必须经执行立案庭批准，实现了执行命令权对执行实施权的制约，有利于防止执行实施人员滥用权力。三是规范执行异议和异议之诉的启动程序，防止出现执行程序中的申请难、异议难和异议之诉立案难。

2. 设立执行裁判庭

执行裁判庭的基本职能是行使执行裁判权，对执行争议事项进行审理与裁判，具体包括：当事人异议、抗告事项，第三人异议、第三人异议之诉事项，许可执行之诉事项，参与分配异议、参与分配异议之诉事项，等等。

不难看出，我们主张设置的执行裁判庭是对执行程序中所有争议进行审理和裁判的执行裁判机构，它既能对执行的程序性事项进行审理和裁判，也能对执行中的实体性争议进行审理和裁判。其目的在于通过将涉及执行程序的所有争议都集中在执行机构内审理和解决，提高强制执行的效益，实现最高的价值目标。有人可能担心执行机构会因此权力过大，容易产生腐败的问题，导致执行乱。我们认为，首先，在执行机构内设立执行裁判庭来裁判与执行程序相关的纠纷，与在人民法院内设立审判机构来审判与执行程序相关的纠纷，所有可能影响公正裁判的因素基本一致，在公正性问题上，二者几乎没有什么差异。但是，在效益问题上，前者将明显高于后者。其次，我们设想的执行机构改革是一种全面的改革，是以执行法官与执行官完全分开为基础的，在执行机构内设执行裁判庭来裁判与执行相关的纠纷，不会发生权力过度集中的问题。再次，认为设置在执行机构内的执行裁判庭的法官只能裁判程序性争议，与理论上认识的执行裁判权的权能不符，与法官法等的规定相冲突，也是造成执行法官权威性不强的重要原因。

3. 设立执行实施处

执行实施处的基本职能是采取执行措施，包括调查、查封、变价、交付、采取强制措施等。但是，在执行程序中需要通过裁定才能处理的事项，如拍卖成交裁定的作出，应当由执行裁判机构行使。

执行实施处采取执行措施和强制措施，只需作出决定即可，不需要作出裁定。当事人对执行实施处的决定不服并依法提起异议和复议的，由本院执行裁判庭审查和裁判。

4. 设立综合事务处

综合事务处的基本职能是执行协调事项的处理、执行案件的数据统计、执行工作的调研与补充规范的制定等。如对下级人民法院执行工作的指导与监督，跨区域执行的协调，跨区域执行力量的调度，本辖区执行工作规范的制定，等等。

（二）重新构建民事执行权能的运行体系

执行命令权能、执行实施权能和执行裁判权能有着各自不同的性质和运行规律。为了确保民事执行权的科学运行，既要确保各项执行权能按照其独有的规律运行，又要使各项权能形成制衡关系，通过制约确保权力规范运行。这就为按照民事执行权能设立的执行机构的内部机构间的工作关系奠定了基础。我们认为，执行机构的内部机构间的工作关系可作以下具体安排。

（1）执行立案庭受理案件后，认为符合执行条件的，应当作出执行命令并将相关案卷材料交执行实施处，由执行实施处指定承办人员实施执行。

（2）执行实施过程中需要行使裁判权处理的非争议事项，由执行实施处移交执行立案庭审查和处理，执行立案庭审查处理完毕后，应当立即将相关材料和裁定书移送执行实施处。

（3）执行当事人、第三人提起执行异议和执行抗告的，既可以直接将异议申请书或者抗告书交执行实施人员，由执行实施人员通过执行实施处交执行立案庭，执行立案庭立案后交执行裁判庭审查和裁判；也可以直接将异议申请书或者抗告书交执行立案庭，由执行立案庭立案后交执行裁判庭审查和裁判。

（4）执行当事人、第三人提起异议之诉的，应当将诉状提交执行立案庭，由执行立案庭进行审查，符合条件的予以立案并移交执行裁判庭审理和裁判；不符合条件的责令补正或者裁定驳回起诉。

（5）执行立案庭作出相关裁定、执行裁判庭作出裁判后，应当将相关案卷材料以及裁判文书移送执行实施处。

（6）在执行过程中形成需要与其他法院协调处理的事项的，执行实施处应当将相关材料以及处理意见交综合事务处，由综合事务处办理相关协调事项。

（7）执行当事人、第三人就执行案件提起申诉的，由执行立案庭受理材料，交执行裁判庭审查和处理。

（三）重新定位上下级民事执行机构之间的关系

民事执行权的双重属性使上下级执行机构之间关系有些复杂：依民事执行权的司法权属性，上下级执行机构之间应当为监督与被监督的关系；依民事执行权的行政权属性，上下级执行机构之间应当为领导与被领导的关系。既要保持和保证行使司法性的民事执行权的层级独立性，又要体现和实现行政性民事执行权的层级服从性，上下级执行机构之间关系的构建需要综合考虑。

执行立案庭和执行裁判庭实行独立审判，上下级人民法院执行机构之间的执行立案庭和执行裁判庭实行层级独立制，相互之间系监督与被监督的关系。当事人对下级人民法院执行立案庭或者执行裁判庭所作的命令、裁判不服的，可以通过上诉或者抗告的方式请求上一级人民法院执行立案庭或者执行裁判庭继续审理，并由后者作出终审的命令或者裁判。执行实施处和综合事务处实行层级节制，下级执行机构的执行实施处和综合事务处应当接受上级相应机构的领导，服从其指挥和调度。

第三节 完善执行人员分类管理机制

健全人民法院人员分类管理、落实司法责任制和建立职业保障制度体系等，一直是我国司法改革的重要目标之一，实行执行人员分类管理也在各种规范性文件中反复提出。2009年7月发布的《最高人民法院关于进一步加强和规范执行工作的若干意见》（法发〔2009〕43号）提出："要根据执行工作的实际需要，配齐配强执行人员，确保实现中发〔1999〕11号文件规定的执行人员比例不少于全体干警现有编制总数15%的要求，要尽快制定下发《人民法院执行员条例》，对执行员的任职条件、任免程序、工作职责、考核培训等内容作出规定。"2015年2月发布的《最高人民法院关于全面深化人民法院改革的意见——人民法院第四个五年改革纲要（2014—2018）》（法发〔2015〕3号）提出："推动法院人员分类管理制度改革。建立符合职业特点的法官单独职务序列。健全法官助理、书记员、执行员等审判辅助人员管理制度。"2019年2月发布的《最高人民法院关于深化人民法院司法体制综合配套改革的意见——人民法院第五个五年改革纲要（2019—2023）》（法发〔2019〕8号）提出："要完善法院人员分类管理制度。健全法官员额管理制度，完善法官交流和退出机制，完善法官单独职务序列配套举措。"2019年6月发布的《最高人民法院关于深化执行改革健全解决执行难长效机制的意见——人民法院执行工作纲要（2019—2023）》（法发〔2019〕16号）提出："根据工作需要加强员额法官、法官助理（执行员）、司法警察和书记员配备，明确各类执行人员的身份定位和职权范围，推进执行人员单独职务序列管理。"

然而，我国在加快推行法官职业化进程的同时，执行人员制度改革一直停滞不前，2018 年修改的《人民法院组织法》、2019 年修改的《法官法》甚至删除了有关执行员规定的条文。以法官员额制作为本轮司法改革突破口的目的在于实现法官职业化与精英化。然而，执行人员同样需要职业化、体系化和精英化。我们认为，实行执行人员分类管理，明确执行法官和其他人员的职权划分，建立垂直单独序列管理的执行官制度，并规定相应的职级序列和晋升机制，落实执行人员司法责任制，是执行权行使主体制度改革的基本方向。

一、重新划分执行人员身份类别

执行机构行使的权力具有双重属性。我们认为，我国可以借鉴域外的做法，在执行机构内部配备执行法官和执行官，分别行使两种不同性质的权力，同时配备书记员记录执行工作的过程。这样，执行机构由三种身份的人员构成：执行法官、执行官和书记员。

执行法官的身份就是法官，行使执行命令权和执行裁判权。执行法官在职权与职责、权利与义务、任职资格与条件、任免程序、等级、培训与考核、奖励与惩戒等方面与审判法官完全一致，同样按照《法官法》的规定进行管理。

执行官是专业从事民事执行工作、具有独立身份的法院工作人员，行使执行实施权。执行官的身份既不同于执行法官，也不同于书记员。关于执行官的身份、选任、培训等内容，下文再作详细说明。

书记员是执行辅助人员，记录执行裁判和执行实施的过程。执行立案庭和执行裁判庭的书记员负责配合执行法官开展执行命令、执行裁判工作，记录审理和裁判过程，与审判部门的书记员相同；执行实施处的书记员，配合执行官采取执行实施行为，并对执行过程进行记录。书记员对执行裁判和实施行为的重要过程和结果进行记录，不仅有利于固定执行过程和内容，提高执行工作的透明度，还有利于防止当事人滥用权利。书记员的记录包括笔录、录音、录像、摄影等多种形式。书记员还应当负责执行材料整理、入档等事务性工作。

对于现在岗的执行人员的身份，按照下列方法处理：已经被任命为审判员的，改革时可以留任执行法官或者根据工作需要调整到其他审判庭工作。尚未任命为审判员、已经通过法律职业资格考试的，可以任命为助理执行法官，经自己申请也可以按照执行官的任免程序任命为执行官；尚未通过法律职业资格考试的，按照执行官的任免程序可以任命为执行官或者助理执行官。改革完成后，执行机构根据各岗位的性质依照不同的标准招录新的工作人员。

二、合理设定执行法官的职权和任职条件

执行法官主要行使两类职权：一是执行命令权，二是执行裁判权。执行命令权的职能主要包括：（1）负责审查和确认生效法律文书的执行力，并发出执行命令；（2）向协助执行机关发出协助执行命令；（3）向执行实施人员发出在夜间和节假日执行的命令。执行裁判权的职能主要包括：（1）对程序性争议事项进行审理和裁判，即对执行异议、执行抗告事项进行审理与裁判；（2）对实体争议事项的审理与裁判，即对债务人异议之诉、第三人异议之诉、许可执行之诉、参与分配异议之诉的审理与裁判；（3）对其他重大执行事项的审查与裁判，如执行担保的成立与暂缓执行期间的审查和裁判，对拒绝履行和解协议之后的恢复执行的审查和裁判，对变更或者追加执行当事人事项的审查和裁判，对执行中止、终结事项的审查和裁判，等等。同时，应当明确，执行法官对执行官的行为具有监督权。当事人、第三人认为执行官的行为违反法律规定的，可以请求执行法官责令执行官改正。执行官对于执行法官的命令必须服从。

尽管执行命令权和执行裁判权均属司法性民事执行权，但它们系两种不同职能的权能。为了形成有效的权力制约机制，该两种权能应当分开行使。我们建议，执行命令权由执行立案庭法官行使，执行裁判权由执行裁判庭法官行使。

执行法官的任职除应符合《法官法》的规定外，其还应具有1~3年的执行官工作经验，以确保行使执行命令权和执行裁判权的专业性。

三、构建独立序列、垂直管理的执行官制度

我们认为，现行的执行员制度并没有发挥其应有的制度功能，执行员的身份不明确，既打击了执行人员的工作积极性和身份认同感，又对民事执行的权威性带来消极影响。同时，在《人民法院组织法》《法官法》相继删除有关执行员规定的条文后，我国的执行员制度已经失去了组织法依据。因此，改革执行员制度应当成为我国执行人员分类管理机制建设中最重要的内容。我们建议，吸收大陆法系国家的立法和实践经验，将从事执行实施工作的人员称为执行官，构建垂直单独系列管理的执行官制度。从称谓开始进行彻底改革，有利于重塑执行队伍的形象，强化执行人员的身份认同，确保民事执行的权威性。

（一）构建独立序列的执行官职务

在2019年修改《法官法》之前，法律规定人民法院的执行员参照《法官法》的有关规定管理。且不说该规定没有得到真正落实而导致执行员制度形同虚设，即使落实也不能精准体现执行员承担的工作的特殊性质。作为行使执行实施权的人员，其应当具有独立的身份，成为一个独立序列的职务。借鉴域外的立法和实践，这一独立序列的职务可以称为执行官。

我们建议，现阶段可以将执行官纳入司法警察序列进行管理。

具体来说，将人民法院管理的司法警察分为两个序列，一是保卫序列，二是执行官序列。保卫序列司法警察负责法院和法庭审理的安全保卫工作，其职能维持现状不变；执行官序列中的司法警察负责民事执行工作，对外不称司法警察，只称执行官。条件成熟时，应当制定独立的执行官法，将执行官从司法警察序列中独立出来，成为一项完全独立的法律职业。执行官在执行实施处，但执行实施处的处长应当由具有法官资格的人员担任。

与独立序列职务相对应，应当构建独特的执行官身份识别机制，设计全新的执行官的服装，规定应当配置的装备。执行官执行职务的场所主要在法院之外，其着装应当具有便于识别、有利于维护执行工作威严的特征，执行官的服装应当与执行法官存在明显差异。同时，执行官便携的装备应当足以发挥警卫作用，应当配备记录仪、警具、枪械等。

执行官的职级，可以参照公务员序列，分别设立一至四级执行官：四级执行官相当于三级主任科员；三级执行官相当于一级主任科员；二级执行官相当于三级调研员；一级执行官相应于一级调研员。

（二）明确执行官的职责

执行官行使的是执行实施权，负责执行实施事项。具体来说，执行官的主要职责包括：（1）调查债务人及其他相关主体的财产状况，接受债务人的财产申报；（2）送达相关法律文书；（3）实施拘传、拘留、搜查等强制措施；（4）实施查询、查封（扣押、冻结）、划拨、提取、拍卖、变卖、强制管理、交付、强制迁出等执行措施；（5）制作财产分配表并实施分配；（6）作出限制出境、限制高消费及有关消费、将债务人列入失信被执行人名单等决定并付诸实施；（7）按照执行法官的命令或者指挥实施其他行为。

（三）构建垂直的执行官人事管理制度

为了适应执行官行使的权力特殊性，我们认为，从执行官的任命、职级评定到调度使用，宜建立垂直管理的人事管理制度。具体来说：下级执行机构的执行官，由本院院长提名，报上级执行机构批准；执行官的职级根据本院执行机构的建议，由上级执行机构评定；因执行工作需要，上级执行机构有权调度下级执行机构的执行官。同时，执行机构负责人，除要符合本级法院干部任免程序外，还应当报请上一级执行机构批准。

（四）建立统一的执行官资格考试和晋级考核制度

虽然无须行使执行裁判权，但执行官处理的执行事务具有极强的程序性，它是保证司法公正的重要内容。执行官不但需要掌握法律、司法解释等法律规范，还需要熟练使用强制性、信息化的执行手段。因此，需要制定符合执行官工作实际的执行官选拔制度，建立执行官资格认定考试制度。执行官资格认定统一考试应由最高人民法院执行机构负责，定期组织。只有通过全国初任执行官资格考试的人员，才可被提请任命为执行官。同时，应当建立执行官晋级考核制度，只有通过执行官晋职考核的执行官，才能晋升执行官职务。

四、科学界定执行法官与执行官的工作流程关系

执行法官和执行官各自履行自己的职责，互不干涉。从工作流程来看，当事人申请执行后，执行立案庭法官认为符合执行条件的，向执行官发出执行命令。申请人将执行命令交给执行实施处，执行实施处安排执行官开始执行工作。在执行过程中，需要协助执行或者在夜间、节假日等特殊时间开始执行的，执行官应当通过执行实施处向执行立案庭执行法官申请发出相关命令；发生需要裁判的非争议事项的，执行官应当通过执行实施处向执行裁判庭的执行法官请求作出指示或者裁判。当事人、第三人有争议的，由执行官将争议事项通过执行实施处提交执行裁判庭审理和裁判。

明确执行法官与执行官的工作流程，并不排斥执行团队化模式的实行。相反，构建以执行法官为主导的团队化执行模式，有利于提高执行效率，实现执行命令权能、执行实施权能与执行裁判权能的相互制约，从而提高办案质量。在一个执行团队内，执行法官行使执行命令权和执行裁判权，执行官行使执行实施权，书记员协助执行法官、执行官负责内务性事项和其他辅助事项，各司其职，既不越俎代庖，也不互相推诿，是理想的执行办案模式。

第四节　改革执行管理机制

一、执行机构纵向关系改革

（一）当前主要改革模式

一是唐山中院模式。该模式是指，"上统下分，裁执分离，人财物案统一管理"的"两分一统"垂直管理执行工作新模式。"两分"是指，在唐山中院辖区内组建5个跨区执行分局，作为唐山中院下设机构，同时撤销了基层人民法院执行局，将其改设为执行大队，从隶属关系上脱离基层人民法院。每个执行分局下辖三个执行大队，统一管理本辖区执行工作，实现执行实施权与基层人民法院分离；设立执行裁决庭，脱离执行局，纳入审判机构序列，实现执行裁判权与执行机构分离。"一统"是指唐山中院通过调整执行局内设机构和职能，上收人财物案的管理权，做实做强执行指挥中心，真正实现了对执行工作的一统到底。该模式的最大特点是，在中级人民法院辖区内，打破行政区划设立执行分局、负责执行实施原基层人民法院的执行案件。[1]

二是深圳中院模式。该模式是将执行权划分为执行实施裁决权、实施事务权和审查监督权。在分权集约模式下，深圳中院打破执行局职能型组织架构，改造为过程型组织结构，原分设的执行一处、二处和综合处调整为执行裁决处、执行实施处和执行监督处三个部门：执行裁决处行使实施裁决权，负责作出决定和命令等；执行实施处行使实施事务权，负责具体实施执行命令等；执行监督处行使审查监督权，负责对裁决和实施过程中的行为进行监督。[2]同时，高标准建设执行指挥中心。按照"六个一"标准，全面建立集远程指挥、挂图作战、质效监管、事项办理、视频会商等多功能于一体、实体化运行的执行指挥中心，实现两级法院执行工作统一管理、统一指挥、统一协调，不断提升执行工作效率。[3]该模式的最大特点是，实现组织架构创新，进一步强化中级人民法院执行局对基层人民法院的统一管理职能。

三是成都中院模式。2016 年 8 月，成都中院公布了《成都法院执行"一体化"改革试点方案》，全面启动执行"一体化"改革试点。探索建立执行局、执行分局、执行大队三级管理模式是此次改革的亮点之一。成都法院重新整合两级法院执行人力资源，以行政区划、收案数量等为基础，按扇形结构把 21 个基层人民法院辖区分为 3 个片区，分别设立 3 个直属执行分局作为派出机构。执行分局辖 8 个执行大队，第一执行大队系直属大队，由成都中院执行局的

---

〔1〕 李彦明："创建'两分一统'垂直管理模式 强力破解执行难题"，载《人民法院报》2016 年 9 月 21 日，第 8 版。

〔2〕 胡志光："基本解决执行难的地方实践——以深圳法院为样本"，载《中国应用法学》2018 年第 5 期。

〔3〕 《深圳法院多措并举决胜'基本解决执行难'攻坚战》，载 https://www.szcourt.gov.cn/article/30051298，2019 年 5 月 26 日访问。

执行人员组成，负责办理成都中院受理的执行案件等，其余7个执行大队负责办理相应基层人民法院受理的执行案件。按照市局管总、分局管案、大队管办的管理原则，实现对执行案件、执行人员和执行事务的集约管理、靠前管理和精细管理。通过构建不同人员的职责清单，成都中院将逐步建立起以执行法官为审查主体、司法警察为实施主体的执行人力资源配置模式，对执行法官、司法警察、书记员等人员实行分类管理，警务运行。在全市建立起法院执行案件管理指挥平台，在网络信息化支撑下，对全市法院执行案件进行繁简分流，同时按照统分结合的原则对执行案件实行"一体管理，分类办理"，真正实现"一网运行，智能服务"。该模式的最大特点是，实现了机构设置层级化、执行运行警务化以及案件管理一体化。[1]此外，在该模式下，在将执行实施权与执行裁决权进行彻底分离的基础上，将执行局分离成两个部门（执行局、审执监庭），并将执行局部分执行员配置到审执监庭，办理执行异议、复议等案件。成都21个基层人民法院均采取同样模式。[2]

（二）主要改革模式的启示与借鉴

通过对比分析上述三种执行改革模式，可以初步得出以下结论：一是上下级执行机构垂直管理或统管，均是为了强化上级执行机构的统一管理职能，提高执行工作效率。二是深入推进执行改革，对执行权的各项权能进行合理界定，实现执行裁决权和执行实施权适度分离。唐山中院模式和成都中院模式推行的均是"外置"模式。

---

〔1〕《机构设置层级化+执行运行警务化+案件管理一体化 成都中院发出解决执行难"动员令"》，载 https://www.chinacourt.org/article/detail/2016/08/id/2054470.shtml，2019年5月26日访问。

〔2〕《执行改革'一体化'成都法院实现'五大转变'》，载 http://www.scfzbs.com/dfdt/201701/55804356.html，最后访问日期：2019年5月26日。

执行裁判权脱离执行局，纳入审判序列。深圳中院模式是将执行权细化为执行实施裁决权、实施事务权和审查监督权三种权力，其中执行审查监督权保持着相对独立，负责对裁决和实施过程中的行为进行监督。三是上下级执行机构垂直管理限于行使执行实施权的部门，执行实施权需要保持相对独立，但三种模式下独立的方式各有不同。深圳中院模式是在现有的执行体制下通过进一步细化执行权权能达到分权集约的效果。成都中院模式则通过设立 7 个执行大队负责办理相应基层人民法院受理的执行案件的方式，实现执行实施权与同级法院的相对分离。唐山中院模式则通过撤销基层人民法院执行局实现了执行实施权与基层人民法院的分离，改革相对彻底。四是三种改革模式均注重执行信息化对执行工作的助推作用，大力推行执行指挥中心实体化运作，对执行案件实行信息化管理。

（三）关于执行机构纵向关系的改革建议

1. 具体改革方案

在执行机构纵向关系上，建议设计如下改革方案：中级以上人民法院和有民事执行事务的专门法院设执行局。最高人民法院执行局统一管理、统一协调、统一指挥全国各级人民法院执行工作。执行局在业务上受上级法院执行局的领导，上级法院执行局有权监督、指导、协调下级法院执行局的工作，有权调动下级法院执行局的执行力量完成执行任务，有权在本辖区执行局之间变更执行案件的管辖权。中级人民法院执行局设执行分局。执行分局的辖区由中级人民法院执行局确定并报高级人民法院执行局备案。执行分局的辖区应当跨越不同基层人民法院的辖区并根据执行案件的数量等实际情况及时调整。

设计该方案的理由是：民事执行权因兼具司法权和行政权的双重属性而不同于审判权。为了体现民事执行权的特殊性质，提高民事强制执行的效率，一方面要减少执行机构的层级，实现执行机构的"扁平化"，故建议执行机构只设三级，基层人民法院不设执行局，而在中级人民法院执行局设立分局，实现案件的审判法院和案件的执行机构分离。另一方面要实现上下级执行机构之间的垂直领导，在最高人民法院执行局统一管理、统一协调、统一指挥全国执行工作的基础上，上级执行机构有权指挥、协调、监督下级执行机构的工作，有权调动辖区内的下级执行机构的执行力量，有权变更下级执行机构的案件管辖权。同时，为了防止地方保护主义和其他人为因素对执行工作的干扰，建议执行分局实行跨区管辖，具体由中级人民法院执行局根据执行案件的数量等实际情况确定与调整。

若按照上述方案设计执行局，未来可以考虑进一步将执行局打造为法院内部的二级法人单位，从而改变法院内设机构的现实地位，实现执行权与审判权最大限度的分离。具体改革建议为：一是将执行局设置为相对独立的二级法人单位，不再是属于法院的内设机构，执行局与同级法院保持相对独立，具有相对独立、稳定的经费保障和人事管理权，在机构、人事、职能、案件等方面具有相对独立性，保障执行权相对独立运行。二是执行局领导高配。在组织架构上建议设置为副院长级。执行局的负责人要由法院党组成员担任，最好由党组副书记兼任。这样不仅有利于执行局与法院内部相关庭室开展沟通、协调工作，而且有利于强化执行权的权威，便于对外开展执行联动工作。三是执行局人员薪酬由省级财政统筹支付，执行经费单独核算，下级执行局人员的招录、选任、调整或流动，省级执行局具有决定权。

当然，为稳妥起见，上述改革方案可以实行三步走：第一步，以中级以上人民法院和有民事执行事务的专门法院设执行局为试点，探索推行"市（地）中级人民法院对区（县）人民法院执行机构垂直领导",〔1〕为实现更高层级的执行机构垂直领导积累经验。第二步,在高级人民法院辖区内进行改造,推动实现上级执行局对下级执行局的垂直管理。第三步,在总结各地高级人民法院改革实践和经验得失的基础上,待条件成熟时,最高人民法院适时地对全国执行机构体制进行改造,从而实现统一管理、统一协调、统一指挥全国各级人民法院执行工作的目标,真正实现全国执行力量一体化、"一盘棋"。

2. 关于执行裁判权的配置问题

推行上下级执行机构垂直管理模式,不可回避的是执行裁判权如何配置的问题。关于执行裁判权的内涵和外延,目前并无准确界定,相反存在着执行裁判权、执行审查权、执行裁决权等称谓混用的情况。有观点认为,执行实施权本质上具有行政权属性,追求效率,适合推行垂直管理体制;而执行裁判权本质上属于司法权,追求公平,不适宜采取垂直管理模式。当然也曾有观点建议:"将各执行局现有的执行裁判庭中的合议庭归属民事审判庭或者由民事审判庭派出一个或两个合议庭在执行局办公,受理执行裁判案件。"〔2〕而根据《最高人民法院关于深化执行改革健全解决执行难长效机制的意见——人民法院执行工作纲要(2019—2023)》第13条"将执行权区分为执行实施权和执行裁判权,案件量大及具备一定条件的人民法院在执行局内或单独设立执行裁判庭,由执行裁判庭负责办理执行异议、复议以及执行异议之诉案件。不具备条件的法院的执行实施工作与执行异议、复议等裁判事项由执行机构不同法官团队负

---

〔1〕《最高人民法院关于深化执行改革健全解决执行难长效机制的意见——人民法院执行工作纲要(2019—2023)》第12条。

〔2〕葛行军:《科学配置民事强制执行权之我见》,载《人民法院报》,2015年5月27日,第5版。

责，执行异议之诉案件由相关审判庭负责办理"的规定可知，最高
人民法院未"一刀切"地要求执行裁判权必须从执行机构中彻底分
离出去，相反却释放出了相对积极的信号，即在具备一定条件的情
况下，执行裁判权需要保留在执行机构中。

　　本课题组建议，为了提高效率，处理执行命令权能、执行实施
权能和执行裁判权能时应当遵守"分而不离"的原则，确保三种权
能的有效沟通，尤其是确保执行实施权能与执行裁判权能的有效沟
通，其方法就是将民事执行权的三项权能统一交由执行机构行使。
在将民事执行权完整地配置给人民法院或者设立独立的执行法院的
基础上，为了确保民事执行权的科学运行，应当在人民法院执行机
构内部（如果设立独立的执行法院，则为执行法院内部，下同）再
实行分权。具体方法是在执行机构内再分设不同的机构，分别行使
一定的民事执行权，从而形成有效的权力制约与监督机制，同时有
利于统一归口管理。根据民事执行权的构成理论，执行机构内部至
少要设立执行立案庭、执行裁判庭、执行实施处等三个职能机构。
执行裁判庭的基本职能是行使执行裁判权，对执行争议事项进行审
理与裁判，具体包括：当事人异议、复议事项，第三人异议、第三
人异议之诉事项，许可执行之诉事项，债务人异议之诉事项，参与
分配异议、参与分配异议之诉事项，变更、追加当事人异议之诉事
项，等等。执行程序中的重要节点事项，如暂缓、中止、恢复、终
结、终了执行等，对执行当事人的权利影响巨大，不宜由执行实施
庭及其人员决定，应当由执行裁判庭处理。同时，审核执行当事人
达成的执行和解协议、对妨害执行的人采取强制措施，属于裁判事
项，也应当由执行裁判庭审查和决定。按此模式设计改革方案，不
但可以有效回应执行效率的现实需求，最大限度地满足执行工作和
当事人需要，避免因执行机构改革徒增当事人诉累，确保在执行实

施权和执行裁判权分离后，两种权力能够相互协调，确保沟通顺畅，既能保证及时处理执行争议，又能保持中立性。

关于上下级执行机构行使执行裁判权的关系，课题组建议，上下级执行机构的执行立案庭和执行裁判庭应当实行层级独立制。当事人对下级执行机构作出的执行裁判不服的，应当通过抗告、上诉等方式向上一级执行机构请求继续审理。上一级执行机构按照续审制的原理进行审理并作出裁判。

二、改革人事管理制度

（一）充分评估工作量，配足、充实执行队伍

1. 科学定编，扩大增量

第一，新型执行机构的人员编制实行单独管理。改变当前机构编制主管部门统一负责地方法院全部编制的局面，将新型执行机构人员编制独立出来，实行"分灶吃饭"，为合理确定与执行案件任务相匹配的编制总额奠定基础。第二，充分评估办理执行案件的工作量，适当增加补充执行法官员额数量。建议以近3～5年办理执行案件数量、人均结案数等数据作为测算依据，以案定员，科学设定法官员额数量。在执行法官员额出现空缺时，及时进行增补。

2. 统筹兼顾，合理调配

新型执行机构建立后，应当由省（自治区、直辖市）执行机构负责统筹管理辖区内各级执行机构的人员编制。原基层、中级人民法院执行机构人员编制需要统一上收至省一级执行机构，由省一级执行机构结合各地实际情况，在全省范围内进行统筹安排。同时，根据原基层、中级人民法院执行机构办理执行案件数量、人员配置情况以及人均结案数等情况，在省一级执行机构管辖区域内进行统一调配。统一调配的基本原则是，在不影响现有执行工作的前提下，人员编制适当地向人案矛盾突出的下级执行机构倾斜，向基层执行

机构下沉。

3. 跟踪监测，动态管理

省一级执行机构定期跟踪监测辖区内下级执行机构受理执行案件的增减情况以及人员编制减员情况，定期对各地执行机构的人员情况进行动态调整和管理。对于人案矛盾突出的执行机构，实行编制调进政策，适当增加编制数，或通过全省（自治区、直辖市）辖区内出现的空编或机构缩编产生的多余名额进行内部调剂。对于人案相对均衡的执行机构可维持原有编制不变，暂不进行编制调整。一旦出现普遍性人员编制短缺的情况时，应当考虑及时申请编制主管部门进行扩编。

（二）适应执行现代化需要，择优、配强执行队伍

1. 重新整合现有执行队伍

可以现有执行人员为基础，逐个征求其个人意愿，统计汇总出愿意继续从事执行工作的人员名单，组织其进行执行工作上岗考试。这项工作由省一级执行机构负责组织安排，统一进行考试、评分，确定最终可以继续从事执行工作的人员名单。不愿意从事执行工作的，转岗、分流到法院的其他审判部门或行政部门。以执行信息化对执行工作的影响为例。2016年最高人民法院提出"基本解决执行难问题"后，全国法院执行工作的规范化、信息化水平得到大幅提高，执行现代化水平得到显著提升。与法院内部其他部门相比，执行机构在信息化程度上明显领先了一大步。与此同时，办理好执行案件，离不开执行信息系统。反过来说，运用好执行信息系统也需要执行人员具备一定的操作能力。可见，执行信息化的迅猛发展已对执行人员的素质提出了更高的要求。若现有执行人员不能完全胜任执行信息化要求，应当通过转岗分流等方式，离开执行队伍。

2. 择优选用执行人才

目前，法院招录工作人员的必要条件是通过国家统一法律职业资格考试以及公务员考试。被招录人员在进入法院之前，并不知道其将来要从事的工作岗位。一般是在被招录人员入职后，法院根据各部门人员短缺情况并在结合个人意愿的基础上，统一分配。新型执行机构成立后，应当在人事招录方面进行必要的改革，建议推行人员分别招录、分类管理的政策。在新型执行机构中，可以将执行人员区分为两大类，一类是执行法官，另一类是负责执行实施工作的执行员、书记员、司法警察等辅助人员。在人才招录上，大的改革方向是要从大而全的"全能型"的人才招录向"专业化"的人才招录上转变。原则上，执行法官应当从法官助理中产生。而在招录、选任法官助理时，除要求具备相应的审判职称及相应业务素质外，还应充分评估应聘人员是否具备从事执行工作的相应潜质。

3. 抓好调研培训，打造学习型执行队伍

第一，对新入职人员进行培训。上级执行机构应当组织新入职人员进行集中培训，使新入职人员对即将从事的执行工作有初步的认识和了解。集中培训结束后，具体的人员使用管理部门应当组织新入职人员进行系统培训，以进一步明确各类人员的工作职责。第二，定期组织开展日常培训。针对实务中有一部分执行人员不注重学习、仅凭经验办案的情况，应组织加强日常培训，及时学习最新的法律、法规精神，增强执行人员业务水平和执行信息化系统应用能力。

（三）构建独立的执行人事任命与考核机制

1. 明确界定各类执行人员的任职条件

前文已述，在新型执行机构中主要存在着执行法官、执行官和书记员三类人员。要针对执行法官、执行官、书记员等不同人员分别制定不同的招录条件和标准。执行法官主要行使执行命令权和执行裁判权，所以应当具有与审判法官相同的任职条件，通过国家统一法律职业资格考试并具有相应的审判职称，且有执行官的工作经历。执行官主要从事执行实施、事务性工作，因此只要求其具备从事执行工作相关的知识、经验能力即可，其他条件应当适当降低，不必硬性要求其必须具备相应的审判职称。例如，"这部分人员的任职条件相对于法官及审判辅助人员，可在学历等方面适当降低，侧重于相关工作经历，比如从警经验等"[1]。

2. 明确制定统一的执行人员考核标准

第一，分类考核，不同人员实行不同的考核标准。打破"千人一面"的脱离个人实际工作业绩的考核现状，改变粗放型考核的管理方式，对执行法官、执行官以及书记员等辅助人员分别进行考核，并结合不同身份人员的工作职责以及工作完成情况进行考核。第二，探索推行执行团队化考核。可以考虑进一步改进执行考核方式，推行执行团队化考核。在执行团队化考核中，对执行法官要侧重考核其承办的执行案件的办理情况以及整个执行团队的工作完成情况。对执行官的考核，要侧重考核其完成执行法官交办的事务性工作情况，并将执行团队化考核结果作为年底考核的重要组成部分，作为评优评先、晋级晋升的重要依据。第三，依托执行信息化，实现执行考核科学化、规范化、客观化和自动化。建设完善的执行考核系统，以便能够自动生成不同执行人员的考核结果，实现执行考核结果实时、透明、可视、可查，从而对执行人员的工作实效作出全面、公正评价，充分发挥执行考核的正向激励作用。

---

〔1〕 王彤宇主编：《山东省法学会课题研究成果选编（2016）》，山东人民出版社 2016 年版，第 45 页。

（四）完善执行追责机制，确保责任追究到位

1. 明确上级执行机构对下级执行机构人员追责的权力

新型执行机构建立后，应当明确赋予上级执行机构对下级执行机构人员的管理权以及责任追究的权力，从制度上保障上级执行机构能够严格执法，确保能够对下级执行机构人员违纪违法行为的追究。上级执行机构在日常监管过程中发现下级执行机构人员存在消极执行、违法执行问题的，有权及时要求下级执行机构采取必要的措施予以纠正，以有效杜绝诱发申诉信访的隐患。同时，上级执行机构应当有权对实施执行违法行为的人员进行责任倒查，对不服从管理、严重影响执行队伍形象的人员，有权调离或清理出执行队伍。

2. 细化执行追责的具体情形

最高人民法院于 2009 年 12 月下发的《人民法院工作人员处分条例》，从政治纪律、办案纪律、廉政纪律、组织人事纪律、财经纪律、失职行为、管理秩序和社会道德等几个方面，对包括从事执行工作的法院工作人员应承担的纪律处分责任进行了规定。上述规定，均可资借鉴。从落实上级执行机构对下级机构及时进行监督管理职能的角度上看，应当重点加大对"违反组织人事纪律的行为"的追责力度，特别是针对"故意拖延或者拒不执行上级依法作出的决定、决议的"的行为，应当予以严肃追责，确保令行禁止，执行高效。另外，为维护当事人合法权益，有力打击执行乱，有必要明确规定追究执行人员实施违法行为的法律责任的具体情形。例如，执行人员违法作出执行法律文书、超越职权实施执行行为、违法采取执行措施、故意或者过失对权利人的执行申请不作为，造成执行当事人、其他人直接经济损失的，遭受损失的执行当事人、其他人有权请求国家赔偿；构成犯罪的，依法追究刑事责任。

3. 明确不服从上级指挥管理的法律责任

下级执行机构人员不服从上级执行机构指挥管理的，应当承担相应的责任。具体责任承担的方式，应当与执行人员个人的晋级晋升相挂钩。例如，"在法律规定的执行期限内，如果存在故意拖延执行、终结执行、错误执行等行为，执行申请人持有合理证据举报，经领导、监督机关查实或者自身发现查实的，一律交由执行主导部门按照法律规定的法律责任予以严肃处理，并报请上级主管部门及同级人大部门备案，从而对执行人员以后的行政仕途及工作前景产生影响"[1]。

三、改革案件管理机制

（一）统一分配执行案件，实现均衡办案

新型执行机构成立后，一个首要目标是，要在同一辖区内实现执行案件均衡分配，基本消除执行人员忙闲不均的现象。要实现上述目标，可以考虑采取以下措施。

1. 适度调整执行案件管辖规则

将当前实行的执行机构主要负责执行本院一审民事、刑事涉财产部分执行模式，调整为以执行本院一审民事、刑事涉财产部分执行为主、上级执行机构常态化指定执行为辅的动态管辖模式。上级执行机构可以随时根据辖区各执行机构办理执行案件的数量以及结案情况，及时调整各执行机构收案数量，重点解决各执行机构案件收案多寡不均的问题。将在不同法院执行机构之间进行案件调整的临时性手段转化为常态性的应对策略，平衡同一辖区各执行机构的收案数量，改变大、小院执行人员办案数量相差悬殊的局面。

---

〔1〕　王彤宇主编：《山东省法学会课题研究成果选编（2016）》，山东人民出版社 2016 年版，第 45 页。

2. 推行执行机构自行立案

《最高人民法院关于深化执行改革健全解决执行难长效机制的意见——人民法院执行工作纲要（2019—2023）》第 19 条规定："强化执行立案审查，有条件的法院可将恢复执行，调解书、仲裁裁决、公证债权文书执行，执行异议、复议、监督等特定案件立案审查工作交由执行局负责，或建立执行局参与特定案件执行立案审查工作机制。"尽管该规定所提及的执行局参与特定案件执行立案审查工作不等于所有执行立案工作，但这也反映出执行机构介入执行立案工作的一种发展趋势。执行机构自行负责执行立案，目前已经显露端倪。

前文已述，本课题组认为，民事执行权的执行命令权能、执行实施权能和执行裁判权能三项权能应当统一交由执行机构行使。执行立案庭的基本职能是行使执行命令权，审查执行申请，向执行实施人员发出开始执行的命令，向有关机关发出协助执行的命令，批准在夜间和节假日实施执行，受理执行异议、异议之诉及其他处理执行争议事项的申请，对执行程序中的非争议事项（包括执行担保的成立与生效事项，因执行和解引起的中止、恢复执行事项，执行当事人的变化事项，执行程序的暂缓、中止、终结事项，拍卖成交、以物抵债裁定事项，等等）作出处理结论。此外，与执行程序有关的来访、申诉的立案工作，也可交给执行立案庭处理。因此，新型执行机构成立后，应当由其自行负责执行立案工作，不再实行立案庭负责执行立案的"大立案"机制，不再经过现行立案部门或诉讼服务部门移转。只要分工明确、监管得力，不但可以有效解决立案专业性不强、立案信息错误信息多、立案到执行内部流转不及时等一系列问题，促进执行案件流程繁杂的问题的化解，保证执行案件立案效率；而且有利于上级执行机构随时监测辖区内执行机构收案数量，并作出及时调整、平衡。

3. 动态调整各执行机构收案数量

新型执行机构成立后，上级执行机构享有对下级执行机构办理案件的调配权并实行动态调整。一是调配主体。执行案件收案数量不大的辖区，案件调配权可以上收到省（自治区、直辖市）一级执行机构；案件收案量较大的辖区，案件调配权可以授予市（地）一级执行机构。二是调配依据。根据上一年度执行案件收结案情况、下一年的执行工作量预测以及各地执行机构案件办结情况，上级执行机构有权对各执行机构之间的收案数量进行统一调配，使同一辖区各执行机构之间的人均结案数维持在一个相对平均的状态，以保持各地执行机构案件办理的动态平衡。三是调配方式。上级执行机构可以通过调配执行案件或调度执行力量两种方式实现同一辖区内各执行机构之间案件办理的相对均衡。当然，考虑到执行力量调配程序相对复杂，可以考虑以案件调配为主、执行力量调配为辅的原则进行调整。

（二）统一案件办理模式，实现办案标准化、精细化

1. 统一执行实施案件办理模式

当前，在最高人民法院的号召下，推行执行团队化办案模式在各地已达成共识，在实务中已得到普遍推广。武汉中院对于执行实施权采取"执行法官＋若干执行员""命令＋执行"的团队化运作模式，以团队模式整合办案力量，理顺执行权运行机制。执行裁判权实行"法官＋辅助人员＋书记员"的团队化运作模式，真正做到"让审理者裁判，由裁判者负责"。[1]江苏高院推出《关于推行执行

---

〔1〕 叶伟平，喻英辉，谌玲：《关于审执分离改革的思考和实践——以武汉法院审执分离改革实践为样本》，载《执行工作指导》2015 年 第 3 辑（总第 55 辑）。

团队办案模式的指导意见》、陕西高院推出《推进执行团队化模式和执行实施案件繁简分流机制改革实施意见（试行）》，分别提出了适合本地实际的执行团队化办案模式。对于究竟要建设一个什么样的执行团队，最高人民法院已给出明确意见，即"在全国范围内推行执行团队化办案。实行以法官为主导的'法官＋法官助理（执行员）＋法警＋书记员'团队办案模式，优化团队之间、团队内部的任务分工和职权划分，完善'人员分类、事务集约、权责清晰、配合顺畅'的执行权运行模式"〔1〕。在推行执行团队化已成大势所趋的情况下，出现了"团队划分不细致、团队职能不明晰、内部分工不均衡、人员配置不合理、考核机制不科学"〔2〕等新生问题。下一步的工作方向：一是解决团队成员之间权责不明、分工混乱、缺乏交流沟通、工作脱节等问题。二是解决法官主导权问题，处理好团队负责法官与执行机构领导之间的关系问题。三是落实科学考评机制，调动团队成员工作积极性。

2. 集约办理执行事务

第一，剥离出共性事务集约办理。改造执行实施案件办理流程，从执行案件本身的特点出发，将执行工作中具有共性的工作内容剥离出来，如查控财产、处置财产、发还案款、案件报结，进行集约办理。执行信息化的迅猛发展，为集约办理执行事务提供了便利。例如，在财产查控方面，最高人民法院已建成全国统一使用的执行网络查控系统，彻底改变了传统的财产查控模式，使集约查控成为可能。

---

〔1〕《最高人民法院关于深化执行改革健全解决执行难长效机制的意见——人民法院执行工作纲要（2019—2023）》第15条。

〔2〕秦江，张伟：《完善执行团队运行机制的构想》，载《人民法院报》2018年11月4日，第7版。

第二，指定专人或小组，集约办理执行事务。为适应集约办理执行事务工作需要，可以在执行实施机构内部成立承担不同工作职责的小组，如财产调查组、财产变现组、谈话组、信访接待组，实行定岗定责，专人专责，互相制约、互相制衡，从而避免一人承办到底模式的弊端。

第三，充分发挥执行指挥中心的积极作用。充分发挥执行指挥中心在团队化办案中的支持、保障作用，做到事务工作办理集约化、工作流程标准化和规范化。[1]关于执行事务集约问题，各地可以结合本地的实际情况，选择推行"小集约"，即在执行团队化内部进行事务集约办理；也可以选择依托执行指挥中心推行"大集约"，即在执行机构内部甚至更高层面上进行事务集约办理。而关于执行指挥中心与执行团队之间的关系问题，也不宜搞"一刀切"，两者之间可以是平行关系，也可以是隶属关系。比如，安徽高院在2019年年初出台的《关于巩固"江淮风暴"执行攻坚成果、加强执行长效机制建设的意见》就明确提出要两种执行团队组建模式：一种模式是执行指挥中心与若干团队之间是平行关系，工作内容互不重叠，各有分工；另一种模式是实行大执行指挥中心运作，若干执行团队隶属于执行指挥中心，充分发挥执行指挥中心的枢纽作用。[2]无论采取何种事务集约办理模式，均应注重和发挥执行指挥中心在执行信息化条件下的积极作用，提高工作效率。

3. 实现办案标准化、精细化

第一，统一执行措施适用标准。严格规范执行案件办理标准，

---

〔1〕《最高人民法院关于深化执行改革健全解决执行难长效机制的意见——人民法院执行工作纲要（2019—2023）》第26条。

〔2〕范天娇：《安徽高院发布加强执行长效机制建设意见》，载《法制日报》2019年2月25日，第3版。

实现同案同执。以财产查控为例。每个执行案件，除当事人自动履行或案件较为简单的外，原则上必须完成法律、司法解释规定的"动作"，做到"应查尽查，应办尽办"，最大限度消除因执行人员个人因素导致的执行案件办理质效的差异性。对涉及同一被执行人的串案执行问题，为有效解决不同法院执行力度不一、债权受偿不统一等问题，可以考虑通过指定执行或提级执行方式，将案件指定给同一个执行机构执行，以便有效减少执行措施重复、低效的问题，起到统一执行尺度和执行标准的作用。

第二，大力推行繁简分流工作机制。根据执行案件难易程度进行分类办理，实现"简案快办，繁案精办"，提高执行效率。作为"解决执行难样板法院"[1]之一的北京市门头沟区人民法院，"积极创新繁简分流工作机制，团队内部依靠标准化流程节点推进执行工作，并根据是否需组织超常规的强制执行措施来区分繁简，近70%的执行事务在法官指导下，由辅助人员即可办理完毕，真正将法官从事务性工作中摆脱出来，实现了'简案快办、繁案精办'"。[2]当然，这里需要注意的一个问题是，如何界定和区分简单案件和复杂案件。笔者认为，不宜"一刀切"，应当允许不同地区的法院结合本地的实际情况确定划分标准。可以根据执行标的金额大小、当事人配合执行的意愿、是否查询到可供执行的财产等条件进行综合考量。至于简单案件和复杂案件之间如何流转，也可因地制宜，各地自行

---

〔1〕 2018 年 7 月 10 日，最高人民法院向社会各界通报了"基本解决执行难"第三方评估样板法院工作情况，并根据第三方评估机构的预评估结果，确定上海市高级人民法院、天津市高级人民法院、宁夏回族自治区高级人民法院、深圳市中级人民法院和北京市门头沟区人民法院五家法院为解决执行难样板法院。

〔2〕 北京门头沟：《创新繁简分流工作机制 提高执行质效》，载 http：//jszx. court. gov. cn/main/ExecuteAssess/45429. jhtml，2019 年 6 月 13 日访问。

进行创新。深圳中院创建的"漏斗模式"值得借鉴。[1]

第三，改造执行结案模式。为防止随意结案，统一执行结案标准，可以考虑对当前的执行实施案件结案模式进行改造。初步思路是，实现案件办理和案件报结的适度分离。具体有两个方案可供选择：一是由各执行机构的执行指挥中心集中负责案件报结。若执行实施团队认为案件具备结案的条件后，可将相关执行卷宗（纸质或电子）移送至执行指挥中心，由执行指挥中心指定专人或小组进行结案审查，审查无误后再按照相应的结案标准进行系统报结。二是上收执行案件结案权。在新型执行机构成立后，下级执行机构在报结案件前，上级执行机构有权对拟报结的案件进行审查，认为符合报结条件的，批准同意，下级执行机构再进行系统报结，从而确保执行案件结案方式与案件实际办理情况相匹配，有效防止违规报结的情形发生。当然，这种方式运行起来，对上级执行机构的人员要求比较高，不适合大规模适用。因此，可以将这种结案方式作为执行指挥中心集中结案的一种有益补充。

第四，统一管理"执行不能"案件。[2]杜绝终结本次执行程序滥用，严格"执行不能"案件的认定标准和程序，只有在依法穷尽财产调查措施、完成所有规定"动作"后方可认定为"执行不能"

---

〔1〕　该模式基于集约化和信息化的理念，通过快速查控、快速执行两个筛选网格梯次过滤执行案件，以团队化、类型化办案为支撑，实现执行案件查控的全覆盖和办理的"733"效益（70% 的简易案件 3 个月办结，30% 的普通案件精细办理）。详见胡志光：《基本解决执行难的地方实践——以深圳法院为样本》，载《中国应用法学》2018 年第 5 期。

〔2〕　2018 年 10 月 24 日，最高人民法院院长周强在十三届全国人大常委会第六次会议上作了《关于人民法院解决"执行难"工作情况的报告》对"执行不能"案件的概念进行了界定，即执行过程中，有相当一部分案件被执行人完全丧失履行能力、经核查确无财产可供执行，客观上不具备执行条件，即使法院穷尽一切措施，也无法实际执行到位。这类案件，一般称之为"执行不能"案件。

案件。同时，查控系统定期自动发起对"执行不能"案件的财产统查。一旦发现可供执行财产，立即转入恢复执行程序。继续推进"执转破"工作，并推动建立个人破产制度，彻底打通"执行不能"案件的退出路径，最大限度消减积压在执行机构的"执行不能"案件的数量。

（三）建立健全执行工作单独考核机制

1. 树立正确的执行考核理念

完善执行案件考核，最关键的是要转变执行考核思路，树立正确的执行考核理念。第一，执行考核应体现出执行工作本身的特点和规律，反映执行工作实际。在执行考核指标的设置上，应摒弃不符合执行工作规律的考核指标，设置符合执行工作实际、体现执行工作统一管理、执行工作全貌的考核指标，使对执行工作的考核更为客观全面。第二，执行考核应侧重对执行过程而非执行结果进行考核，应当从考核"案件"向考核"工作量"转变。对于执行案件而言，执行机构穷尽执行措施后，可能到最后债权人的债权仍然得不到清偿。因此，就不能简单地以执行结果或执行效果指标衡量执行机构以及执行人员的工作绩效。第三，执行考核应当根据实际情况进行动态调整。各地高院在本辖区内可以结合年度重点工作、开展专项活动等情况，对本辖区执行考核工作进行动态调整，为下级执行机构开展执行工作提供正确导向和指引。

2. 推动实现执行工作单独考核

当前，建立健全遵行执行工作规律、突出执行工作特点的执行工作单独考核机制已是大势所趋。之所以要推行执行工作单独考核，是因为执行工作与审判工作具有差异。对于审判工作而言，无论裁判结果如何，审判部门均能作出裁判结束审判程序。而执行工作是需要"真金白银"地兑现生效法律文书确定的当事人权利和义务。

可以说，没有人可以断言每个执行案件都能够执行到位，因为执行案件能否执行到位最终要取决于被执行人的清偿能力。对于被执行人确无履行能力的案件，无论如何都是无法执行到位的。因此，有必要将执行工作单独出来进行考核，同时要将执行工作考核权完整地赋予执行部门。执行部门的考核主体，可以由上级执行机构负责考核的人员以及本级执行机构内部负有考核管理职责的人员组成。推动执行工作单独考核，有利于正确把握执行工作发展形势，提升执行工作能力，规范执行行为，提高实际执行效果，有利于强化"三统一"执行管理体制的落实，对执行工作长期良性运转具有至关重要的作用。最高人民法院在2017年10月19日下发的《关于建立执行考核指标体系的通知》中提出："执行工作单独考核问题及与其他审判业务工作考核的关系另行制定相应方案。"尽管该通知中确定的考核指标体系不尽完善，但该通知标志着执行工作单独考核在顶层设计上已迈出了坚实的一步。

3. 科学设置执行工作考核指标

执行工作考核指标，从不同维度可以区分为不同类别。例如，可以区分统计指标和考核指标、正相关评价指标和负相关评价指标以及对执行过程的考核指标和对执行结果的考核指标。笔者认为，应当科学设置执行工作考核指标，着重纠正以往只注重考核执行结果的弊端，强化对执行过程的考核，解决考核数据失真或异化的问题。应当重点加强对执行人员是否依法采取了执行措施以及是否穷尽了执行措施等内容的考核。据此，可以设置诸如财产调查完成率、财产处分率、执行措施平均用时、关键节点指标平均超期率、信息录入差错率、执行行为撤改率等指标，对执行过程进行全面、动态的考核。当然，完全不考核执行结果可能会引发的道德风险，将导致执行人员走向另外一个极端：只注重执行过程，完全不顾及执行结果。为避免发生上述问题，可以采取以下两种方法：一是保留对执行结果的考核，但注意平衡执行过程和执行结果指标在执行考核体系中的配比权重，弱化对执行结果的考核权重。二是将执行结果考核指标设定为"附加项"，鼓励工作开展得好的执行机构积极获得附加分。近几年来，最高人民法院一直在努力推动执行工作单独考核，解决考核数据失真的问题，还将"2019 年底前，各级人民法院要修订执行考核指标，遵循执行工作规律，突出执行工作特点，建立有别于审判工作的单独执行工作考核机制。2020 年开始将执行案件与审判案件分开统计，在法院工作报告中分别表述"正式写入《最高人民法院关于深化执行改革健全解决执行难长效机制的意见——人民法院执行工作纲要（2019—2023）》之中。

第五节 改革执行保障机制

一、建立健全执行指挥中心实体化运行机制

（一）明确执行指挥中心实体化的核心内容

根据《最高人民法院关于深化执行改革健全解决执行难长效机制的意见——人民法院执行工作纲要（2019—2023）》，执行指挥中心具有支持保障、指挥调度、管理考核三项主要职能。执行指挥中心的实体化职能，主要通过在执行办案中具体的集约事务办理体现。也即在团队化办案中发挥支持、保障作用，把执行团队办案中的大部分事务性工作都交给执行指挥中心集约化办理，让执行办案团队从繁重的事务性工作中解放出来，集中精力于案件的精细化办理。通过集约办理事务性工作，直接提高执行工作效率和规范化程度，查明全部案件的财产信息，控制案件的执行进度，从而使执行指挥

中心从视频调度、远程指挥等简单职能，全面拓展到案件的精准管理以及质效的准确研判与针对性指导，充分体现执行信息化在执行工作中的优势，使执行指挥中心的支持保障、指挥调度、管理考核三大主要职能得以完全发挥。[1]这也是检验各地法院执行指挥中心建设是否真正实现"实体化"的主要标志。

（二）执行指挥中心实体化的具体内容

紧紧抓住执行指挥中心实体化运行这个"牛鼻子"，充分发挥执行指挥中心在执行业务保障、指挥调度、管理考核中的中枢作用，全力推进执行指挥中心实体化运行。[2]一是以创新执行实施案件繁简分流办案机制为改革方向，坚持"简案快执，繁案精办"，执行实施案件经过集约查控后，按案件的繁简程度予以分流，促进执行实施工作更加规范高效。二是以金钱给付类执行实施案件所涉财产是否经过评估拍卖、变卖、以物抵债等处置性措施为界限，将每个执行实施案件分为财产查控、财产处置两大阶段，执行人员集约办理执行案件的阶段性事务。三是以信息化为依托，在人民法院现有执行办案系统的基础上，深度开发执行指挥中心实体化运行配套软件，运用大数据原理收集、分析和运用执行案件关键节点数据，对案件进行全流程监督管理，从机制上防控消极执行、选择性执行和乱执行行为。四是以法官员额制和审执分离体制改革要求为基础，通过组建执行实施团队、创新界定人员职责和考核单元、升级改造办案流程，实现人员分类管理更加优化。[3]

---

〔1〕　刘海玉，段彬:《大数据时代执行指挥中心实体化运作路径》，载《人民法院报》2018年5月23日，第008版。

〔2〕　肖建国，庄诗岳:《论民事执行实施权的优化配置——以我国的集约化执行改革为中心》，载《法律适用》2019年第11期。

〔3〕　陈磊:《执行信息化背景下分段集约执行的实效偏差与模式重构》，载《河北法学》2019年第9期。

（三）执行指挥中心实体化的具体路径——以 T 市中级人民法院执行指挥中心实体化运行机制为蓝本

T 市中级人民法院执行局于 2017 年初开始围绕执行指挥中心实体化运作主动推进。2017 年 10 月完成指挥中心大厅硬件改造，2018 年 8 月起集约办理全市执行案件前期的法律文书制作送达、财产查询、节点录入等辅助性事务工作，经过长期探索实践，执行指挥中心在机制建设、资金投入、硬件设施、人员配备等方面均处于全省领先位置。2020 年 11 月，该院斥资 400 余万元开发的"集约化智能执行办案系统"已接收到位，新系统以"统一立案、分段集约、繁简分流"功能为主要特色，为新型指挥中心实体化运行机制量身定做。执行指挥中心实体化试运行以来，建立了高效便捷的集约服务机制，实现了全市车辆、公积金、不动产的"点对点"一键查控。与中国邮政在集约送达方面取得重大突破，网络拍卖辅助工作步入正轨，为执行指挥中心引入了强大外援。下一步将与市场监管部门、公安局合成作战中心，搭建协作机制，实现传统查控全部网上推进。

1. 调整执行指挥中心机构设置

根据"实体化"运行需要，在执行指挥中心机构编制和人员配备上进行创新性调整，在执行指挥中心内设立案审查组、文书制作组、财产控制组、简案快执组、管理调度组 5 个工作组。各工作组在执行指挥中心的统一领导下，集中办公，协调配合，推进更高水平的指挥中心实体化运行工作。

2. 完善执行指挥中心机构职能

执行指挥中心是全市法院执行实施工作的枢纽，其职能包括：一是负责对首次执行和恢复执行的执行实施案件立案审查，制作程序性文书；二是负责对执行实施案件进行网络查控、银行存款控制、传统查控、简案快执、联动惩戒、流程监管和调度考核；三是负责组织开展统一的集中执行和专项执行行动；四是负责执行经费、案款和装备管理工作；五是负责执行系统综合事务性工作和其他临时性工作。各个工作组具体职能如下。

（1）立案审查组职能：一是负责对执行实施案件统一登记立案；二是负责受理、登记和转交执行线索。（2）文书制作组职能：一是负责集中制作程序性法律文书；二是负责集约送达程序性法律文书。（3）财产控制组职能：一是负责通过执行查控网查询被执行人身份及其财产信息，并进行网上控制和处置；二是开展传统财产查控（如车辆、不动产、公积金财产查控等）；三是负责办理悬赏执行、律师持令调查等事项。（4）简案快执组职能：负责快速办理简易执行案件，直至结案。（5）管理调度组职能：一是负责对统一集中执行行动进行调度指挥；二是对执行实施类案件办理进度进行调度和督办；三是负责对执行案件进行流程节点监控，采集关键节点信息，对立案审查组、文书制作组、财产控制组、简案快执组进行提示和监管；四是负责对结案质量、干警绩效、案卷归档、电子卷宗制作、法律文书上网等基础工作情况进行考核，制作数据统计和执行工作动态；五是负责受理干警违法违纪投诉，并进行查处答复；六是负责对终本、"执转破"、移送追刑等案件质效的单项考核，以及终本案件恢复执行的审批；七是其他综合管理工作。

3. 配套部署执行指挥中心配套软件

针对当前执行指挥指挥中心信息化的短板，针对性研发具备集约化、智能化特征，能够满足分段集约、繁简分流、调度考核功能的执行指挥中心配套软件，加大信息化手段在执行工作中的应用，为执行办案模式变革提供软件支持。

4. 变革执行指挥中心办案模式

以部署使用"集约化智能执行办案系统"为基础，调整执行指挥中心岗位设置和工作流程，优化执行分局和大队工作职责和任务分工，建立"统一立案、分段集约、繁简分流"工作模式，实现统一立案分案、财产集中查控、案件繁简分流、财产集中处置、全程调度管理等方面主要内容。一是统一立案分案。执行指挥中心统一负责首次执行实施案件立案、信息录入、电子卷宗扫描工作。并集中办理前期程序性法律文书制作、送达。从而有效解决立案标准不一、拖延立案、瑕疵立案、不均衡立案等案件"入口"问题，大幅压缩立案环节耗时，为后续执行工作打牢基础。二是财产集中查控。执行指挥中心依托网络和传统查控方式，统一对各类财产应查尽查，查明被执行人财产状况。从而掌握所有案件的财产状况和执行进度，全面提升终本案件质量，真正抓住管理的"刀把子"，对团队在办案件实行"靶向调度"，对执行规范化建设和质效提升发挥巨大的推动作用。三是案件繁简分流。执行指挥中心根据财产查控情况，对案件繁简分流。对被执行人财产足额的案件和确无财产的案件分案至指挥中心简案快执组，迅速执行完毕或终本结案；对于财产不足额的案件，分案至各执行团队精细办理。从而做到"应完毕尽完毕、应终本尽终本"，在执行指挥中心集中消化一半以上的案件，实现用最少的人、发挥最大力量的"尖兵"效应。四是财产集中处置。对进入网络拍卖程序的涉案财产，由执行指挥中心与网拍辅助机构集中协助案件主办人进行处置。从而拓宽财产处置渠道，解决"有财不控，控制不处"等顽疾，提升群众满意度，减少信访投诉，促进案拍比、到位率等质效提升。五是全程调度管理。执行指挥中心开展全流程调度管理，对全部案件的纸质卷宗、法律文书进行统筹调配，对各执行团队繁案精办进度进行针对性调度。

二、完善执行装备保障机制

(一) 建立独立的执行装备保障体系

《人民法院执行工作业务装备标准》是加强执行装备保障体系建设的重要遵循。在审执分离体制改革进程中，执行装备保障机制也应当相应调整。为加强执行装备保障体系建设，应当在法院内部建立区别于审判的执行装备保障体系，改变目前装备保障工作中审判执行不分、以审判为主的状态。各地法院要根据执行业务装备的配备标准，建立和形成一套适应执行工作需要的装备采购、维护、调配机制。要围绕"一性两化"的执行工作总体要求，加大执行装备保障力度，提高执行装备保障水平，从而突出执行工作强制性，推进执行工作信息化，加强执行工作规范化建设。

(二) 提高执行装备保障的警务化程度

强制性是执行工作的重要内涵。突出执行工作的强制性，一方面要通过强制执行手段的综合运用，敦促被执行人履行义务；另一方面有赖于威严庄重、警务化程度高的执行装备，对被执行人形成心理威慑，为强制执行措施提供保障。要为执行人员配备一定数量的警务化装备和必要的技术性手段，除必备的交通工具、通信设备、应急防护装备、警用器械等装备外，还需要强化对执行人员的培训，使其熟练掌握各类先进装备，实现警务装备常态化使用，发挥警用装备强大的震慑作用，打消被执行人的嚣张气焰。

(三) 提高执行装备保障的信息化程度

根据5G时代发展要求，有必要结合大数据、云计算、区块链、人工智能等现代技术，解决业务技术装备信息化、智能化程度不高的问题。一是加大适应执行工作需要的软件研发部署力度，以执行指挥中心建设为基础，结合现代信息技术，开发部署适应执行工作需要的办公办案系统，打通信息壁垒，实现执行业务全部网上办理、网上管理、网上公开。二是配备适应信息化需要的先进设备。提升装备的信息化水平和科技装备水平，为执行人员配备具有远程综合指挥功能的指挥车、执行指挥无人机系统、移动办公装备、电子封条等设备，切实提高执行指挥的效率和威慑作用。

三、完善执行警务化保障机制

强制性是法院执行工作的本质属性，没有强制性作为保障，执行工作就无法顺利开展。对执行工作进行警务化改造，建立健全强制执行事务警务化运行机制，是提升执行工作强制性的重要途径。

（一）推进符合条件的执行人员转警

为提高快速反应和执行威慑力，突出执行强制性，有力解决当前执行队伍老化、队伍机构分散、装备保障不足、执行措施不硬、执行威慑力不强的问题，可将符合录警条件的执行员，积极申报转为司法警察，亦可称之为执行警察。通过对执行人员继续合理分流，建立起执行法官、执行官、司法警察和书记员分工合作、分类管理的执行队伍。部分执行人员转警后，按照"编队管理，派驻使用"的原则，将司法警察继续派驻到执行局，日常工作管理由执行局负责。具体工作分工，可以立足各地实际，建立若干"1＋N＋N"模式执行法官团队，合理配置法官、执行官或司法警察、书记员。

（二）在执行局设立司法警察执行中队

为了提高司法警察集中处置重大执行事务、集中攻坚的能力，可以在执行局内设司法警察执行中队。司法警察执行中队接受法院法警支队和执行局双重领导，在具体业务上归属于执行局管理，在队伍建设、警务保障方面由法警支队提供支持保障。司法警察执行中队的组成人员包括执行人员转警后的司法警察以及从司法警察支队抽调的司法警察，可称之为执行警察，专门负责执行事务，这改变了以往执行部门临时从司法警察部门抽调人员、请求协助的局面，提高了司法警察辅助执行的专业性、及时性。

同时，司法警察执行中队在执行局统一调配下，根据不同任务，集中部署或分组配合工作，可以完成下列重大疑难强制执行事项：（1）依法实施强制迁出或交付工作，警戒执行现场；（2）依法处置执行突发事件，保障执行安全；（3）依法拘传、拘留长期躲避执行或妨害执行的当事人；（4）对可能隐匿财产的场所依法实施搜查；（5）对拍卖成交或流拍抵债标的物依法组织强制交割；（6）配合交警部门上路稽查被执行人车辆；（7）集中办理外地法院委托事项；（8）完成其他强制执行工作。

（三）赋予执行警察一定的侦查权力

被执行人及其财产难找是"执行难"的主要体现，也是执行人员面临的主要困境。为了改变执行财产难找、被执行人难找的问题，执行机构作出了大量努力，其中一个重要方面就是加强与公安机关的合作，通过公安机关查找被执行人下落，查明被执行人财产。但公安机关在配合执行时，很多技侦手段无法对执行机构开放，拒执罪的侦查立案困难等问题长期难以解决。在司法警察执行中队建立后，可以探索赋予执行警察与执行相关的侦查权力，从而发现被执行人，查找执行财产下落，更有力地打击拒执犯罪。一是赋予执行警察必要的执行侦查权。执行警察可以采取必要的技术侦查手段，通过手机定位、电子监听、联网追逃等手段，查找被执行人下落，查明被执行人财产。但是技术侦查手段对公民的个人自由和隐私权存在一定影响，采取技术侦查手段前，需要进行严格的审批，防止不当侵犯公民合法权利。二是在涉嫌拒执犯罪中直接行使侦查权。当前执行机构追究当事人拒执犯罪责任，需要移送公安部门立案侦查，程序烦琐，配合程度不高，工作效率较低，拒执罪的威慑力不足。并且执行人员缺乏侦查意识和能力，对于被执行人的拒执行为缺少调查取证能力。为此，可以赋予执行警察对于拒执犯罪的侦查权，由执行警察对涉嫌拒执罪的被执行人立案侦查，收集固定证据，减少程序梗阻，大大增加执行威慑力，有效提高司法权威。[1]

四、继续强化执行信息化建设

执行信息化是"一性两化"总体思路的重要部分，是做好执行工作的必由之路。要始终把执行信息化建设放在重要位置，为执行工作的科学发展奠定扎实基础。

（一）完善"智慧执行"顶层设计

各级法院推进"智慧执行"工作，要在"智慧法院"建设的大背景下，深入结合执行工作的特点、难点，围绕执行案件信息、网络查控、财产处置、信用惩戒、执行公开、指挥管理、执行辅助等各个执行工作领域，以现代信息技术为引领，推动全国四级法院执行方式的整体性变革。不仅要在软件系统开发上不断努力，还要对与之对应的组织结构、工作流程、管理方式以及人员培训等多方面进行配套性、全局性调整。要充分吸收借鉴各地当前执行信息化建设的经验教训，出台执行信息化建设纲要和实施办法，明确执行信息化建设目标和总体要求，统一规划、整体推进，加快实现各类执行信息系统的互联互通和吸收融合，解决各级各领域执行信息系统建设中存在的数据壁垒、重复浪费、信息安全风险等问题，通过信息化助推"三统一"理念的实现。[2]

（二）健全执行查控系统建设

当前，最高人民法院已经与公安部、自然资源部等16家单位和

---

〔1〕 张攀，廖路遥：《探索执行警务保障新模式，打造新时代下"执行一体化"改革法警派驻使用的"大邑样本"》，载《四川法治报》2020年9月24日，第009版。

〔2〕 刘贵祥：《总结经验，理清思路，加快推进智慧法院建设——关于加快推进智慧法院建设的思考》，载《人民法院报》2017年6月21日，第005版。

3900 多家银行业金融机构联网，可以查询被执行人全国范围内的不动产、存款、金融理财产品、船舶、车辆、证券、网络资金等 16 类 25 项信息，执行查控的广度和深度都有极大提升。下一步，要在此基础上，适应新的经济形式、财产形式的变化，扩大财产查询范围，将网络虚拟财产、各类理财产品、基金、信托等新型财产形式纳入查控范围，还要在系统自动发起网络查询的基础上，全面实现在线查封控制、在线扣划提取，减少执行人员工作量，提高执行工作效率。[1]同时，要利用好财产查控的海量数据，开展被执行人财产状况大数据分析，通过多种数据整理、分析技术，准确刻画分析被执行人财产状况，为执行工作提供依据和参考，充分挖掘财产信息背后蕴含的数据资源，实现"智慧执行"的多维场景运用。

（三）优化执行指挥管理平台功能

执行指挥管理平台是执行信息化建设的枢纽。一方面，要继续强化执行指挥管理平台的应用功能建设，将执行办案、网络查控、失信惩戒、网络拍卖、调度考核等工作进行统一整合，将执行指挥平台打造为执行信息化的"集约中心""智慧枢纽"。另一方面，通过执行指挥管理平台加强执行规范化建设，发挥监督管理、提醒督办作用。健全案件信息统计分析功能，自动提取案件信息，区分不同类型案件，进行分类统计、分类指导督办。健全定期督办机制，定期巡检下级法院办案中的违规问题，通过平台直接下达督办指令，实现一督到底。建立终本案件智能巡检机制，不间断加强终本案件的定期巡检，防止有财产案件不当终本，对有财产线索案件及时提

---

〔1〕　洪彦伟：《信息化引擎下执行流水线的构建与实践——以福建石狮法院为主要视点》，人民法院出版社 2018 年版，第 31 页。

醒恢复执行。[1]

（四）提升执行人员信息化素养

加快培养一支既懂业务又懂技术的复合型执行人才队伍，完善人才招录、培养、引进机制，重点为中基层人民法院培养一批适应执行信息化发展需求的执行人员，夯实执行信息化发展的基础。加强执行人员信息化业务培训，全面提升执行人员信息系统运用水平，引导网上办公办案成常态，彻底扭转传统的粗放办案习惯。与互联网企业开展技术合作，对于部分前沿的执行信息化业务适度外包，招才引智，借助先进的互联网技术和模式提升执行信息化水平。

第六节　改革执行权运行程序衔接机制

如前文所述，执行程序与立案程序、审判程序、异议之诉程序、破产程序、执行复议、监督程序等存在不少衔接问题。从宏观上来看，主要有两个方面的原因，一是配套机制不健全，导致各程序之间的职责不分明，容易出现衔接障碍；二是执行机构内部分工和设置不完善，执行管理和沟通协作不顺畅。因此，当前既要完善执行法律体系及配套制度，又要深化执行体制机制改革。针对各程序衔接中存在的问题，笔者认为，具体应当从以下方面进行改革。

一、完善立审执协调配合机制

虽然《最高人民法院关于人民法院立案、审判与执行工作协调运行的意见》对人民法院内部分工协作的工作职责予以明确，但立

---

[1] 闵仕君：《人工智能技术与法院执行领域的融合、发展和完善——以无锡法院智慧执行系统为视角》，载《法律适用》2019 年第 23 期。

审执协调机制并没有达到预期的效果。要真正建立长效运行机制，还需要充分发挥人民法院的整体优势，促进立案、审判与执行工作的顺利衔接和高效运行。

（一）加强审执联动配合

审判程序和执行程序各自为营，存在一定的脱节，造成资源隔断。审判部门和执行部门应当加强联动配合，共享信息和资源，实现双赢的局面。第一，审判部门对诉争标的物的查封、扣押、冻结情况，可以向执行部门提前进行了解，避免对已被执行部门采取执行措施的标的物进行确权判决或调解。现实中审判部门多是基于时间原因无暇去协助执行单位调查，内部联动配合既能节约审判部门外出调查标的物的时间和精力，又能为后续执行提供便利。第二，审判部门应警惕该院执行部门已受理的被执行人作为被告案件，防止被执行人通过另案虚假诉讼，恶意转移其名下的财产。一旦发现通过诉讼规避执行，审判部门可及时与执行部门沟通协调，配合执行部门严厉打击该拒执行为。第三，对于执行部门而言，应积极争取审判部门的支持和沟通，提前了解审判部门已掌握的信息，在接手案件后因案制宜，根据不同的案件情况制定不同的执行方案，提高执行效率。第四，应修订人民法院裁判文书样式，在裁判文书中明确申请执行的期限、受理执行的法院、义务人不履行义务的后果等内容，并在审判环节为执行案件做好铺垫。

（二）将生效法律文书的可执行性纳入质效考核

一般而言，生效法律文书的内容需具体、明确，具有可执行性，这是强制执行的前提。但实践中由于裁判文书制作不规范、相关立法规定存在缺失等原因，很多生效法律文书主文表达不明确，或形式清楚但实际难以操作，给后续执行工作造成困扰。对此，笔者建议，一是将执行依据的可执行性纳入审判案件质效考核，凡是在执行程序中发现执行依据不明确、不具有可执行性的，由执行部门向审判管理部门发出书面建议函，扣减承办法官的考核分数，以此引起承办法官的重视。二是完善调解结案的绩效，促进调解书的即时履行。人民法院要重视调解书的自动履行率和申请执行率，培养审判法官的可执行思维和意识，树立审执一盘棋的理念。三是若双方当事人对行为义务如何履行争议过大，为防止强制执行时标准难以确定或难以操作的，审判部门可释明双方引入评估机构在确定方案的基础上出具价格报告，将金钱给付作为替代或补充方案，为案件的可执行性创造条件。

（三）健全财产保全体系

财产保全制度对降低执行风险、促进解决执行难有积极作用。切实发挥财产保全制度的预防功能，弥补财产保全措施缺失的不足，才能真正从源头上减少进入执行程序的案件数量。一是提高保全的裁定率。对于当事人、利害关系人申请财产保全的，立案部门、审判部门应当积极受理，及时出具保全裁定书，即时采取保全措施，不得以不正当、不合理的理由予以拒绝，也不得拖延移送保全手续。二是适当对财产保全进行释明。很多当事人风险意识淡薄，法院应当释明财产保全的重要作用，积极引导申请人进行诉前或诉讼保全。对于三费案件、劳动报酬案件，法院还可以依职权进行保全，对弱势群体进行特殊保护。三是继续推广保全保险制度。保全保险因具有手续简便快捷、不占用申请人资金等优势，从某种程度上降低了申请保全的门槛，降低了申请人提供担保的压力，对解决执行难有重要的意义。前文所述，因财产保全责任险审查标准缺失，导致立案、审判部门对审查内容和方式存在差异。建议出台相应的指导意见，统一审查标准，并建立保险人长效联系机制，与协助单位直线沟通，提高审查和沟通效率。

（四）强化执行立案审查

目前大部分法院的执行立案交由立案部门集中负责，按照立案登记制原则，立案部门仅对案件进行录入和登记，并不做实质性的审查。其不利后果是当事人信息不完善、执行风险提示不到位、不具有执行内容的案件涌入、移交卷宗不及时等问题。下一步改革应当强化执行案件的立案审查，设立执行立案庭，由其负责立案审查工作，完善执行立案、恢复执行、调解书和仲裁裁决等文书执行、执行异议、执行复议、执行监督等特定案件审查工作机制。在具体立案时，应对当事人尤其是被执行人的身份信息录入完整，为后期执行过程中的网络查控提供便利条件。对当事人进行执行不能的风险提示，立案时向每个申请执行人发放执行风险提示书，使当事人对执行结果有合理的预期判断，风险提示书应和其他案件材料一起入卷备案。对于不具有执行内容的，或不属于执行受理范围的，在立案环节即出具驳回执行申请或不予受理的裁定书，引导当事人另行主张行使救济权利，避免涌入执行程序后增加执行工作量。

二、深化执行体制和配套机制改革

我国对执行部门设置的规定，主要为《执行工作规定（试行）》第1条，即人民法院根据需要，依据有关法律的规定，设立执行机构，专门负责执行工作。但执行部门内设机构还没有立法层面的规定，这导致各地执行机构在设置、分工、职能上不统一，执行管理体系不健全。笔者认为，要继续深化执行体制内部改革，明确内设机构定位和职能，形成既符合法律相关规定又顺应执行工作规律的执行体制机制，促进执行工作长远健康可持续发展。

（一）立法确定执行机构及其职能

1. 明确执行实施权的职能

根据民事执行权的性质，探索执行命令权、执行实施权和执行裁判权分权运行机制，通过立法形式设置与之对应的执行内设机构及职能。执行实施权的职能主要包括以下几个方面：（1）财产查控权，即调查、发现、控制债务人财产的权能，如查询、调查、查封、扣押、冻结等权能；（2）财产变价权，将执行所得的财产进行变现或以物抵债的权能，如款项的扣划以及动产或者不动产的拍卖、变卖、以物抵债的确认等权能；（3）强制搬迁的决定权和实施权；（4）替代履行措施的决定权和实施权；（5）实施拘留、罚款等强制措施的权能；（6）财产交付权，即将执行所得款项交付债权人的权能。[1]通过上述权能的限定，设立与之对应的执行实施部门，由其行使执行实施权。

2. 明确执行裁判权的职能

执行裁判权是与执行实施权并行的另一种权利，其职能是对执行实施行为的监督，是对当事人、案外人合法权益的救济。主要职能包括以下几个方面：（1）审理债务人异议；（2）作出不予执行仲裁裁决或公证债权文书决定；（3）审理追加变更执行当事人；（4）审理执行行为异议；（5）执行监督案件；（6）审理执行复议案件；（7）审理管辖权异议。

目前执行实施权的行使主体争议不大，全国各地法院都比较统一。如上文所述，执行裁判权的行使主体比较分散，执行异议审查部门分为审判监督庭、执行局、执行裁判庭三种模式，不予执行公证债权文书、变更追加执行当事人的审查部门在执行局内部又分为两种模式。笔者建议，根据执行裁判权的权能设定，应当在执行机构内部设执行裁判部门，统一开展执行裁判工作，以便于执行质效

---

[1] 谭秋桂著：《民事执行权配置、制约与监督的法律制度研究》，中国人民公安大学出版社 2012 年版，第 100—101 页。

考核和规范执行管理。

3. 扩充执行裁判庭的职能

对于在执行程序中出现的实体权利义务争议问题，建议也由执行裁判庭审理和裁判。案外人异议之诉、申请执行人许可执行之诉、参与分配异议之诉、折价赔偿特定执行标的物之诉、申请执行人提出的代位权诉讼或撤销权诉讼等执行衍生的诉讼，执行转破产案件，拒不执行判决、裁定罪刑事案件，均由执行裁判庭审理和裁判。

（二）完善执行异议制度

1. 取消案外人异议前置程序

《民事诉讼法》第 234 条规定，案外人提出异议时应当中止执行，其目的是将部分案件在前置程序中消化，减少执行异议之诉的案件量，提高执行效率。但目前该前置程序需通过听证会的形式实质审查部分案件，这与后续的执行异议之诉审理有重复，极大地影响了当事人实现权益的效率，与立法初衷完全不符。建议通过立法废除案外人异议程序，完善案外人异议之诉程序的构建，对于案外人对实体权利提出异议的，直接通过案外人异议之诉程序予以审理。同时，明确案外人异议之诉案件以当事人请求排除或许可执行的执行标的物的财产金额或者价额，作为计算案件受理费的基数，以财产案件标准收取案件受理费，防止滥用异议权利恶意提起诉讼。

2. 规制执行行为异议

目前执行行为异议也存在审查期限不合理、启动成本低等问题。首先，审查执行行为异议的期限问题，《民事诉讼法》第 232 条规定，应在 15 日内审查完毕，其是为了在最短时间内进行程序性审查。一审简易诉讼案件审理期限为 3 个月，执行行为异议案件同样需"立案受理—送达执行异议申请书—异议听证—合议庭评议—作出异议裁定书—送达"若干流程节点才能完成，15 日的要求虽然兼顾了效率优先原则，但脱离了异议案件审查的程序节点要求，妨碍了对方当事人在答辩期内答辩权、举证权的行使，也忽略了当前"送达难"的实际困境。建议将审查期限修改为 30 日，以保障异议审查工作的正常开展。其次，目前立法未规定对执行行为异议案件收取诉讼费用，违法成本低，导致当事人滥用权利恶意提起异议。建议对执行行为异议案件收取受理费，避免当事人无偿占用司法资源。

（三）优化、规范执行复议、监督程序

1. 优化执行复议程序

目前的复议案件移送流程是"下级法院执行部门—同级立案部门—上级法院立案部门—同级执行部门"，需要经历四个部门的衔接，程序烦琐效率低下。强制执行法在立法中设置执行裁判部门后，建议案件进行"点对点"移送，直接由下级法院的执行裁判部门移送到上级法院的执行裁判部门。对于复议案件的下一步审查，全部由执行裁判部门作出裁定，统一复议案件的归口管理。

2. 规范执行监督程序

执行监督根据启动的主体不同，分为检察监督、督促执行、执行申诉等类型。目前检察监督有比较全面的立法规定，《民事诉讼法》第 242 条规定，人民检察院有权对民事执行活动实行法律监督。2016 年，《最高人民法院、最高人民检察院关于民事活动法律监督若干问题的规定》又进一步作出了较为详细的规定。而督促执行、执行申诉只有零星的、笼统的规定，笔者建议，应通过法律或司法解释的形式，明确监督标准、监督形式、监督主体等，使执行监督有法可依。对于监督模式，建议摒弃执行管理模式，统一采取司法监督模式，因为后者更加注重当事人的参与，有案必立，能更好地回应当事人的诉求，保障当事人的救济权益。

三、完善执行转破产制度

对于债权人而言，执行程序属于个别清偿，破产程序更能公平保护全体债权人的合法权益；对于市场而言，执行程序不具有消灭企业主体资格的功能，破产制度能够完善和规范企业法人的市场退出机制。大力推动执行案件转破产审查，对于处理执行积案、化解执行实务难题，重新配置市场资源都具有重要的意义。但目前执行程序与破产程序的衔接运行并不顺畅，笔者期望能尽快修改相关立法，完善和优化"执转破"配套制度，建立长效协调机制，力争让执行程序与破产程序成为一脉相承的、完整的债权实现体系，以达到执行程序与破产程序的共利双赢。

（一）修改参与分配制度的相关立法

从执行制度的发展来看，执行有较强的行政色彩，法院自身承担了大部分的协调和组织成本。通过参与分配制度，债权人可以获得执行程序中"先到先得"的财产。这种利益上的驱使，使得参与分配程序适用范围被扩大，对破产法功能的适用有着较大影响。

笔者建议在今后修改立法时，对适用参与分配制度予以重新设计。当被执行人的财产不足以清偿时，原则上适用执行转破产制度，例外情况适用参与分配制度。只要申请执行人之一申请参与分配时，就视为符合执行转破产的条件，启动执行转破产程序。采用倒逼的方式，赋予其他申请执行人或者债务人提出异议的权利，由执行裁判部门进行审查。经审查认为，有足够的证据证明被执行人不符合破产条件的，则适用参与分配制度，避免参与分配制度和执行转破产制度交叉重叠。

1. 无异议的衔接处理

如果当事人没有对执行移转破产程序提出异议，同时又没有达成执行和解或者提出担保申请，案件就移送给破产审判部门进行审查。破产审判部门自收到移送材料之日起 30 日内裁定是否受理破产。后续过程中审查认为符合破产条件的，破产审判部门裁定宣告破产，执行部门裁定终结对被执行人所有案件的执行。

2. 有异议的衔接处理

如果当事人对执行移转破产程序提出异议，执行裁判部门根据异议内容进行不同处理。如果被执行人有可供执行财产，或者有第三人愿意代被执行人履行义务的，此时还需区分两种情况。一种情况是足额清偿，即被执行人提供的财产能清偿全部债权，或者第三人代被执行人清偿全部债权。执行裁判部门对异议进行审查核实后，认为被执行人或者第三人提供的足额财产能实现所有申请执行人的债权时，应撤销执行移转破产决定，转为执行相应的财产，此时，与被执行人相关的所有执行案件都能够实际执结完毕。另一种情况是不足额清偿，即被执行人虽然有一定的清偿能力，或者第三人代被执行人履行部分债权，还有一部分债权短期内无法清偿。在此种情形下，对于执行案件是否移转破产存在不同的观点，有人主张如果被执行人已经清偿了大部分债权，就不应再移转破产进行处理。笔者持不同观点，原因有以下几方面：第一，已清偿债权与未清偿债权的比例无法权衡，究竟何为"大部分"不能准确限定，毕竟每个案件的标的额不同，债权人的期望值也不同。第二，即使执行到位部分债权，执行案件还是没有真正实际执结，债权人仍然会申请对剩余债权恢复执行，法院将在终结本次执行程序和恢复执行之间不断重复工作。因此，从长远来看，笔者建议此种情况还是将案件移转破产程序更合适。

（二）建立职权主义移转方式

1. 破产职权主义是对申请主义的补充

其实，我国早就有学者指出，法院依职权介入破产的宗旨是以牺牲少数债权人的部分利益为代价，维护大多数债权人利益，保障社会整体利益。[1]笔者也认为，如果已经出现破产原因而法院不能依职权进行适当干预，任由债务人企业状况继续恶化，将对债权人极其不利，对整个社会而言也是一种负担，因此当事人没有主动申请执行移转破产时，法院应及时依职权启动执行移转破产程序，进而实施必要的保全措施以维护全体债权人利益和社会公共利益。事实上，破产程序职权主义启动机制并不是对申请主义启动机制的否定，恰恰相反，它是对申请主义启动机制的必要补充。不但有利于维护社会公共利益，强化市场竞争机制；而且有利于解决大量具备破产条件的企业法人滞留在执行程序带来的难题，实现破产程序与执行程序的共利双赢。

2. 域外的破产职权主义立法规定

很多国家和地区的立法规定，破产程序职权主义启动机制应当作为当事人申请主义的补充，例如，《日本公司更生法》第 23 条规定，当公司存在破产原因时，法院可以按照破产法的规定依职权宣告公司破产。日本破产法规定："破产程序原则上根据利害关系人的申请而发动，例外的情况有《日本牵连和议法》第 9 条第 1 款，《日本公司更生法》第 23 条第 1 款和第 26 条第 1 款那样的破产时，也有法院依职权开始的时候。"[2]域外立法的相关规定，对我国破产程序启动机制的完善有一定的借鉴作用，建议在今后的立法中增加破产职权主义的相关规定，以弥补我国当前破产程序启动机制主体单一的不足，改变纯粹申请主义带来的弊端。

---

〔1〕 林祖彭，李浩：《建议在司法执行中建立强制破产制度》，载《政治与法律》1998 年第 5 期。

〔2〕 伊藤真：《破产法》，刘荣军等译，中国社会科学出版社 2009 年版，第44 页。

（三）赋予破产审判部门执行查询系统的权限

《全国法院破产审判工作会议纪要》第 43 条是关于破产审判部门和执行部门信息共享的规定，破产受理法院可以利用执行查控系统对债务人财产进行查询，以此可以提高破产审判工作的效率。该条仅为原则性的规定，实践中如何操作并未明确。目前"总对总"查控系统是最高人民法院建设的全国性网络，管理严格，仅对执行案件开放，在破产程序中利用存在困难。[1]正如前文所述，将执行移转破产前的财产调查工作主要交由执行部门承担，势必加大执行人员的工作量，影响执行部门移转破产的积极性。笔者认为，破产程序属于概括性的执行程序，是执行程序的延伸，对破产案件开放执行查控系统并不存在法律上的障碍，只是技术上不成熟，可以对系统功能进行完善。

笔者建议，在现行的执行查控系统中增加一个版块或功能，开通破产审判部门专门的通道，赋予破产审判法官相应的执行查询权限。这样破产审判法官就可以自行查询被执行人的财产情况，自动提取相关的主体身份信息。从而减轻执行部门的办案压力，也提高破产案件审理的效果。

（四）确定执行法院专属管辖为原则

《执行移转破产指导意见》确定的原则上以中级人民法院管辖为主、以基层人民法院管辖为辅的制度，与企业破产法的管辖原则不一致。不管是执行移转破产，还是直接申请破产，最终都是按照企业破产法及其司法解释规定的相同程序和流程进行审理，本质上没有差异。《执行移转破产指导意见》规定的提级管辖，涉及不同法院

---

〔1〕 葛洪涛：《执行程序与破产程序衔接的困难与应对》，载《人民法院报》2018 年 4 月 18 日。

不同部门之间中止执行、财产归集和解除保全措施、申报债权、确认债权、案卷材料移交等诸多需要沟通协调的问题。[1]笔者建议，应当调整执行移转破产案件的管辖权，实行执行法院专属管辖。由执行法院内部进行移转，沟通协调的成本更低、移转的时间更快，能够有效节约司法资源。对于疑难复杂、标的较大的案件，由高级人民法院指定中级人民法院进行审理。

（五）成立"立执破"小组

由于执行部门与破产审判部门对破产原因审查认定标准不一，在程序衔接中容易出现争议。为了统一标准，且更加及时地补正移送材料，在实行执行法院专属管辖后，建议成立由执行部门、立案部门、破产审判部门等人员组成的"立执破"小组，共同对移送的案件进行审核和把关。执行部门对符合执行移转破产的案件进行预评估，提出移送破产的审查意见，然后协同破产审判部门的人员组成合议庭，经合议庭评议同意后，由执行部门出具移送决定书。执行部门将收集和梳理的案卷材料移送给"立执破"小组的立案部门人员予以登记立案。立案部门审核后认为移送材料不齐全的，由小组成员与执行部门沟通对接，协助执行部门在 10 日内补齐、补正后，及时将案件移送破产审判部门进行审查。成立"立执破"小组，可以避免各部门对破产原因审查标准不一致，实现执行部门、立案部门、破产审判部门的无缝对接，简化移送程序，提高移送效率。

四、修正拒执罪制度

如上所述，拒执罪有内外多种掣肘因素，以致司法实践适用缺位。本章笔者将结合理论与实践经验，从立法和制度两个层面提出

---

[1] 白田甜，景晓晶：《"执转破"衔接机制的优化原则与实践完善》，载《法律适用》2019 年第 3 期。

建议，促使拒执罪回归本位，真正起到维护债权人利益，捍卫司法权威的作用。

（一）修改罪名：拒不执行生效法律文书罪

1. 域外考察

对于拒执行为，世界各国普遍通过刑罚措施予以惩戒。在英美法系国家，与拒执罪相对应的是藐视法庭罪，是指"一切容易阻碍、干扰或妨害对某一特定案件或一般案件的审判管理的行为"[1]。具体又分为民事藐视法庭罪和刑事藐视法庭罪，前者相当于我国的拒执罪。而大陆法系国家主要有两种模式，一种是综合罪名模式，将其作为"妨碍公务罪"或"对抗国家权力罪"[2]的一种情形进行规制，如德国。另一种是单独设罪模式，如《俄罗斯刑法典》[3]，其在第315条"妨害司法犯罪"一章中专门对"不执行法院判决、裁定或者其他法庭决定"进行了规制。[4]

上述两种法系虽然形式不同，但是它们的外延都很广，罪名适用范围也比较宽泛，几乎囊括了所有有关对抗国家审判权力或妨害司法秩序的行为。虽然我国有特殊的司法实践情况，但域外立法至少为拒执罪犯罪对象的调整提供了有益启发，进而为我国修改拒执

---

〔1〕《德国刑法典》第113条：以暴力或暴力威胁阻止公务人员执行法律、法令、判决、裁定，或对其攻击的，处2年以下自由刑或罚金。情节特别严重的，即行为人或其他参与人意图在执行时使用而携带武器，或行为人的暴力行为有造成被攻击者死亡或重伤危险的，处6个月以上5年以下自由刑。

〔2〕 同上注。

〔3〕《俄罗斯刑法典》315条妨害司法罪一章中专门规定了"不执行法院判决、裁定或者其他法庭决定"行为：权力机关的代表、国家工作人员、地方自治机关的工作人员以及国家或者地方自治机构，商业组织或者其他组织的工作人员，拒不执行或者妨害执行已生效的法院判决、裁定或者其他法庭决定的，判处数额为最低劳动报酬200倍至400倍的或被判刑人2个月至4个月的工资或其他收入的罚金，或者5年以下剥夺担任一定职务或从事某种工作的权利……。

〔4〕 赵微：《俄罗斯联邦刑法》，法律出版社2003年版，第420页。

罪的罪名提供了实践支撑。

2. 罪名修改

根据我国民事诉讼法的规定，调解书与判决书有同等法律效力，但在认定拒执罪上却没有同等贯彻适用，实践中调解书定分止争的功能和适用不比判决书逊色。除此之外，《执行工作规定（试行）》规定，其他法律文书如支付令、仲裁裁决书、公证债权文书等都由法院负责执行，[1]针对此类法律文书的拒执行为同样是对司法权威和司法尊严的侵犯。而且如上文分析，非判决类法律文书在司法实践中所占比重越来越大，甚至超过判决书，如因为失去刑罚这一有力保障导致权利人的权益无法兑现，势必极大影响仲裁和公证机构的权威，进而引起民众对整个法律制度的质疑。

从立法沿革来看，我国拒执罪诞生于 1997 年刑法，当时的社会实践和立法技术有限，在罪名确定和罪状描述上难免有缺漏。由于受立法罪名文义所限，在后期修订中，包括刑法及其司法解释，以及其他最高人民法院的通知答复类文件中都将非判决类法律文书排除在拒执罪侵害对象之外，主要原因是认为如此扩大解释有违罪刑法定原则，有违刑法谦抑性。但是立足于立法初衷和司法实践，将非判决类法律文书纳入拒执罪调整对象确有必要，因此应及时修改罪名，笔者建议将拒执罪修改为拒不执行生效法律文书罪[2]。

如此便解决了拒执罪犯罪对象模糊的问题，有利于法律适用的统一。此外，大量以非判决类法律文书为执行依据的案件，可通过

---

〔1〕《执行工作规定（试行）》第 2 条规定，除人民法院依法作出的生效判决、裁定外，生效的支付令和（民事、行政、刑事附带民事）调解书，仲裁机构作出的生效仲裁裁决和调解书，公证机关依法赋予强制执行效力的债权文书均属于人民法院负责执行的生效法律文书。

〔2〕刘飞飞，费晖：《再谈〈拒执罪的客体是否包括调解书?〉》，载 http://www.110.com/ziliao/article-249.html，2019 年 5 月 13 日访问。

刑事手段惩戒拒执行为，为解决执行难提供坚实的后盾。

（二）制度优化：补正立法技术瑕疵

1. 规范拒执行为起算点

根据修改后的罪名，本罪调整的是已生效的法律文书，从理论上讲，拒执行为应从执行依据发生法律效力之日起算。但因实践中执行案件情况复杂，不同案件的实际情况各不相同，笔者认为时间起算点应根据不同主体、不同执行依据类型区别对待，结合案件具体情况进行限定。

（1）区分主体。

笔者认为，拒执行为的起算时间应视不同情况，针对不同的执行义务主体予以区分，不能一概而论。对于协助执行义务人、第三人而言，其前期不清楚法院的裁判情况，只有在收到法院发出的协助执行通知书后才知晓执行依据的内容，故以收到法院协助执行通知书之日为起算点更为合适；对于被执行人、担保人而言，因其参与诉讼时间早，故在执行依据发生法律效力后，就应当履行义务，因此从执行依据发生法律效力之日为起算点更为合适。

（2）区分执行依据。

同样地，执行依据种类不同，起算时间也应加以区分。对于法院判决、仲裁裁决类案件，很多情况下属于公告送达缺席判决的，被执行人可能并不了解案件的实际情况，此时可以给被执行人第二次机会，将拒执行为起算点延长到执行通知书送达之日。实践中笔者接触过很多案件的被执行人，他们并没有参与诉讼或者仲裁的过程，只是从相关网站查询了解到法院发布的执行案件信息，或者在生活中因无法成功购买高铁票才得知被纳入失信被执行人名单，此时其才会到法院积极配合执行工作。第二类是调解书、公正债权文书类案件，这两种法律文书属于"当事人合意"型，即双方当事人自愿达成协议，被执行人对协议固定的权利义务十分清楚，所以拒执行为的起算点应相应提前到法律文书生效之日。

2. 突破藩篱，简化公诉机制

在英美法系国家，藐视法庭罪是按照特殊程序进行处理的，不需要起诉，不需要移送到其他部门立案，也不需要交侦查机关立案侦查，由法院甚至是据以执行的原裁判案件法官径行审理。如果申请执行人发现被执行人有逃避债务转移财产的行为，就可以向原裁判案件法官提出申请，由法官将被执行人传唤到庭进行询问审理，只要申请执行人的证据能达到一定程度即可。例如，美国的藐视法庭罪，对证据证明力的要求不同于一般刑事案件，一般刑事案件需高达90%以上的排除合理怀疑标准，而藐视法庭罪只需要超过50%。[1]

在我国，理论界对于拒执罪公诉机制也有很多设想：有人建议将执行权从法院分离交给专门的司法行政机关，由该机关行使追诉权；[2]有人认为"发生在法官眼前的犯罪是不需要证明的"，建议参照域外的藐视法庭罪，由法官现场直接定罪量刑，尤其针对被执行人在执行现场暴力抗拒执行的情况，由法官收集证据后直接将案件移交审委会作出逮捕决定、定罪量刑；有人提议由检察机关直接向法院提起诉讼，省略由公安机关立案侦查的环节。对于公诉程序，目前的研究分散零散，片面而不成体系。笔者在汇总后取其精华去其糟粕，认为可以尝试建立一套相对可行的追诉流程。

刑事诉讼解决的犯罪与刑罚问题，刑罚是所有法律责任中最严

〔1〕 胡云腾，崔亚东：《拒不执行判决、裁定罪审判实务与典型案例》，法律出版社2015年版，第21页。
〔2〕 谢俊文：《议拒执罪追诉程序之救济》，载《法制博览》2015年第2期（上）。

厉的一种，可能剥夺被告人的财产权利、人身自由权利甚至是生命权，程序设置理应最为严格。但是随着司法实践变化，有限的司法资源和"诉讼爆炸"的矛盾日益严峻，一味追求程序正义而忽视诉讼效率显然不妥，刑事程序分流、多元程序设置已是法治进程的必然趋势。

　　笔者对拒执罪公诉机制追诉流程的构想是：由法院执行部门收集证据、移送检察机关起诉，检察机关审查证据、向法院提起公诉，最后由法院刑事审判部门进行定罪量刑。拒执罪中执行法官是除当事人外离犯罪最近的人，在案件执行过程中法官通过执行查控系统查询、询问当事人和现场核实等方式，已将被执行人的拒执行为查证，掌握了足以立案追诉的证据。如果再由公安机关重复侦查，是对司法资源的极大浪费，此时可由法院直接向检察机关移送案卷材料，由检察机关审查判断是否提起公诉。这样能够压缩办案周期，提高公诉效率和执行办案效率，实现刑事程序和执行程序的双赢。

第六章
完善审执分离体制的配套机制

第一节　建立执行综合治理体系

执行工作实践性强，涉及面广，执行难成因复杂，解决执行难是一项社会工程、系统工程。在中国特色社会主义司法制度框架内，解决执行难问题仅靠人民法院单打独斗是难以实现的，必须始终坚持党的领导，充分发挥政治优势、制度优势，调动全社会力量，凝聚合力，形成"党委领导、政法委协调、人大监督、政府支持、法院主办、部门配合、社会参与"的综合治理体系。

一、建立综合治理执行难体系的必要性

（一）有利于加强和改进党对执行工作的领导

党的领导是中国特色社会主义最本质的特

征，是社会主义法治的根本保证，这是人民法院执行工作最大的政治优势。多年来，执行工作之所以能够一直保持正确的方向，不断克服困难、向前发展，最根本的就是始终坚持党的领导。执行工作的社会性、实践性很强，执行难问题的产生有着非常复杂的社会原因，是诸多原因的汇集造成的，解决执行难不仅是一个法律问题，更是一项复杂的社会工程、系统工程。因此，做好执行工作，必须充分发挥中国特色社会主义的政治优势、制度优势，坚定不移地走中国特色社会主义法治道路，积极争取党委、政府支持，汇聚各方面力量，齐抓共管，通力协作，切实发挥综合治理执行难体系作用。

（二）有利于依法接受人大监督

人民法院接受人民代表大会及其常委会监督是我国宪法确立的一项重要原则，是我国根本政治制度的重要组成部分，也是解决执行难的重要保障。在综合治理执行难体系中，依法接受人大监督是一项重要内容。人民法院就解决执行难问题向人大做专题报告，推动强制执行立法，形成专项决议，可以加强执行工作的法制保障，争取更多支持，并督促推动负有法定协助义务的部门认真履职。在依法处理人大代表建议过程中，人民法院可以发现执行工作中存在的问题，及时回应群众关切，促进执行行为的规范化。此外，人民法院通过开展人大代表视察调研、见证强制执行等活动，进一步增强执行工作透明度，获得人大代表对执行工作的理解和支持。

（三）有利于积极争取政府和社会各界的支持

执行权不同于审判权，审判权消极、被动的属性决定了它的封闭性，而执行权的单向性、主动性决定了它必然走向开放和协作。实践证明，执行工作的顺利开展，离不开各个协助执行单位和执行联动部门的协助和支持。执行工作中遇到的很多困难和问题，单靠人民法院自身力量是难以解决的，必须摈弃单打独斗思维，积极争取政府部门、行业组织等社会各界的大力支持，通过联合全社会力量，从法律、经济、政治、舆论等各方面对失信被执行人设限，最大限度压缩失信人生存空间，促使其主动履行义务。例如，近年来，人民法院建立的以失信被执行人名单制度为基础的联合信用惩戒机制，其之所以能够取得显著成效，就是得益于党委领导以及政府部门、行业组织的支持。

（四）有利于积极争取新闻媒体的参与和支持

解决执行难，需要全社会形成共识。人民法院利用好各种新闻平台，加大执行工作宣传力度，能够凝聚全社会理解执行、关注执行、协助执行的广泛共识，推动形成良好的法治环境。通过重点选择正反两方面典型案例进行宣传报道，惩戒失信、褒奖诚信，可以营造守法光荣、违法可耻的社会氛围，促进社会诚信体系建设。通过对"执行不能"的宣传，能够让人民群众树立商业风险、交易风险或法律风险意识，增强对执行难的理性认识，建立合理预期。

二、综合治理执行难体系的发展现状

党中央一直高度重视解决执行难问题。早在1999年，中共中央以中发〔1999〕11号文件正式转发《中共最高人民法院党组关于解决人民法院"执行难"问题的报告》，这是党中央第一次专门就人民法院执行工作下发文件，标志着执行工作进入了最高决策层的视野，在执行工作发展史上具有里程碑式的意义。中发〔1999〕11号文件要求，各级党委、人民政府要切实加强对人民法院执行工作的领导和支持，要站在推进社会主义民主和法制建设进程的战略高度，充分认识解决人民法院"执行难"问题的重要意义，积极支持人民法院依法独立地行使审判权、执行权，排除人民法院在执行工作中遇到的阻力，积极协调处理人民法院在执行工作中遇到的复杂疑难问题，保证执行工作顺利进行。在中发〔1999〕11号文件下发后，综合治理执行难体系的框架已经初步搭建起来了。此后，党的十六大报告又将解决执行难问题作为一项政治任务向全党提出。2005 年和 2007 年，中央政法委先后作出解决人民法院执行难问题的通知，进一步动员全党全社会解决人民法院执行难问题。2010 年 7 月 7 日，中央纪律检查委员会、中央综治办等 19 单位印发《关于建立和完善执行联动机制若干问题的意见》，这是从国家层面建立和完善执行联动机制，整合社会各界力量综合治理执行难的一项战略举措，强化了综合治理执行难工作的组织保障。

党的十八大以来，以习近平同志为核心的党中央高度重视执行工作，党的十八届四中全会提出要"切实解决执行难，依法保障胜诉当事人及时实现权益"。为贯彻党中央决策部署，2016 年 3 月，最高人民法院在全国法院部署"用两到三年时间基本解决执行难"，开启了轰轰烈烈的执行攻坚活动。2016 年 6 月，中央深改组审议通过《关于加快推进失信被执行人信用监督、警示和惩戒机制建设的意见》，该意见成为指导破解执行难题、推进诚信体系建设、维护法律权威的纲领性文件。"基本解决执行难"期间，中央政法委多次对人民法院执行工作提出要求、作出部署，中央领导多次视察调研人民法院执行工作，参加执行工作会议。[1]在党中央的坚强领导下，执行工作受到前所未有的重视，地方各级党政机关普遍将解决执行难纳入法治建设重点工作，有效形成解决执行难工作合力。截至 2018 年 10 月，全国 31 个省（区、市）党委、政府、政法委全部出台支持人民法院解决执行难、加强失信被执行人信用惩戒的文件，12 个省（区、市）人大常委会专门出台支持人民法院解决执行难的决定，

---

[1] 例如，2016 年 9 月 28 日，时任中共中央政治局委员、中央政法委书记孟建柱出席全国法院执行工作会议并讲话；2017 年 12 月 7 日，中共中央政治局委员、中央政法委书记郭声琨同志莅临最高人民法院执行指挥中心听取解决执行难工作汇报。

各省（区、市）党委或党委政法委成立"基本解决执行难"领导小组、建立联席会议制度，将解决执行难纳入社会治安综合治理目标责任考核。有的省、市主要领导直接担任领导小组组长，省委、市委常委会听取"基本解决执行难"情况汇报，共同研究解决重大问题。由此可见，通过推进"基本解决执行难"工作，党委领导、政法委协调、人大监督、政府支持、法院主办、部门配合、社会参与的综合治理执行难体系得到了进一步发展完善。[1]

与此同时，综合治理执行难体系仍然存在一些问题和不足，表现在：虽然全国大部分地方党委、人大都出台了支持执行工作的文件，但是很多地方相关的协调机构没有搭建起来，或者虽然建立了协调机构但运作不畅；用各种手段干预执行的现象仍然存在，一些地方或部门从本地区、本部门的局部利益出发，以各种借口干预法院执行或者怠于协助法院执行；有的当事人法治意识、规则意识淡漠，规避执行、隐匿财产甚至暴力抗拒执行的现象仍时有发生；执行的法律法规和配套制度不够健全完善，尚未出台满足实践需要的强制执行法，破产、救助、保险等相关配套制度也不完善；全社会对执行工作的理解认识不统一，仍然有不少当事人对"执行不能"缺乏理解等。

三、治理执行难的综合体系的完善

"基本解决执行难"取得阶段性成果后，人民法院执行工作的工作重心开始向建立执行工作长效机制、实现党的十八大四中全会提出的"切实解决执行难"目标转变。当前，制约执行工作长远发展的一些综合性、源头性问题依然存在，要解决这些问题，必须充分

---

〔1〕　最高人民法院院长周强 2018 年 10 月 24 日在第十三届全国人民代表大会常务委员会第六次会议所作的关于人民法院解决"执行难"工作情况的报告。

发挥党委总揽全局、协调各方的领导核心作用，统筹各方资源，实行综合治理、源头治理、标本兼治、重在治本，持续完善治理执行难的综合体系。

（一）推动治理执行难的综合体系常态化、制度化

为实现综合治理执行难体系的制度化、机制化，各级法院应推动同级党委出台地方性法规、规范性文件，促进该项工作的长远性和可持续性。将推动执行工作作为全面依法治国的重要内容统筹部署，把解决执行难纳入各地依法治省（区、市）指标体系。有效利用综治工作（平安建设）考核评价体系及营商环境评价体系，充分发挥执行工作在平安建设和营商环境建设中的职能作用。健全综合治理执行难工作机制，充分发挥各地解决执行难工作领导小组及其办公室职能作用，加强跟踪问效，把执行工作中的重大问题纳入党委工作大盘子、政法委重点督办事项中加以解决。

（二）推进基层执行工作网格化管理

坚持发展"枫桥经验"，深入贯彻群众路线，依托基层综治中心，将协助执行工作纳入基层社会治安综合治理网格化管理的内容。充分发挥网格管理员熟悉民情、社情的优势，建立基层综治网格员协助送达、查找当事人、协查财产线索、督促履行、化解涉执信访、开展普法宣传等工作机制。推动综治平台与人民法院执行指挥、办案平台互联互通，实时向基层综治网格员推送失信被执行人名单、限制消费人员名单、悬赏公告等执行信息。建立基层综治网格员协助执行的教育培训、监督考核、激励保障等机制，促进基层治理与人民法院执行工作的良性互动。[1]

---

[1] 《最高人民法院关于深化执行改革健全解决执行难长效机制的意见——人民法院执行工作纲要（2019—2023）》（法发〔2019〕16号）。

（三）强化对党政机关干扰执行的责任追究

将党政机关自觉履行人民法院生效裁判落实情况纳入党风廉政建设主体责任和监督责任范围。建立健全纪检监察机关、组织人事部门和人民法院信息互通机制，人民法院应及时将涉党政机关、公职人员拒不履行生效法律文书以及非法干预、妨害执行、抗拒执行等情况，通报给纪检监察机关、组织人事部门，并按照中共中央办公厅、国务院办公厅印发的《领导干部干预司法活动、插手具体案件处理的记录、通报和责任追究规定》，以及《司法机关内部人员过问案件的记录和责任追究规定》，依纪依法严肃追究责任。

（四）完善强制执行法律体系

最高人民法院应按照立法规划，配合全国人大常委会尽快完成民事强制执行法的立法工作，为民事执行提供有力法律保障。配合立法机关，做好《破产法》的修订相关工作，推进执行程序与破产程序的有效衔接，将执行转破产、破产简易程序等行之有效的经验法律化。在开展与个人破产制度功能相当的试点工作的基础上，研究推进个人破产制度。配合公司法的修订工作，通过完善公司治理结构、财务管理制度、公司控股股东及高级管理人员责任、公司法人人格否认等制度，强化法定代表人和高级管理人员对公司资产的监管责任，防止随意抽逃公司资产，从源头遏制转移、隐匿财产等规避执行行为。健全完善行政强制执行和刑罚财产刑执行相关法律法规。

（五）加大执行法治宣传力度

执行宣传是让社会公众感知执行工作成效的重要途径，各级法院应按照"谁执法谁普法"的要求，与解决执行难同步推进、同频共振，通过广播、电视、报纸、新媒体等平台以及广场、社区等场所，召开新闻发布会、通气会，制作影视产品等形式，全面展示执行工作取得的成效。准确把握宣传切入点，促进被执行人普遍主动履行法定义务常态化。尤其是加大对"执行不能"的宣传力度，让人民群众客观认识"执行不能"现象，正确认识和对待商业风险、交易风险或法律风险，增强风险意识，提高规避和防范风险的能力。

第二节　完善执行联动协助机制

党的十八大以来，以习近平同志为核心的党中央站在党和国家发展战略全局的高度，将解决执行难确定为全面依法治国的重要内容，并作出一系列重大决策部署。党的十八届四中全会明确提出"切实解决执行难""依法保障胜诉当事人及时实现权益"的目标。为坚决贯彻落实党中央重大决策部署，全国各级人民法院全力以赴攻坚"基本解决执行难"，执行工作取得重大成效，发生历史性变化，实现跨越式发展，基本形成中国特色执行制度、机制和模式，"基本解决执行难"目标如期实现，下一步正在全力推进切实解决执行难。

一、建设执行联动协助机制之必要性

执行难的成因非常复杂，是各种社会问题和矛盾叠加、交织的集中体现，执行难的解决是一项系统工程，涉及社会发展和治理的各个层面，仅靠法院一己之力难以实现，必须举全社会之力才能完成。生效法律文书所确定的内容，需要一定的外部条件，其他党政机关、社会组织、市场主体的协助执行和遵守是必不可少的环节。从执行财产的类型来看，执行标的种类繁多，除了传统的存款、房产、土地、车辆、机器设备、股权证券等，还有当前各类新型金融资产、无形资产、投资权益等，财产形式日趋多样，上述财产的查控、调查和处置都需要相关主管部门的协助和配合，涉及银行、房管、国土、工商、金融监管等部门。从执行的强制措施来看，当事人拒不履行生效法律文书，需要拘留、罚款乃至追究拒执罪的，则需公安、检察、看守所等单位的协助和支持；从对失信人的信用惩戒来看，目前覆盖全社会的征信系统尚未形成，社会成员信用记录相对缺失，落实失信、限制消费等惩戒措施，需要银行、民航、铁路、旅游、酒店、公安、教育等单位的协助和支持。协助单位必须按照人民法院协助通知书的要求办理协助执行事项，否则将面临法律法规的制裁和处罚。

我国《民事诉讼法》规定，人民法院对拒绝或者妨碍协助的协助执行人，除了可以责令其履行义务外，对其主要负责人或者直接责任人员还可予以罚款、拘留、提出纪律处分的司法建议。《执行工作规定（试行）》第26条、第30条规定，对于协助执行人擅自处分被执行人财产，导致债权人债权无法实现的，还应承担相应的追回责任。但实践中，因为社会治理不完善、法治理念薄弱、地方和部门利益束缚、惩戒手段乏力等因素影响，部分协助执行单位消极拖延乃至抗拒执行的事情时有发生，个别协助义务人在利益面前宁愿冒着被制裁的风险也不配合法院执行，给强制执行工作带来很大的困扰和阻碍。协助执行制度构建上的不完善、运行中的不顺畅是造成执行难的重要原因之一，实践中，拒不协助执行的行为既可以表现为协助执行人积极的作为，也可以是其消极的不作为，部分协助执行人虽然表面上不敢抗拒协助执行，但以"负责人不在""工作正忙""需要内部请示""需要内部审批"等为由达到不配合、不协助、拖延执行的目的，甚至为被执行人通风报信，造成财产被转移导致案件难以办结。虽然我国行政诉讼法规定，有义务协助执行的人，对人民法院的协助执行通知书，无故推拖、拒绝或者妨碍执行的，可以罚款、拘留乃至追究刑事责任，但在我国党政机关作为国家公权力代表具有较为强势传统的环境下，部分党政机关可能对执行工作不了解、不理解、不支持，在强制措施、信用惩戒、财产查控等方面没有给予应有的协助，不同地区、不同层级、不同部门可能对协助执行的范围和定义从自身的角度考虑有不同认识，导致实践中做法不一、力度不一、效果差异较大，给执行一线造成不必要的困扰和负面影响。从上述角度来看，由各级党委政法委或者人民法院牵头，建立全国统一、各级完善的执行联动协助机制，显得确有必要。

二、近年来执行联动协助机制发展概况

2016 年 1 月，最高人民法院联合 44 个部门签署《关于对失信被执行人实施联合惩戒的合作备忘录》，共提出 55 项惩戒措施，对失信被执行人设立金融类机构、享受优惠政策、担任重要职务等方面全面进行限制，在更大范围内惩戒失信被执行人。2016 年 9 月，中央办公厅、国务院办公厅下发《关于加快推进失信被执行人信用监督、警示和惩戒机制建设的意见》，要求推进信息共享、健全激励惩戒机制，提高全社会诚信水平，加快推进失信被执行人跨部门协同监管和联合惩戒机制建设。随后，在全国法院执行工作会议上，时任中央政法委书记孟建柱强调，要充分发挥党的政治优势、制度优势，形成党委领导、政法委协调、人大监督、政府支持、法院主办、部门配合、社会参与的综合治理执行难的工作格局。为落实党中央和最高人民法院的要求和部署，以基本解决执行难为契机，全国各地方执行联动机制建设也步入一个新阶段，相继通过各地党委、政府、人大和政协等单位，出台关于支持人民法院解决执行难增强司法公信力之类的文件或意见。在党委政法委的召集下，分别成立召开由多家单位参与的执行联动机制成员单位联席会议，明确执行联动各成员单位的职责任务，推动执行联动机制建设不断推进，取得

了良好进展。

2019 年 2 月，最高人民法院印发的《最高人民法院关于深化人民法院司法体制综合配套改革的意见——人民法院第五个五年改革纲要（2019—2023）》提出："推动健全完善综合治理执行难工作大格局。持续健全完善'党委领导、政法委协调、人大监督、政府支持、法院主办、部门联动、社会参与'的综合治理执行难工作大格局。推动将执行工作作为社会治理创新和法治建设重要内容，强化目标责任考核。推动建立基层协助执行网络，充分发挥社会治安综合治理部门、基层组织和网格员作用。"2019 年 6 月，最高人民法院发布的《最高人民法院关于深化执行改革健全解决执行难长效机制的意见——人民法院执行工作纲要（2019—2023）》提出，完善综合治理执行难工作大格局，推动出台地方性法规、规范性文件，使综合治理执行难格局制度化、机制化，具有长远性和可持续性。

三、执行联动协助机制仍然存在的问题

一是国家层面的信用管理体系仍不完善。开展联合信用惩戒的社会基础仍不牢固，整个社会还没有形成一套信用调查、信用评价体系，尤其是作为失信被执行人的企业信用状况得不到科学、合理的评估，市场不能发挥对信用状况的奖惩作用，企业也缺乏加强信用管理的动力。

二是联动单位协作配合机制仍需进一步深化。通过执行联动机制成员单位联席会议制度，虽然与相关单位达成了一定合作意向，但在具体工作推动过程中，在协调个别单位配合法院执行工作方面，仍面临不少困难和问题。此外，关于部分城市不动产、车辆限购，给财产处置造成一定的困难和障碍；一些涉党政机关为被执行人的案件清理起来难度较大；仍有个别单位在协助执行过程中存在配合不畅的问题；一些强制措施和刑罚的运用，如认定拒执罪等，操作

起来仍然比较烦琐。

三是财产查控还需进一步完善。目前，尚未实现财产类型网络查询的全覆盖和财产查控一体化的全覆盖。虽然对银行账户基本实现了网络查询，且多数已实现网上冻结、扣划，但并未覆盖所有的金融机构；一些动产、不动产还无法实现网上查封，机动车扣押难的问题仍然存在；随着社会日益发展、责任财产类型不断增加，不少事务性工作仍然需要执行官前往有关单位现场办理手续。

四是被执行人难找的问题仍然比较突出。执行过程中联系不到被执行人和被执行人躲避执行的情况仍然比较常见。法院在查找被执行人下落的手段仍然不够丰富。

四、执行联动协助机制之完善

一是推进完善强制执行法律体系及配套制度。按照中央立法规划，2019 年前完成民事强制执行法调研起草工作。2022 年 6 月 21 日，《民事强制执行法草案》已首次提请十三届全国人大常委会第三十五次会议审议。推动出台地方性法规、规范性文件，使综合治理执行难格局制度化、机制化，具有长远性和可持续性。加强执行工作综治考核。推动将执行工作作为全面依法治国的重要内容统筹部署，把解决执行难纳入各地依法治省（区、市）指标体系。有效利用综治工作（平安建设）考核评价体系及营商环境评价体系，充分发挥执行工作在平安建设和营商环境建设中的职能作用。

二是健全执行联动联席会议制度，把执行联动各项工作纳入各联动部门职责范围，明确任务，夯实责任，加强考核，促进执行联动工作机制常态化运转。推进执行工作部门协作联动机制化。落实中央政法委提出的"共建、共治、共享"要求，由政法委牵头各协作、协助部门健全联席会议制度，把执行联动各项工作纳入各联动部门职责范围，明确任务，夯实责任，加强考核。促进执行联动工作机制常态化运转，切实解决"联而不动、动而乏力"的问题。在强化外部合力上，重点充分发挥执行联动机制的作用。用好执行联席会议这一平台，协调联动单位及时研究解决查人找物等方面的困难和问题，进一步加大对被执行人的信用监督、警示和惩戒力度，推动执行联动机制落实到位。

三是积极参与并推进构建完善的社会诚信体系，提高社会信用体系基础信息的完整性、全面性和准确性。以会商、联席会议等形式保障市场监督管理信息、税务登记信息、公民个人财产信息、人口资源信息、理财投资信息的准确、全面、完整，夯实社会诚信体系建设基础，从源头上解决因执行财产和被执行人信息不准确、不全面，导致执行查控系统功能不能有效发挥的问题。

四是深化落实执行办案水平。首先是充分发挥基层党组织作用，依托基层综治中心，将协助执行工作纳入基层社会治安综合治理网格化管理的内容，整合各方面资源，建立基层综治网格员协助送达、查找当事人、协查财产线索、督促履行、化解涉执信访、开展执行宣传等工作机制。推动综治平台与人民法院执行指挥、办案平台互联互通，实时向基层综治网格员推送失信被执行人名单、限制消费人员名单、悬赏公告等执行信息。建立基层综治网格员协助执行的教育培训、监督考核、激励保障等机制，促进基层治理与人民法院执行工作的良性互动。其次是提高网络查控的信息化水平。完善"点对点"查控系统，进一步拓展网络执行查控体系的覆盖面，努力实现对银行存款的网上冻结、扣划，争取在更多财产类型、更大地域范围实现财产查控的新突破。与工商部门加强合作，争取尽快升级工商档案查询方式，拓展查询范围，将人工手动查询将转变为系统自动统查、线上直接反馈，将仅限企业基本信息查询转变为可查阅企业工商档案底档，更大程度上满足执行办案需要。再次是深入拓展与公安部门的合作，实现对被执行人住宿登记地点、住宿时间等信息的共享，努力在协助查找被执行人、联合打击拒执犯罪、网上办理限制出境、查扣被执行人车辆、及时收押司法拘留人员并开展说服教育、督促履行和矛盾化解等工作方面取得实质性突破，形成长效机制。最后是进一步加强执行指挥中心建设。切实加强人民法院执行指挥中心建设，加强执行数据可视化管理，优化系统信息项目设置，为执行工作的科学决策提供数据支持；充实人员，完善制度，提升法院执行指挥管理水平，切实履行好远程指挥、节点控制、信息公开、信用惩戒、信访管理、监督管理、绩效考核、决策分析等职责。

第三节　加强社会信用体系建设

一、社会信用体系建设和执行工作之间的关联

社会信用体系建设主要解决的是国家治理体系和治理能力现代化问题，执行工作的一项重要内容是解决执行难的问题。关于两者之间的关系，笔者认为，可以从四个方面进行解读。

（一）在建设内容上具有重合性

党中央、国务院高度重视社会信用体系建设，很早便着手对社会信用体系建设进行规划部署。根据 2011 年党的十七届六中全会、2012 年党的十八大以及 2014 年印发的《社会信用体系建设规划纲要（2014—2020 年）》的有关精神，社会信用体系重点领域建设包括"政务诚信建设""商务诚信建设""社会诚信建设"和"司法公信建设"，而执行工作属于"司法公信建设"的范畴。也正是自"司法公信建设"成为社会信用体系建设的重要组成部分后，人民法院

才正式成为社会信用体系建设的成员单位，参与到社会信用体系建设的大格局中来。[1]社会信用体系建设和执行工作之间形成了密不可分的包含关系。

（二）在机制运行上具有统一性

社会信用体系建设的内涵十分丰富。"社会信用体系包含几个子系统，即收集和发布信用信息的征信体系、信用调查和评价体系、信用交易体系、信用监管和惩戒制度"[2]在执行工作中，在对被执行人进行失信惩戒时，主要借助失信被执行人制度来达到迫使被执行人履行法律义务的目的。该制度从属于失信惩戒的范畴。"失信惩戒机制是社会信用体系最重要的机制，全社会对已经公告的失信主体进行信用惩戒，是社会信用体系发挥作用的基本机制"[3]因此，社会信用体系建设和执行工作在联合惩戒失信被执行人问题上是相互贯通和统一的。

（三）在信息共享上具有依赖性

执行工作能否顺利开展高度依赖社会信用信息的丰富和完善。作为社会信用信息重要元素的"市场监督管理信息、税务登记信息、公民个人财产信息、人口资源信息、理财投资信息"[4]，对于解决"被执行人及其财产难找"的问题具有至关重要的作用。反过来说，

---

[1]　2012 年 7 月 26 日，国务院作出《关于同意调整社会信用体系建设部际联席会议职责和成员单位的批复》（国函〔2012〕88 号），调整社会信用体系建设部际联席会议主要职责，增加"推进政务诚信、商务诚信、社会诚信和司法公信建设"以及中央纪委、中央宣传部、中央政法委、最高人民法院等18家为成员单位等内容。

[2]　刘贵祥，黄文艺：《推进信用体系建设 建立失信惩戒机制——八部门联合惩戒备忘录精神解读》，载《人民法院报》2014 年 6 月 9 日，第 8 版。

[3]　同上注。

[4]　《最高人民法院关于深化执行改革健全解决执行难长效机制的意见——人民法院执行工作纲要（2019—2023）》第 5 条。

社会信用信息的丰富和完善同样依赖执行程序中债务人信息的公开与共享。目前,"执行活动是社会主体信用信息的重要来源。民事执行机关对债务人强制执行的过程和结果,是债务人信用信息的重要构成部分"。[1]特别是2013年7月最高人民法院正式建立失信被执行人名单制度后,"人民法院通过司法程序认定的被执行人失信信息,已经成为社会信用信息重要组成部分。对失信被执行人进行信用监督、警示和惩戒,有利于促进被执行人自觉履行生效法律文书确定的义务,提高司法公信力,推进社会信用体系建设"[2]。失信被执行人名单制度已经成为人民法院参与社会信用体系建设的重要抓手。

（四）在逻辑关系上具有因果性

社会信用体系建设水平的高低直接影响着解决执行难问题的成本和难度。有学者分析认为,民事执行难已经成为一个重大的社会问题,信用体系不健全是造成民事执行难的重要原因。我国民事执行难问题的解决离不开信用建设。完善的社会信用体系、有效的信用惩戒机制、诚信的社会文化环境是我国根本解决执行难问题的重要基础。[3]

二、社会信用体系建设的不足之处

在解决执行难工作中,社会信用体系建设发挥了十分重要的推动作用,取得了明显的成效,但仍然存在一些不足和问题。

---

〔1〕 刘贵祥、黄文艺:《推进信用体系建设 建立失信惩戒机制——八部门联合惩戒备忘录精神解读》,载《人民法院报》2014年6月9日,第8版。

〔2〕 《中共中央办公厅、国务院办公厅印发〈关于加快推进失信被执行人信用监督、警示和惩戒机制建设的意见〉》。

〔3〕 谭秋桂:《信用建设是解决民事执行难问题的重要途径》,载《人民法治》2016年第9期。

（一）联合惩戒法律依据不足

目前，社会信用体系建设领域的基本法仍然缺位，信用管理体系仍不完善。中央和地方出台的大多是联合奖惩备忘录、工作意见或协议，并以此作为社会信用体系建设的依据和指引，法律位阶相对较低。例如，在联合惩戒失信被执行人工作上，各地主要以《中共中央办公厅、国务院办公厅印发〈关于加快推进失信被执行人信用监督、警示和惩戒机制建设的意见〉》为政策依据，与相关执行联动单位开展协作，联合对失信被执行人进行信用惩戒。但是，仅仅依据这类政策性文件进行联合惩戒，制度刚性和依据略显不足，个别执行联动单位在配合法院开展工作时明显存在顾虑。

（二）联合惩戒措施未全部落实到位

目前，失信惩戒机制建设方面已经在执行工作中走到了前列，特别是限制失信被执行人消费、出行，对被执行人起到了强有力的震慑作用，赢得了社会的普遍赞誉，取得了较好的社会反响。然而，仍有相当一部分失信惩戒措施尚未真正落地。以北京为例。2016年12月下发的《北京市解决执行难协调配合任务分解表》中确定了全市47家成员单位需要配合法院完成204个事项，截至目前仍有相当一部分事项停留在纸面上或处于待落实的状态，"一处失信，处处受限"的格局尚未真正形成。

（三）"联而不动"的问题比较突出

与审判工作不同，执行工作高度依赖外部的社会环境，特别是对执行联动单位协作配合的依赖程度相对较高。在当前人民法院权威不足的情况下，尽管相关执行联动单位与人民法院之间通过会签合作协议、联合备忘录等方式，制定了一定数量的措施打击拒执犯罪、联动查控下落不明的被执行人、联合惩戒失信行为，但由于部分执行联动单位本位主义思想严重，配合法院工作的意识不强，主动性、积极性不高，导致"联而不动"的问题比较突出，各项惩戒措施落实力度不容乐观。

（四）风险预防功能发挥不足

受信用信息共享范围和方式的制约，社会信用体系建设仍存在着信息不对称的问题，导致信用信息的风险提示功能发挥不足。以失信被执行人信息共享为例。由于法院系统以外的不同主体、不同行业、不同领域、不同地区制定的数据信息的规则、标准不同，失信被执行人信息在各执行联动单位之间实现互联共享仍然存在障碍，潜在的市场参与主体在交易前无法准确获知交易对手的信用情况，进而无法作出准确评估，难以起到有效预防和控制商业风险的作用。因此，若要充分发挥信用信息的风险提示功能，就必须有效解决信用信息的不对称问题。

（五）社会信用体系建设参与主体积极性不高

社会信用体系是社会主义市场经济体制和社会治理体制的重要组成部分。[1]社会信用体系建设的不断完善，对人民法院解决执行难具有积极的推动作用。然而，在实务中，有的法院对社会信用体系建设的重要意义和作用认识不清，对法院承担的社会信用体系建设任务重视程度不够，推进信用建设工作进展缓慢。有的当事人漠视法律权威，转移财产，故意规避执行，成为社会信用体系建设的反面典型。有的人将自己完全置身于社会信用体系建设之外，认为社会信用体系建设与己无关，自觉推动社会信用体系建设动力不足、积极性不高。

---

〔1〕《国务院关于印发社会信用体系建设规划纲要（2014—2020 年）的通知》（国发〔2014〕21 号）。

三、完善社会信用体系建设的相关建议

解决执行难问题，治本之策还是加强社会信用体系建设。从解决执行难问题的角度分析，社会信用体系建设应当着重加强下列五个方面的工作。

（一）加强社会信用体系建设立法

继续加强国家层面的社会信用体系建设立法工作，进一步健全完善联合惩戒方面的法律、法规体系，为社会信用体系建设的规范化、法制化奠定基础。特别是要将加强社会信用体系建设推动解决执行难上升到法律层面，发挥社会信用体系建设对解决执行难问题的积极作用，为联合惩戒失信被执行人提供更高位阶的法律支持。建议以强制执行法的制定为契机，将相关执行联动单位配合执行机构开展失信联合惩戒工作等内容写入法律，使开展联合惩戒工作有法可依、有章可循。

（二）继续完善失信联合惩戒机制

加大落实力度，继续完善失信联合惩戒机制，构建起多维度、多层面失信惩戒网，发挥其惩戒性，特别是要进一步扩大失信被执行人信息的适用范围，健全完善信用联合奖惩的发起和响应机制，完善信用惩戒反馈功能，提升惩戒措施落地透明度，以便相关主体能够及时掌握协同惩戒失信被执行人的效果和状态，确保各项失信惩戒措施落地生根，真正实现"一处失信，处处受限"的大格局。

（三）进一步提升联动协作水平

社会信用体系建设是一项系统工程，法院是无法独立完成的，需要社会各方面协调一致、共同发力。针对部分执行联动单位配合意识不强，主动性不高等问题，应当加大督导考核力度，健全信用联合奖惩实施结果的评价机制，将负有相关职责的机构、部门落实联合惩戒情况列入该单位年度任务管理和绩效考核。对怠于履行联合

惩戒职责的单位予以严肃处理，借以提升联动性，"促进执行联动工作机制常态化运转，切实解决'联而不动、动而乏力'的问题"。[1]

（四）发挥信用信息风险预防功能

"执行不能只能预防，无法事后救济……通过信用建设，便利市场主体进行信用评估进行交易风险控制、落实失信者的市场禁入、阻断债务人恶意转移财产的通道、促使有履行能力的债务人主动履行债务等，都是预防执行不能案件发生的有效手段"。[2]为此，应当进一步完善财产信息登记与监管体制，并推动与执行机构进行互联、互通、共享。进一步消除信用信息壁垒，打造标准、统一的社会信用信息采集、共享、惩戒以及反馈机制，解决社会信用信息不对称的问题，最大程度上实现社会信用信息的公开、透明，最大限度降低交易主体的商业风险，从而使每一个市场交易主体在进行商业交易之前，只要其想查询交易对手的信用记录就可查询，使不守信用者从一开始便丧失交易机会。

（五）增强社会主体守法守信自觉性

作为社会信用体系建设成员单位，人民法院应当更加积极主动地参与到社会信用体系建设工作中来，"及时向社会诚信体系建设牵头单位及联席会议反映执行中发现的各种问题，促进社会诚信信息资源整合，促进社会诚信惩戒各系统集成，形成相互衔接、相互补充、布局有序、层次分明的社会诚信体系及社会信用评价体系，从根本上解决执行工作的核心难题"。[3]作为社会活动的主要参与主

---

〔1〕《最高人民法院关于深化执行改革健全解决执行难长效机制的意见——人民法院执行工作纲要（2019—2023）》第3条。

〔2〕谭秋桂：《信用建设是解决民事执行难问题的重要途径》，载《人民法治》2016年第9期。

〔3〕《最高人民法院关于深化执行改革健全解决执行难长效机制的意见——人民法院执行工作纲要（2019—2023）》第6条。

体，不论是案件当事人，还是普通民众，都应当树立诚信意识，自觉遵守法律，对失信成本巨大、失信必受惩戒等始终保持清醒的认识，"让守法守信逐渐内化为信念，成为习惯"[1]。

第四节　完善执行财产监管体制

执行财产监管指的是，对司法程序中的犯罪嫌疑人、被告人或被执行人财产的调查、控制、保管等环节。民事诉讼程序中建立了相对完善的财产保全制度，但是在刑事诉讼中，在案件进入强制执行程序前，对于犯罪嫌疑人、被告人的财产状况的调查、控制制度不完善，对于将来需要执行的财产监护和管理不到位，导致刑事裁判涉财产部分执行难问题更加突出。民事诉讼案件进入执行程序，执行机构在查封、扣押、冻结被执行人财产后，对于被执行人财产的监护和管理疏忽，也在一定程度上影响了执行效果。

一、建立健全执行财产监管体制的必要性

判决是执行的基础。作为刑罚执行依据的裁判文书，判项内容必须明确、具体，满足可执行性的要求。从实践来看，刑事判决主文对财产刑即涉案财物处置的表述过于笼统、模糊，甚至缺失的问题，仍然是困扰刑事裁判涉财产部分执行的重要因素。这类案件中，执行机构往往认为刑事裁判判项不明，不愿意启动执行程序，而刑事审判部门又认为自身职能有限，已经依法完成裁判工作，强烈要求移送执行，两部门之间就刑事裁判涉财产部分执行问题分歧极大。

---

〔1〕《最高人民法院关于深化执行改革健全解决执行难长效机制的意见——人民法院执行工作纲要（2019—2023）》第7条。

执行机构仅负责将刑事裁判涉财产部分的内容付诸实施，无权对涉案财产是否属于赃款赃物，是否属于供犯罪所用本人财物，或者被告人个人合法财产与非法所得的划分等实体法事项作出认定。刑事裁判涉财产部分的审查认定，与定罪量刑内容一样，也是刑事案件的裁判对象，只能由刑事审判部门行使。只有当侦查部门或刑事审判部门依法对涉案财产采取调查以及必要的控制措施，认定赃款赃物、供犯罪所用本人财物或罪犯个人财产后，执行机构才能对涉该财产部分判项进行执行。《最高人民法院关于刑事裁判涉财产部分执行的若干规定》第 4 条规定："人民法院刑事审判中可能判处被告人财产刑、责令退赔的，刑事审判部门应当依法对被告人的财产状况进行调查；发现可能隐匿、转移财产的，应当及时查封、扣押、冻结其相应财产。"可见，刑事审判部门亦应当在诉讼阶段依职权主动对被告人的财产状况进行调查，并及时查封、扣押、冻结其相应财产。如经过侦查机关严厉、全面的侦查手段以及刑事审判部门的财产状况调查，都未发现被告人有可供执行财产，基本可以认定为被告人无可供执行财产，即使进入民事执行程序也难以查找到其他财产。在社会生活中，由于被告人的财产形式越来越复杂、多样，财产的转移、隐匿手段不断变化，如果等到法院判决后再依靠执行程序查控被执行人财产，往往已经贻误最佳时机[1]。在案件进入司法程序初期，公安、检察等机关就有必要启动被执行人财产状况调查及控制程序，保证被告人财产在进入执行程序前处于相对稳定状态，为后续的执行工作奠定基础。

---

〔1〕 最高人民法院执行局编著：《最高人民法院关于刑事裁判涉财产部分执行的若干规定理解与适用》，中国法制出版社 2017 年版，第 44 页。

同时，从案件由公安机关立案侦查至案件移送执行机构处置的漫长期间，对于犯罪嫌疑人、被告人或被执行人的财产，有关部门均可采取查封、扣押、冻结等控制手段。在当事人财产被公安、检察或法院等部门控制后，由于对这些财产的监护和管理不当，会产生遗失、损毁、贬值或非法处置等风险。尤其是有关部门对于黄金、文物、珠宝、不记名债券等价值较高的物品的扣押，仍有较多不规范之处，存在着非涉案财物不能及时退回、扣押财产保管不当、扣押物品处置程序不规范、扣押物品移交不及时，以及执行程序中当事人或者案外人对于已经被查扣冻的财产进行非法处置的风险。

二、现行执行财产监管体制存在的问题

（一）刑事审判程序中被告人财产调查和保全措施不到位

执行机构一般要求刑事审判部门在移送执行时，刑事裁判涉财产部分的裁判内容应当明确、具体，并提供已查明的财产状况或者财产线索，随案移送的财产和已经处置财产的情况，以及查封、扣押、冻结财产的情况。但是在刑事侦查、起诉和审判程序中，对于犯罪嫌疑人或被告人的财产调查不明、控制不力，审判者在作出判决时不完全掌握被告人的财产状况，导致刑事判决的具体内容无法明确，只能在判决中含糊其辞、概括表述，为刑事裁判涉财产部分的执行埋下了隐患。民事诉讼中的保全基本上是依当事人申请而启动的，由于双方当事人的对抗性，原告会积极举证证明被告方的财产状况，并主张被告方的财产转移风险，法院一般依申请启动财产保全程序。而在刑事案件中，公安机关在侦查程序的主要任务是查明犯罪事实，对于犯罪嫌疑人的财产状况一般关注较少，缺少主动

调查的积极性[1]。进入刑事审判程序后，受到专业能力不足和审判资源不足的限制，刑事审判法官很少单方面依职权启动被执行人财产调查程序，一般根据公安、检察机关移送的财产情况作出判决。同时，刑事案件中，被告人的合法财产与非法财产、个人财产与家庭共有财产等难以区分，财产状况较为复杂，单凭审判部门的力量难以查明并采取控制措施。

（二）进入执行程序前的已查控财产管理制度不完善

公安机关、检察机关在刑事案件办理中，均可对犯罪嫌疑人的财产采取查封、扣押、冻结措施，但相关财产被控制后的管理制度并不健全，存在较多不规范之处。一是非涉案财物不及时退回。经查明与刑事案件无关或犯罪嫌疑人被无罪释放后，对于已被查扣的财物退还不及时，产生权力寻租空间。二是对扣押财产保管不当造成价值减损。尤其是金银、文物、字画、珠宝等贵重物品，由于有关部门缺乏保管手段，专业性不足，造成当事人财产损失。[2]三是扣押物品处置违反法定程序。有的部门在案件尚处于侦查或审理阶段，就将扣押物品予以处理，违反了财产处置的法定程序。四是扣押物品移交程序不顺畅。公安、检察、法院等部门相互移交涉案财产程序繁琐，手续不便，增加了司法成本，也影响了财产处置进度。

（三）执行程序中的查控财产管理制度不健全

根据相关法律法规规定，对于查封、扣押的财产，法院可以指令被执行人、申请执行人或其他单位或个人保管，也可以由法院自

---

〔1〕 乔宇：《论财产刑执行的法律问题———以财产刑制度性执行难为中心》，载《法律适用》2015 年第 10 期。

〔2〕 赵勤娟：《被扣押财产托管制度探析》，载《山西师大学报（社会科学版）》2018 年第 5 期。

行保管。但是，交由被执行人保管，存在违法处置查封、扣押财物的极大风险，相关案例也不胜枚举。如果交由申请执行人保管，申请执行人作为利益相关方，也难以确保在保管过程中的中立性。人民法院保管涉案财物也存在诸多现实困境。《最高人民法院关于执行款物管理工作的规定》第 19 条规定："查封、扣押至人民法院或被执行人、担保人等直接向人民法院交付的物品，执行人员应当立即通知保管部门对物品进行清点、登记，有价证券、金银珠宝、古董等贵重物品应当封存，并办理交接。保管部门接收物品后，应当出具收取凭证。"此处虽然规定被查封、扣押的物品应当移交"保管部门"进行保管，但是并没有明确"保管部门"是哪一部门。责任单位不明确，导致法院查封、扣押的财物实际上处于无人保管、无人看护的状态。实践中，很多法院执行部门扣押当事人车辆后只能随意停放在法院院内，处于无人保管的状态，很多车辆年久失修，濒临报废，个别法院还发生了擅自使用扣押车辆的问题。而对于被执行人的其他动产，由于保管不便，法院执行机构更是不愿采取扣押措施，进而影响了执行效果。

三、完善执行财产监管体制的建议

（一）建立健全犯罪嫌疑人、被告人财产状况调查制度

侦查机关享有刑事侦查权，可以采取多种侦查措施调查被告人财产状况，法院审判和执行机构对案件调查的手段有限，远不及刑事侦查起诉阶段严厉、全面，如果在侦查、起诉阶段未对被告人的财产进行有效调查，那么刑事审判、执行阶段调查罪犯的财产难度极大。为此，应当充分发挥刑事案件办理的优势条件，充分发挥公安、检察机关力量，建立对于犯罪嫌疑人的财产状况调查和附卷移送制度。从刑事案件立案侦查程序开始，在查明犯罪事实的

基础上，就对可能受到刑罚处罚的犯罪嫌疑人的各类财产进行充分调查。建立公检法多方参与的财产调查协同制度，上一级机关调查结束后，随案移送下一机关，将财产调查制度贯穿于整个刑事案件办理全程。

（二）完善刑事案件涉案财物的财产控制制度

《刑事诉讼法》第100条规定："人民法院在必要的时候，可以采取保全措施，查封、扣押或冻结被告人的财产。"《最高人民法院关于刑事裁判涉财产部分执行的若干规定》第4条也规定，人民法院在刑事审判中可能判处被告人财产刑、责令退赔的，并且发现可能隐匿、转移财产的，应当及时查封、扣押、冻结其相应财产。上述规定明确了刑事案件在进入执行程序前，人民法院可以采取财产保全措施。人民法院可以参考民事诉讼中财产保全的规定，对符合保全条件的，制作财产保全裁定，并采取查封、扣押、冻结措施。此处保全的对象应当为被告人的个人财产，应当与刑事侦查工作中的证据保全相区别。[1]对于违禁品或价值不大的作案工具等"供犯罪所用本人财物"，一般由侦查机关直接销毁或审判部门移交有关部门销毁即可。对价值较大的"随案移送的供犯罪所用本人财物"，在已被侦查机关没收后，需要变现处置的，可以由执行机构负责执行。而追缴赃款赃物（被告人违法所得经审判机关判决后认定为赃款赃物）是侦查机关的职责，侦查机关享有刑事侦查权，可以采取多种措施、手段；法院执行机构对案件执行的措施、手段有限，难以承担追缴任务。

---

〔1〕 吴光升：《刑事诉讼财产保全制度论要》，载《中国刑事法杂志》2016年第4期。

（三）完善查封、扣押、冻结财产监管制度

《最高人民法院关于人民法院民事执行中查封、扣押、冻结财产的规定》第10条规定："查封、扣押的财产不宜由人民法院保管的，人民法院可以指定被执行人负责保管；不宜由被执行人保管的，可以委托第三人或者申请执行人保管。"这一规定为我们完善查封、扣押、冻结财产的监管制度提供了思路。由于被执行人保管存在违法处置查封、扣押财物风险，申请执行人作为利益相关方进行保管的中立性不足，人民法院保管涉案财物也存在诸多现实困境，为此，可以探索引入银行、互联网平台企业、物流企业等社会力量，作为"第三人"负责保管工作。

第三方机构在法院的指令和监管下，可以完成对扣押财物的运输、存储、维护、看样、竞拍、出库等完整的工作流程，进一步完善扣押财产监管机制。对于扣押车辆，可以由第三方机构整合当地线下门店、停车场等社会资源，为法院提供车辆全流程处置服务，包括拖车服务、停放服务，有全天24小时监控、有专业的现场车场管理人员，也包括针对问题车辆可进行维修、保养、洗车、年检等服务，直至交到买受人手中，实现扣押车辆从入库到出库的全流程服务。对于金银、文物、字画、珠宝等贵重物品，可以委托银行机构负责保管，由银行机构在保管库房开辟专门的区域，保管涉案贵重物品，有效防范失窃、损毁等风险[1]。对于其他价值普通的扣押物品，可以委托第三方物流企业，为法院提供小件扣押动产的仓储和配送一体化服务。通过专业的物流保管服务，在帮助法院节约司法资源的同时，全程可视、可查询，为当事人提

---

[1] 王伟娜：《商业银行应该介入"执法机关扣押财产"服务》，载《知识经济》2020年第4期。

供一种扣押财物公开透明、可溯源的途径，协助法院从扣押到评估、拍卖、资料调取、交付等，建立一站式服务。当存放物流站点的小件动产通过网络拍卖成交后，买受人若提出邮寄需求的，第三方机构可直接从仓库发货，为买受人邮寄成交拍品，以最快的速度送至买受人。目前，京东、淘宝等大型互联网平台企业已在多地法院推广开展了相关业务。

结　论

通过对我国审执分离体制改革的理论基础、域外民事执行权配置的基本经验、我国现行执行体制存在的主要问题、执行权在法院内分的优势及其路径设计、执行内分改革配套机制等问题的研究，我们认为，我国民事审执分离体制改革的最佳路径为法院内分模式。民事执行权法院内分模式的基本思路是：完整地将民事执行权配置给法院，分别在中级人民法院、高级人民法院、最高人民法院设立执行机构；在法院执行机构内部设立三个不同的机构分别行使民事执行权的执行命令权能、执行实施权能和执行裁判权能，由执行法官和执行官两种不同身份的人员分别行使上述权能；将民事执行事项整体纳入民事执行权的作用范围；执行机构的人、财、物在法院内独立，执行官实行从最高人民法院执行机构到地方人民法院执行机构的垂直管理；在执行机构内部，实现执行立案庭、执行实施处和执行裁判庭的相互独立，执行法官和执行官身份独立，以强化执行权能的相互制约，确保执行公正、提高执行效率。条件成熟时，我国应当制定"执行官法"，明确执行官的法律地位、职责、保障等内容，确保民事执行体制顺畅运行。执行权法院内分应当从内分路径的基本构架、执行主体改革、管理和保障改革、程序衔接改革四个方面加以落实。我国民事执行权的配置与国家治理体系和治理能力现代化存在密切关系，只有建立执行综合治理体系、完善执行联动机制、完善协助执行体制、完善社会信用体系建设、完善财产监管体制建设，执行内分模式才能顺畅运行。如果不考虑改革成本，可设立作为专门法院的执行法院系统。执行法院系统可分为执行法院、执行上诉法院和最高执行法院三级。其中，执行法院实行跨行政区划设立，在级别上相当于中级人民法院。

后　记

　　2014 年 10 月 23 日，党的十八届四中全会通过的《中共中央关于全面推进依法治国若干重大问题的决定》提出"完善司法体制，推动实行审判权和执行权相分离的体制改革试点"。2015 年，最高人民法院先后批准了广西高院等七个法院提出的审执分离体制改革试点方案并开展试点工作。在这个过程中，关于"审执分离"体制改革的目标、内容和具体方案等，理论争议不断。2018 年，在曹凤国博士的鼓动下，我与曹凤国、李哲、程立、姚富国、赵奇、卫东亮、张海亮等几位在执行理论与实践研究方面有着共同兴趣的法官以及我指导的硕士研究生邹眹、赵晨旭、朱俊宣，向最高人民法院申报了由我作为主持人的课题——《执行内分改革路径研究》。经评审，该课题被批准为"最高人民法院 2018 年度执行课题"并立项。

　　课题获准立项后，课题组成员集思广益，多

次集体讨论，基本确定了课题需要突破的重点、难点问题以及成果的体系结构和核心观点。此后，课题组成员根据分工各自开展研究并进行课题成果写作。在课题研究过程中，除了通过访谈、个别交流等方式了解各地审执分离体制改革试点方案及其运行情况，了解执行第一线工作的实务人士对于审执分离体制改革的观点与期待，我们还赴唐山市中级人民法院实地走访，调研其经最高人民法院批准的审执分离体制改革试点方案的运行情况。2020 年，课题顺利结项且结项成果被评定为优秀，课题组成员受到莫大鼓舞。2021 年以来，课题组成员又多次集体研究，在吸收最新理论研究与实践发展成果的基础上，对课题成果进行了修改完善并最终形成本书。

本书的写作分工如下（按章节顺序）。谭秋桂：第一章，第五章第二节、第三节，结论；李哲：第二章，第六章第一节；赵奇：第三章第一节，第六章第二节；姚富国：第三章第二节，第五章第四节，第六章第三节；张海亮：第三章第三节，第五章第五节，第六章第四节；程立：第三章第四节，第五章第六节；曹凤国：第四章，第五章第一节。全书最后由我统稿定稿。

本书既是课题组成员集体研究的成果，更是为课题组提供研究便利的法院和执行人员智慧的结晶。我们要感谢所有为课题研究提供便利并与我们进行观念交流、思想碰撞的理论专家和实务人士，尤其要特别感谢唐山市中级人民法院时任执行局局长、现任党组成员和审判委员会专职委员董秀军法官为课题研究提供的便利以及对课题成果提出的宝贵建议！

受视野所限和因能力不足，本书缺点与错误难免，恳请同行专家批评指正！期待在与同行专家的学术交流与思想碰撞中为完善我国民事执行体制作出贡献！

谭秋桂

2022 年 5 月 17 日